KB143248

문 명 과 지 하 공 간

문명과 지하공간

인간은 어떻게 공간과 어둠을 확장해왔는가

김재성 지음

글항아리

걸음씩 앞으로 나아간다. 우리가 문명이라고 말하는 것은 그 울림이 아닐까. 진보라는 것은 그 울림의 미세한 차이가 아닐까. 공학을 한다는 것, 나는 그 것을 도시의 지하에서 들려오는 울림을 듣는 것으로 이해한다. 비록 분석될 수는 없다 하더라도 예민한 더듬이를 곧추세우고 듣다 보면 그 울림이 인류 의 문명을 마땅히 가야 할 곳으로 이끌고 있는가를 감지할 수 있지 않겠는가.

*

오래 걸었다. 고비 사막과 아나톨리아 고원을 걸으며 궁핍하고 지난한 삶이 켜켜이 쌓인 흔적을 보았다. 지중해 연안을 따라 그리스 로마의 옛길을 걸으 며 문명의 웅장함과 그 뒤에 배경으로 서 있는 민중의 삶을 보았다. 에게 해 와 보스포루스 해협을 걸으며 트로이 전쟁의 함성을 들었다. 유럽 중세 도시 에서 만난 성곽은 당대보다 어두웠던 좁은 터널과 지하 감옥이 육중한 건축 물을 떠받치고 있었다. 그것들은 단순히 물리적 공간이라기보다는 드라마틱 한 인간 역사의 현장이었다.

*

진보는 인간의 호기심과 나쁜 시력 때문에 이루어진다고 한다. 자연을 이 해하려는 호기심 그리고 미래에 대한 불확실성을 극복하려는 열정이 진보의 동인이라는 것이다. 하긴 이 글쓰기 또한 지하공간에 대한 호기심에서 비롯 됐다. 변변한 도구 하나 만들 수 없었던 시대에 인간은 어떻게 단단한 바위를 뚫었을까, 캄캄한 지하에서 어떻게 방향을 잡고 높낮이를 맞추어 물길을 만 들었을까, 저 좁은 지하공간에서 얼마나 긴 인고의 시간을 보냈으며 얼마나 많은 사람이 목숨을 잃었을까…… 터널을 설계하고 짓는 일을 해오면서 생겨 난 궁금증은 나를 세상 밖으로 돌아다니게 했고, 글을 쓰게 했다.

지하공간은 인간 문명의 역사에 발맞추어 변화되어왔다. 아주 오래전 인간은 천연 동굴이나 조악한 손도구로 만든 지하공간에 기거했지만 땅을 파는 지혜가 고도화된 오늘날 지하공간은 인간의 생활공간으로서 상당한 비중을 차지하고 있다. 나아가 미래에는 지하의 온도나 습도는 물론 공기까지 정밀하게 통제함으로써 지상과 나란히 하나의 축을 형성하는 정주 공간으로 발전할 것이다. 하지만 우리에게는 지하공간에 대한 이해나 조사는 물론 쓸 만한 연구자료조차 부족한 실정이다. 아직 지하공간을 지칭하는 통일된 용어조차 정립되지 않았으니 말이다.

*

일반적으로 '동굴洞窟'은 땅속에 자연적으로 생긴 커다란 지하공간을 말하며 크기가 좀 작은 것은 따로 '동혈洞穴'이라 부르기도 한다. 영어로는 '케이브 Cave'와 '케번Cavern'이라는 용어가 주로 쓰이는데 규모가 작고 긴 형태를 '케이브', 규모가 크고 넓은 형태를 '케번'으로 표현한다. 그러나 아쉽게도 인공으로 조성한 지하공간을 따로 일컫는 우리말은 아직 없다. 길게 뚫은 형태에는 '터널'이라는 말을 차용하고 있으며 널찍한 형태에는 '지하공간' 또는 '공동空洞'이라는 말을 사용한다. 용어가 이렇게 빈약한 데는 이 땅에서 인위적으로 굴을 뚫거나 지하공간을 만드는 경우가 흔치 않았기 때문일 것이다. 근대에 들어와 광산이나 도로를 만들면서 땅속에 뚫은 길이라는 뜻의 '갱도坑道'가 사용되기는 했지만 이 역시 일반적인 용어로 생각할 수는 없다. 땅속 공간에 대해 혼용되고 있는 용어인 동굴, 공동, 터널, 지하공간의 의미는 이러하다.

•**동굴**cave: 땅속에 자연적으로 생긴 공간. 동굴이 만들어진 원인 또는 과정에 따라 자연 동굴과 인공 동굴로 구분되며, 자연 동굴에는 석회암 동굴, 해식 동

굴, 용암 동굴, 암염 동굴 등이 있다.

• **공동**close cavern: 입구가 없는 미확인 상태의 땅속 공간. 지하수나 지각운동으로 생긴 자연 공동과 석유·천연가스·수자원 채굴로 생긴 인공 공동이 있다. 공동은 지진, 싱크홀의 원인이 되기도 하는데, 탄성파나 초음파 등 물리적인 탐사 또는 시추공을 통해 존재를 확인할 수 있다.

• **터널**tunnel: 산이나 하천을 통과하기 위해 인위적으로 뚫은 통로 또는 광물을 채굴하기 위해 파들어간 굴. 목적에 따라 철도터널, 도로터널, 수로터널, 광산터널 등으로 구분된다.

• **지하공간**under space: 땅속을 파서 만든 넓은 공간. 좁고 긴 형태의 터널에 비해 저장이나 주거를 위해 확장된 공간을 일컫지만 대체로 동굴, 공동, 터널을 포괄하는 개념이라 할 수 있다.

이러한 구분 역시 모호한 면이 없지 않다. 예를 들어 땅 아래의 개념을 지니는 '지하공간'은 산허리 측면을 파내어 조성한 공간이나 옥상을 녹화하기 위해 흙으로 덮은 건축물을 포함할 수 없다. 형태에 근거하여 굳이 이름을 붙인다면 '지중공간地中空間' 정도가 적당해 보이지만 보편적으로 사용되는 언어와 혼용된다면 조어造語의 이득이 없을 듯하다. 또한 동굴과 공동도 명확히 구분되는 것은 아니다. 보통 규모가 작고 긴 형태를 동굴, 미확인 상태로 숨겨져 있는 것을 공동이라고 하지만 실생활에서는 자주 혼동을 일으킨다. 앞으로 변화하는 공간 형태에 걸맞은 좀 더 세분화된 용어의 정립이 필요한 현실이지만, 이 글에서는 우선 기존에 통용되던 방식으로 용어를 쓰고자 한다.

*

연극 배우들은 무대에 설 때 두 가지 심리 상태가 교차된다고 한다. 공연

전에는 객석이 밝고 무대가 어두웠지만 공연이 시작되는 순간 객석이 어두워지고 무대가 밝아지는 현상에 따른 것이다. 그러니까 어두운 곳에서 밝은 곳을 바라보던 유리한 입장에 있던 배우들은 밝은 곳에서 어두운 곳을 바라보게 되면서 심리도 한순간에 전복된다는 것이다. 동굴 안에 숨어 있다가 사냥을 위해 동굴 밖으로 나갈 때 인간이 느끼던 감정도 이와 유사하지 않았을까. 한편 어두운 동굴 속에서도 상반된 두 감정이 교차될 수 있다. 그것은 아무도 나를 볼 수 없다는 안도감과 아무것도 보이지 않는다는 불안감이다. 현대의 지하공간을 기획할 때 이 두 가지 심리를 이해하는 것은 매우 중요해 보인다. 지하공간은 안온함이라는 이점과 더불어 폐쇄의 불안감이 공존하는 곳이기 때문이다. 즉, 지상의 개방성을 확보하면서 지하공간의 정적인 요소를 잃어서는 안 될 것이다.

*

이 책은 인문서로 보기에는 턱없이 부족하며 공학 서적으로 보기에는 너무 가볍다. 그럼에도 이러한 생각을 책으로 엮는 이유는 뿌리가 같음에도 서로 도움을 주지 못하고 있는 인문학과 공학적 지식의 공소를 위해서다. 그나마 건축 분야에서는 오랜 세월 미학과 공학의 융화적 관계가 이루어져왔으나 토목에서는 이러한 소통이 거의 없었다. 폭넓은 이해보다는 전문성을 추구하고 끝없이 뿌리를 찾아 들어가는 환원주의를 연구 기법으로 택하는 공학의 성격상 나름 이해되는 부분도 있다. 그러나 공학자들이 인문적 소양을 갖추는 데 소홀했던 점은 반성해야 할 부분이다. 최근 4대강 사업이나 서해안 간척사업이 정서적 저항을 심하게 받은 것도 어쩌면 소통의 부재에서 비롯된 것이 아닐까 싶다. 인간의 소용을 위한 강이 아니라 자연 자체인 강 또는 인간의 삶과 함께해온 갯벌에 대한 이해가 고려되었다면 어땠을까 하는 생각이 든다. 빈약하나마 이 책이 지하공간에 대한 인식의 지평을 넓히고 인문과 공학의 통섭通涉을 이루는 데 기여할 수 있다면 더 바랄 게 없겠다.

2014년 12월

김재성

여신의 몰락과 재생

재생과 순환의 신화

그리스 신화에서 가장 환상적이면서도 극적인 이야기를 고르라면 아마도 데메테르와 그의 딸 페르세포네 신화를 꼽을 수 있을 것이다. 여기서 아들을 위해 음모를 꾸미는 가이아와 그 음모로 딸을 잃는 데메테르의 이미지는 그리 밝지 않다. 딸을 잃은 복수심에 가득 찬 어머니 또는 지하세계를 다스리는 어두운 여신으로 그려질 뿐이다. 가이아의 뒤를 잇는 대지모신大地母神으로서 인간에게 곡식을 주고 아이를 잉태시키는 자애로운 여신의 면모는 어디로 사라진 것일까.[1] 페르세포네 신화는 꽃이 피어 있는 초원에서 페르세포네가 소녀들과 뛰어노는 장면으로 시작된다. 호메로스는 『호메로스 서곡Homeric Hymns』[2]에서 페르세포네와 소녀들의 웃음소리가 하늘 가득 퍼져가는 정경을 이렇게 노래하고 있다.

> 아름다운 꽃들이 만발한 초원에서 뛰노는
> 데메테르 여신의 딸 페르세포네와 소녀들을 보면서
> 드넓은 하늘과 광활한 대지 그리고
> 끝없는 바다는 기쁨의 웃음을 지었네

그러나 이 평화로운 장면은 페르세포네가 아름다운 수선화 한 송이를 꺾는 순간 극적으로 전환된다. 그 꽃은 가이아 여신이 아들 하데스를 위해 미리 심어두었던 것이다. 갑자기 땅이 갈라지고 굉음과 함께 나타난 하데스의 손에 잡힌 페르세포네는 지하세계로 납치된다. '어머니, 저들이 나를 데려가려 해요.' 겁에 질린 페르세포네의 목소리는 가늘고 여렸으나 데메테르에게는 귀를 찢는 비명으로 들렸다. 곡물과 번식의 여신 데메테르가 딸을 잃은 슬픔에 빠지자 풀과 꽃은 시들고 나무에는 과일이 열리지 않았다. 추위와 굶주림으로 인간들이 죽어가는 모습을 보며 신들은 어렵게 만들어놓은 인간세계가 파멸되지 않을까 우려했다. 중재에 나선 제우스는 결국 페르세포네로 하여금 1년 중 3분의 1은 지하세계에서 살게 하고 나머지 3분의 2는 어머니인 데메테르와 살도록 했다. 이로써 페르세포네가 지상으로 돌아와 지내는 동안 땅 위에는 곡식과 과일이 자라지만 그녀가 다시 지하세계로 돌아가면 땅은 얼어붙게 되었다.

페르세포네 신화는 계절의 순환에 대한 상상력의 소산일 것이다. 여기에는 혹독한 겨울을 견디면 봄이 온다는 희망의 전언과 함께 곡식과 열매를 수확할 때 앞으로 닥칠 추위를 대비하라는 경고의 메시지가 담겨 있다. 계절의 순환은 인류 신화에서 가장 보편적으로 다루는 모티프다. 달이 기울고 다시 차

페르세포네

오르는 현상, 밤과 낮의 변화, 별들의 주기적인 흐름을 바라보면서 원시인류는 자연현상을 관통하는 순환의 법칙을 발견했던 것이다. 그러한 이해는 페르세포네 신화의 원형으로 보이는 수메르의 이난나Inanna 신화, 이집트의 이시스Isis 신화, 아즈텍의 소치케찰Xochiquezal 신화, 이누이트 족의 세드나Sedna 신화 등을 통해 반복 재생산되었다.[3] 내용은 조금씩 다르지만 이러한 신화들에는 계절이 순환하듯이 인간의 삶도 지상과 지하를 순환한다는 인식이 공유되어 있다.

고대인에게 죽음이란 지하세계로 가는 것을 의미했다. 원시 종교에서는 지상의 삶 이후에 지하의 삶이 이어진다고 믿었기 때문이다. 그러한 순환적 세계를 관장하는 자는 바로 여신이었다. 여신의 몸은 곡물과 과일을 생산하는 대지이며, 여신의 자궁은 생명의 씨앗을 보존하고 움트게 하는 지하세계인 것이다. 이때 동굴은 두 세계를 연결하는 '문'의 상징이었다. 즉 잉태된 생명이 태어나는 산도産道인 동시에 생명 이전의 상태로 회귀하는 관문으로서, 분리된 지상과 지하를 연결하는 통로인 셈이다.

그리스 문명의 중심지였던 지중해 연안에는 구석기시대부터 현세에 이르기까지 약 50만 년에 걸친 인류의 흔적이 담긴 나할 메아롯Nahal Mearot 동굴[4]이 있다. 이 동굴에서 발견된 유물들은 인간이 유인원에서 분화된 뒤 약 700만 년 동안 어떠한 원시적 삶을 살아왔는지를 보여주는 동시에 동굴이 그들에게 얼마나 중요한 공간이었는지를 확인케 해준다. 이렇듯 질주하는 데 필요한 네개의 다리도 없고, 뿔이나 날카로운 발톱도 없으며 피부도 연약한 존재가 맹수의 세계에서 살아남았을 뿐만 아니라 빙하기의 멸종 위기를 극복할 수 있었던 생존의 배경에는 동굴이 있었다.

나할 메아롯 동굴 유적

인간, 동굴에서 나오다

날카로운 무기와 조직적인 협공의 지혜를 터득했을 무렵, 즉 맹수에게 쫓기는 사냥감이 아니라 맹수를 쫓는 사냥꾼이 되었을 때 드디어 인간은 어둡고 비좁은 동굴을 벗어나 들판으로 나갈 수 있었다. 더욱이 늘어나는 부족 구성원을 감당하기에 동굴이라는 한정된 공간은 무리가 있었을 것이고 부득이 근거지를 옮겨야 했을 것이다. 라스코 동굴벽화가 발견된 곳으로 유명한 베제르 계곡[5]이나 강가에 남겨진 선사시대의 집단 거주지 흔적에서 우리는 동굴에서 벗어난 인간의 주거 환경을 엿볼 수 있다. 움집과 같은 수혈주거竪穴住居[6]는 자연 동굴을 벗어난 인간이 스스로 동굴의 기능을 재현해낸 것이라 할 수 있다. 비바람을 피하거나 불씨를 보관하고 아이를 양육하는 데 필요한 공간을 직접 고안해냄으로써 동굴로부터 제공받았던 주거 기능을 되살린 것이다.

이러한 움집은 점차 거대해져서 시베리아의 말타Malta 유적[7]에서는 화덕을 중심으로 한 원형 또는 직사각형의 대형 움집터가 발견되었다. 이곳에서 출토된 비너스상 등의 부장품에서 여신 숭배의 흔적을 엿볼 수 있으며, 특히 집단적인 의식이 이루어졌던 공간에서는 제의 시설이 여성의 몸 형태로 배치되어 있었다. 움집은 자연 동굴의 장점을 그대로 옮겨온 한편 조명이나 환기 등의 문제를 해소한 새로운 형태의 동굴이었다.

본격적인 지하공간은 도시의 형성과 함께 등장한 신전에서 찾아볼 수 있다. 1961년 영국의 고고학자 제임스 멜라트가 발굴한 차탈휘위크Catalhuyuk는 8700년 전에 형성된 가장 오래된 도시[8] 중 하나로, 이를 통해 신석기 문화의 중심지였던 아나톨리아 고원에서 한 차원 높은 문명이 탄생되었음을 알 수 있다. 대체로 진흙벽돌을 이용해 정방형으로 만든 차탈휘위크 건축물은 특이하게도 입구가 지붕에 있어 사다리를 통해 출입하도록 지어졌다. 이것은 외부 침입을 방어하기 위한 배치로서 동굴의 이점과 도시적 형태의 집단주거가 결합되어 고안된 닫힌 공간이다. 신전으로 보이는 건물 내부에서는 구석기시대 동굴벽화의 연장선으로 해석되는 벽화가 그려져 있다. 그러나 이 벽화는 화려한 색과 부드러운 곡선으로 장식되기보다는 상징적인 묘사로써 특정한 서사를 담아내고 있다. 이렇게 들판에 주거공간을 짓고 집단주거 형태의 도시를 형성하는 과정에서 자연 동굴은 인공적인 변화를 거쳐왔다.

차탈휘위크 신전 내부 벽화

여신의 몰락

동굴 밖으로 나온 인간이 점차 집단화되고 강력해지면서 자연 동굴은 더이상 아늑하고 따뜻한 삶의 공간이 아니라 음습한 죽음과 부패의 공간으로 바뀌기 시작했다. 이러한 인식의 변화는 고대 국가 형성기의 신화에서 특징적으로 나타나는데, 이제까지 숭배의 대상이었던 여신은 남신에 의해 정복되어 동굴에 갇히곤 한다. 우리나라의 단군신화도 이러한 맥락에서 해석될 여지가 있다. 단군신화에는 곰이나 호랑이를 숭배하던 원시 토템 신앙의 모계사회가 부권 중심의 사회로 넘어가는 과정의 상징성이 엿보이기 때문이다. 이와 같은 추측을 뒷받침해주는 고대 증거들은 전 세계에 널려 있다. 예컨대 고대 아슈르바니팔 왕의 도서관[9]에서 발견된 서사시 「에누마 엘리시Enuma Elish」[10] 또는 아즈텍의 고대 신화에는 모계사회에서 부계사회로 넘어가는 과정의 여신 정복사가 빈번하게 등장한다.

태초에 세계는 여신 티아마트가 다스리는 평온한 바다였다. 하지만 손자인 마르두크와의 싸움에서 진 티아마트는 몸이 찢겨 반은 대지 반은 하늘이 되었다. 여신의 몸에서 나온 타액은 구름과 바람, 비가 되었고 두 눈에서 나온 눈물은 티그리스 강과 유프라테스 강이 되었다. 마르두크는 두 강 사이에 나라를 세우고 바빌로니아라 했다.[11] 이후 하늘은 조부, 바다는 아버지, 대지는 바빌로니아의 신 엔릴에게 주어졌다. 여신이 다스리던 세계를 남신들이 나누어 가진 것이다.

— 마르두크Marduk 창조 신화(바빌로니아)

태초에 세계는 바다뿐이었고 그곳은 수많은 눈과 입을 가진 여신이 지배했다. 케찰코아틀(깃털 달린 뱀)은 여신을 공격하여 둘로 가른 뒤, 반은 대지로 만들고 반은 천상으로 만들었다. 그리고 여신의 몸을 재료로 삼아 세상 모든 것을 창조했는데 눈으로는 작은 동굴과 샘을, 입으로는 큰 동굴과 강을, 코는 언덕과 계곡, 어깨는 산, 털과 피부로는 나무와 꽃 그리고 이 모든 재료를 조금씩 떼어내 인간을 만들었다. 신체가 분해된 여신은 동굴 속에 숨어 인간의 심장을 제물로 바칠 것을 요구했다. 제물을 내놓지 않으면 세상의 모든 과일이 열리지 못하게 만들었다.

— 케찰코아틀Quetzalcoatl 창조 신화(아즈텍)

대지의 여신 코아틀리쿠에(치마 입은 뱀)는 동굴에서 사람의 시신을 먹고 살았다. 여신은 사냥의 신 믹스코아틀과 결혼하여 딸 코욜사우키와 아들 400명을 두었다. 어느 날 코아틀리쿠에는 신전을 청소하다가 깃털 하나를 주워 품에 넣었는데 이로 인해 아들 우이칠로포치틀리를 임신하게 된다. 이를 부끄럽게 생각한 딸이 부정한 어머니를 죽이자 뱃속에 있던 아들이 튀어나와 누이 코욜사우키를 죽인다. 우이칠로포치틀리는 코욜사우키의 목을 잘라 달로 만들고 자신은 태양이 된다.

— 코아틀리쿠에Coatlicue 대지모신 신화(아즈텍)

고대사회에서의 여신 숭배는 모계사회에서 여성이 차지하는 지위와 깊은 관계가 있다. 남성이 번식에 어떠한 기여를 하는지를 알 수 없었던 시절, 모든 인간은 여성의 몸에서 갈라져 나온 분신일 뿐이었다. 더욱이 유아기를 거쳐 홀로 자립할 수 있을 때까지 전적으로 여성의 보살핌에 의존할 수밖에 없었기 때문에 여성의 권력은 절대적이었을 것이다. 그러나 번식이 남성의 생식기로부터 비롯된다는 사실을 인지하게 되면서 여성의 지위는 점차 낮아졌고, 이와 더불어 대지모신으로 추앙받던 여신의 역할도 축소되거나 남신의 지배 아래 놓이게 되었다. 이렇듯 신화 속 여신의 몰락은 자연에 대한 인간의 이해 그리고 인류사의 발전과 궤를 같이한다.

그리스 신화의 여신 가이아의 운명을 살펴보자. 대지의 여신 가이아가 지배하던 세계는 바빌로니아 또는 아즈텍 창조신화의 평온한 바다처럼 평화로운 모계사회로 그려진다. 그러나 가이아가 아들 우라노스의 아내로 전락하면서 모계사회는 점차 부계사회로 전환된다. 가이아는 아들 크로노스와 우라노스를 거세함으로써 잠시 복권을 시도하지만 다시 크로노스에게 세력을 빼앗기고 만다. 이후 가이아는 손자인 제우스의 아내가 되지만 어느 곳에서도 세력의 중심이 되지 못했다. 이러한 세력의 전복은 여신 아테나에 이르러 완전히 마무리된다. 제우스는 할아버지인 우라노스가 아버지 크로노스에게 그리고 크로노스가 자신의 손에 제거된 것처럼 자신도 아들에 의해 제거될 것이라는 예언을 듣는다. 제우스는 그 예언이 실현되지 못하도록 아내인 메티스가 낳은 아이를 모두 먹어치운 뒤 메티스마저 산 채로 삼켜버림으로써 더 이상 아이를 낳지 못하게 했지만 메티스는 제우스 뱃속에서 아이를 출산하고 만다. 이 아이가 바로 제우스의 머리를 열고 태어나는 아테나. 그녀가 순결하고 이성적인 여신으로 그려질 수 있었던 것은 여인의 자궁이 아니라 아버지의 머리로부터 탄생했기 때문일 것이다. 제우스의 분신으로서 아테나는 투구, 갑옷, 창으로 무장한 전사로 활약하며 올림포스 12신의 지위에 오르지만 결코 여신의 복권을 시도하지는 않는다.

아테나의 복속으로 인해 우라노스–크로노스–제우스로 이어지는 부친 살해의 순환은 끝이 나고 신화는 남성 중심의 안정된 세계로 이어지게 된다. 그러나 예언대로 아테나가 제우스를 제거하고 여신의 권위를 회복했다면 어떻

아테나 여신상

게 됐을까.[12] 세계는 전쟁과 폭력이 지배하는 부계사회에서 관용과 사랑으로 운영되는 모계사회로 환원될 수 있었을까.

미궁에 갇힌 여신

미궁迷宮은 자연 동굴에서 나온 인간이 인위적으로 만든 지하세계다. 그러나 그곳은 추위와 맹수의 위협으로부터 인간을 보호해주는 공간이 아니다. 입구는 있으나 출구는 없으며 들어갈 수는 있지만 나올 수 없는 공간, 어둡고 음침하며 알 수 없는 위험이 도사리는 공간일 뿐이다.

도시가 처음 형성되고 왕궁과 신전이 만들어지던 고대 문명기에 권력을 가진 자들은 자신의 힘에 걸맞은 거대한 미궁을 짓기 시작했다. 플리니우스 Plinius[13]가 그의 저서 『박물지Naturalis Historia』에서 전하는 고대 문명의 미궁을 보면 우선 규모의 거대함에 놀라게 되며 설계의 정밀함에 다시 한번 놀라게 된다. 여기에 나오는 4대 미궁은 이집트의 아메넴헤트 3세[14]가 만든 장제신전 葬祭神殿, Mortuary temple,[15] 괴물 미노타우로스를 가두기 위해 다이달로스가 만들었다는 크레타 섬의 라비린토스Labyrinthos,[16] 그리스 동쪽 화산섬에 있는 림노스Limnos[17] 그리고 이탈리아의 클루시움Clusium[18]이다.

그중에서 가장 유명한 것은 크레타 섬에 있었다는 미노스 왕의 미궁이다. 미노스 왕의 아내 파시파이는 황소와 사랑에 빠져 미노타우로스를 낳는다. 몸의 반은 황소이고 반은 인간인 모습으로 태어난 아들을 미노스 왕은 지하에 가둬버린다. 한번 들어가면 누구도 나올 수 없다는 이 미궁은 다이달로스가 설계한 것으로, 입구는 하나였지만 내부에는 수많은 터널과 공간이 얽혀 있었고 또 그 모든 것들은 정교하게 닮아 있어 출구를 찾는다는 건 불가능한 일이었다.

미노타우로스와 미궁

미노타우로스 신화는 모계사회와 그 근거가 되는 동굴에 대한 상징으로 가득 차 있다. 미노타우로스라는 존재가 여성의 부정한 성욕의 결과라는 사실과 아테네의 아름다운 소년과 소녀들이 그의 먹이로 희생되는 이야기는 동굴과 지하세계에 대한 공포를 불러일으키며 부정적 이미지를 확산시킨다. 도시 문명이 형성되고 전쟁과 정복이라는 남성 중심의 질서가 세계를 지배하면서 동굴과 지하공간은 삶의 이면으로 밀려나게 되었다.

우로보로스, 다시 순환의 세계로

순환은 자연을 지배하는 법칙이다. 해와 달의 순환에 따라 계절이 바뀌고 낮과 밤이 차례로 온다. 그에 따라 씨앗이 움트고 자라서 열매를 맺고 땅에 씨앗을 떨구면 봄이 돌아왔을 때 다시 얼어붙은 땅을 밀고 새 생명이 자라난다. 이러한 순환의 법칙은 우리 주변 어디에서나 일어나고 있다. 저부底部로 사라졌던 달은 사흘째 되는 새벽에 다시 떠오르고 긴 잠에서 깨어난 뱀은 허물을 벗어던지고 새로운 몸으로 태어난다. 사마귀는 네 번의 탈피를 거쳐 성충이 된 뒤 알을 낳아 또 다른 삶을 잇게 한다. 강을 통해 바다로 흘러든 물은 비가 되어 다시 산에 뿌려진다. 매달 죽은 피를 쏟아내고 수태를 준비하는 여성의 몸도 자연의 순환과 맥을 같이한다.

비록 인간이 순환의 메커니즘까지 이해하지는 못했어도 삶 전체에 녹아 있는 현상을 의미 있게 받아들였으며 신화나 비교秘教를 통해 상징화하기도 했다. 자신의 꼬리를 삼키는 뱀 우로보로스Uroboros는 3400년 전 이집트 고분에서 처음 발견된 이후 세계 여러 문화권에서 '시작이 곧 끝이고 끝이 곧 시작'이라는 순환적 상징성을 대표해왔다. 그것은 인간의 탄생과 죽음이 서로 맞물려 있다는 영원성으로 수용되어 중세의 그노시스트Gnosticist[19]는 우로보로스를 자신의 문장紋章으로 삼았다. 그리고 죽은 예수가 사흘 뒤 동굴 문을 연 것을 완전함 또는 순환으로 인식하여 알파벳 'O'로써 우로보로스를 상징했다. 그리스 신화에 나오는 헤르메스[20]의 지팡이도 이러한 상징과 밀접한 관계가 있다. 두 마리의 뱀이 서로 몸을 얽고 있는 이 형상은 제우스의 전령으로서 인간과 신을 소통시키고 세계의 순환에 기여하는 헤르메스의 역할을 상징한다. 순환의 법칙은 신화나 종교와 같은 추상 세계뿐만 아니라 현실의 연금술사들에게도 중대한 과제였다. 세계의 모든 물질이 서로 순환한다고 믿었던 그들은 납을 황금으로 만들거나 황금을 다시 돌이나 물로 바꾸려는 시도를 아끼지 않았다. 우로보로스는 이 과정에 절대적으로 필요한 물질인 '현자의 돌Philosopher's stone'을 상징하기도 한다.

우로보로스

헤르메스의 지팡이

인간은 세상 만물을 주관하는 이 순환의 법칙을 온몸으로 체득해왔음에도 불구하고 오랜 세월 자연의 순환을 거부해왔다. 힘에 기반한 남성 중심적인 사회와 아브라함을 조상으로 하는 세 종교[21]가 수천 년간 직선적인 세계관을 형성해오는 동안 인간은 자연에 대한 겸손을 잃었다. 순리, 부드러움, 여성성, 동굴, 지하공간, 겨울, 죽음, 낮은 것을 멸시했다. 동물과 식물을 인간을 위한 자원으로 격하시켰으며 자연세계를 함부로 짓밟았다. 그렇게 자연의 한 축이 떨어져가는 동안 순환의 고리는 낱낱이 분해되었다. 도시를 덮은 잿빛 아스팔트로 인해 땅속에 묻힌 씨알은 지상으로 나오지 못하고 나무에서 떨어진 씨알은 땅속으로 돌아가지 못한다. 온실에서 사시사철 푸른 잎을 피우는 식물과 수도꼭지만 틀면 콸콸 쏟아지는 온수로 인해 겨울은 어느 틈엔가 사라져버렸다. 그러나 우리가 몰아낸 것은 겨울만이 아니다. 인간이 꽃피운 물질문명이 안락한 도시공간을 만드는 동안, 무한정 공급될 것 같던 화석연료로 겨울을 몰아내는 동안, 기나긴 추위를 견뎌낸 뒤에 맞을 수 있었던 봄 역시 사라져버린 것이다.

지하와 겨울과 어둠이 없다면 지상과 봄과 밝음 역시 의미가 없어진다. 죽음이 없다면 삶도 의미를 잃는 것이다. 죽음과 삶, 지하와 지상, 겨울과 봄을 연결하는 순환의 고리가 끊어질 때 인간은 물질적 차원 이상의 상실을 경험하게 될 것이다. 환경오염이나 생태계 교란 같은 눈에 보이는 피해뿐만 아니라 인류 문명을 지탱해온 재생과 포용의 신화마저 잃게 되는 것이다. 영원히 지속될 것 같은 물질문명의 환상에서 깨어나지 않으면, 자연의 자정 능력을 존중하고 여성적 관용과 순환적 세계관을 받아들이지 않는다면 평화로운 삶은 지속될 수 없다.

그동안 어둡고 위험하며 불결한 곳으로 치부해온 지하공간에 대한 인식 역시 그러한 차원에서 다시 생각해봐야 한다. 무의식에 각인된 부정적 인식을 떨쳐버리고 지하공간을 삶의 공간으로 자리매김한다면 그곳은 다시 따뜻하고 안락한 공간이 될 것이다. 동굴과 지하공간이 다시금 순환과 재생의 공간으로 기능해야 하는 이유, 그것은 바로 인간의 삶이 유지되기 위한 전제이며 태아에게 모체의 평온이 필요한 이유와 다르지 않다.

따뜻한 양수에 감싸인 태아가 무중력
상태에서 벗어나 세상의 빛과 마주할 때
누군가 부드러운 천으로 아이의 울음을
감싸 안는다. 폭신한 천에 싸여 누군가의
품에 안겨질 때의 아늑함. 세상에 나온
첫 느낌은 기억 저편으로 사라지지만
무의식에는 그 낯설고도 포근한 감촉이
간직되어 있을 것이다. 처음 동굴로
들어간 원시 인류가 느꼈을 감각이
그러하지 않았을까. 털도 없고 발톱도
여린 존재로 세상에 던져진 인간들은
동굴에서 평온한 안식을 취했을 것이다.

제1부

인간과
지하공간

1. 지하공간의 역사

어머니에게 야단을 맞으면 나는 지붕 밑 작은 다락방으로 올라가서 혼자 울었다. 그곳에는 붓꽃 냄새가 풍기고 벽돌 틈에서 나온 한 그루의 까막까치밥나무가 빠끔히 열린 창을 통해 꽃이 핀 가지를 들이밀었다. 아, 그 향기의 기억. 그 방에서는 루생빌 성탑까지 바라볼 수 있어 나의 은신처 구실을 해왔다. 아, 오랫동안 나는 그곳을 잊고 있었다. 독서·몽상·쾌락·눈물…… 타인의 침범을 불허하는 그러한 고독과 몰두가 내게 필요할 때 그곳만이 안으로 문을 걸고 틀어박힐 수 있는 공간이었다는 것을.

_ 마르셀 프루스트, 『잃어버린 시간을 찾아서』

무의식 속의 동굴

어린 프루스트에게 다락방은 은밀한 공간이었다. 어머니에게 야단을 맞았을 때 혼자 숨어서 훌쩍일 수 있는 곳, 낯선 고독의 기운에 감싸여 자기 자신을 만나는 곳…… 『잃어버린 시간을 찾아서』에 묘사된 다락방의 추억에는 이제 막 자아에 눈뜨기 시작한 어린 소년의 심리가 아름답게 그려져 있다. 이렇듯 구석진 공간이나 좁은 틈을 찾아 몸을 숨기는 아이들의 습성을 심리학에서는 '요나Jonah 콤플렉스'로 설명한다. 이것은 어떤 불만족스러운 상태가 지속될 때 불만족이 없던 상태, 즉 모체 내로 회귀하려는 무의식적인 행동이다. 사실 모든 생물은 개방된 곳보다는 엄호된 곳을 선호하는 본능이 있다. 허허벌판에 있는 것보다는 구석진 틈이나 어두운 굴 안에 있을 때 외부의 위험으로부터 안전을 도모할 수 있기 때문이다. 아마도 어린 프루스트가 느끼는 다락방의 안온함은 수백 만 년의 진화 과정에서 유전자에 각인된 습성, 즉 동굴에서 살아온 인류에게 보편적으로 내재된 감정일 것이다.

자연환경은 호미니스homines, 인간을 포함한 영장류에 대한 통칭에게 호의적이지 않았다. 유인원들은 그나마 쓸모 있는 꼬리 덕분에 나무 위에 매달려 들짐승의 공격을 피할 수 있었으나 인간은 추위를 막아줄 털도 없었고 맹수에게 대적할 만한 뿔이나 발톱은커녕 나무에 매달릴 꼬리조차 없었다. 그러한 종이 어떻게 적대적인 환경을 극복하고 현세까지 살아남을 수 있었을까? 이 질문에 대해서는 다양한 관점에서 답을 제시할 수 있겠으나 동굴이라는 공간 요소도 무시할 수 없을 것이다.

동굴은 쉼 없이 변화하는 외부세계와 구별되는 정적인 세계다. 동굴이라는 공간은 계절의 변화에 따라 기후도 바뀌고 홍수나 가뭄 등의 자연재해가 발생하는 환경으로부터 차단되어 있다. 몇 만 년 전의 인류가 그려놓은 생생한 벽화 또는 삶의 흔적이 그 안에 남아 있는 것도 이 때문일 것이다. 자연에 대한 이해가 넓어진 지금은 외부 환경의 변화를 어느 정도 예측할 수 있게 되었지만 문명 이전의 인간들은 살아남기 위해 끊임없이 숨을 곳을 찾아다녀야 했기에 동굴을 유용한 보금자리로 삼았다. 외부에서 보이지 않는 곳이자 적의 공격을 피하기에 좋은 곳, 비바람을 막아주며 먹을 것을 저장해놓고 불을 피울 수 있는 그곳에서 비로소 인류의 문명은 진화하기 시작했다.

인간이 동굴에서 벗어나 넓은 세상으로 나와 들판에 씨앗을 뿌리기 시작한 것처럼 개별적인 인간의 삶 역시 길고 좁은 터널을 통해 이 세상에 던져지면서 시작된다. 뱃속에서 무중력 상태로 모체의 박동 소리를 듣던 태아는 예고도 없이 세상 밖으로 나온다. 자신의 몸을 감싸고 있던 37도의 양수와 필요한 만큼 공급되던 양분은 사라지고 이제는 무엇으로든 몸을 두르고 자신의 입으로 먹고 자신의 코로 숨 쉬어야 했다. 이렇게 의지와는 상관없이 세상에 던져진 인간이 느끼는 불안을 하이데거는 인간의 피투성彼投性, thrownness으로 설명했다. 왜 내가 여기에 있는지는 모르지만 하여간 이곳에 던져졌고 이제부터 자신의 수고로 모든 것을 해결해야 한다는 것, 추위를 피하기 위해 거적을 둘러야 하고 먹을 것을 얻기 위해 싸워야 한다는 것, 아무런 준비도 없이 태어난 이 세상에서 생명을 스스로 책임져야 한다는 것은 얼마나 힘들고 불안한 일이었을까. 인간은 현실에 적응하기 위해 끊임없이 발버둥치는 과정에서 유아기의 기억을 모두 잊어버리지만 무의식에는 모체로 회귀하고자 하는 욕구가 깊숙이 자리 잡고 있다고 프로이트는 말한다.

선사, 자연 동굴을 넓히다

자연적인 동굴만 이용하던 인간은 언제부터인가 굴을 만들기 시작했다. 주거공간을 얻기 위해서이거나 광물을 얻기 위해서였을 것이다. 현재 인간의 채굴 흔적이 남아 있는 가장 오래된 동굴은 아프리카 스와질란드에 있는 라이언 케이브lion cave다. 고고학적인 탐사와 방사선 탄소 분석의 결과 이곳은 최소 4만3000년 전인 구석기시대부터 채굴되기 시작한 것으로 밝혀졌다. 그들이 동굴에서 캐낸 것은 철이 함유된 돌이었다. 철을 다루는 방법을 상상조차 할 수 없었던 시대라는 점을 감안할 때 동굴벽화를 그릴 때 사용되는 붉은 안료를 얻기 위한 것으로 추정된다. 하지만 규모나 모양을 보면 새로운 동굴을 뚫었다기보다는 기존의 자연 동굴을 좀 더 넓힌 것에 불과하다.

말레이시아 사라와크에 있는 니아Niah 동굴은 선사시대부터 동굴이 발견된 19세기까지 사람이 거주해온 동굴이다. 다섯 개의 입구 중에서 가장 큰 것은 폭 180미터에 높이는 90미터에 이르며, 동아시아에서 가장 오래된 호모 사피엔스의 뼈와 4만 년 전에 사용된 타제석기가 발견되었다. 또한 시기의 차이를 두고 계속 사람이 거주해왔음을 알 수 있는 여러 유물이 출토되어 인류의 동굴 생활사를 살펴볼 수 있다. 니아 동굴은 내부가 워낙 넓어서 공간을 더 확장할 필요는 없었지만 생활의 편리를 위해 벽면이나 천장을 다듬은 흔적이 있고 날카로운 도구로 긁거나 파내어 그린 벽화가 남아 있다. 비슷한 시기 헝가리의 산악 동굴에서는 네안데르탈인의 흔적으로 보이는 무기와 도구 생산에 주요한 재료였던 부싯돌을 채굴한 흔적이 보인다.

인간이 한층 더 진보된 동굴 생활을 하게 된 것은 부족의 수가 늘어나고 타 부족과의 갈등으로 인해 피신처를 찾아 나서면서부터였다. 예컨대 중세 시

데린쿠유 지하도시

대 로마의 종교 탄압을 피해 기독교인들이 숨어 지내던 카파도키아의 데린쿠유Derinkuyu 지하 유적은 당시 기독교인들이 정교하게 다듬고 확장하기는 했지만 처음 만들어진 것은 신석기시대였다. 철기 문화가 형성된 이후로는 주거 목적보다는 다양한 광물 자원과 보석을 채굴하기 위해 동굴을 파기 시작했는데, 이집트의 와디 메가르 일대에는 고대 이집트 시대부터 터키석 채굴을 위한 동굴이 여러 곳에서 발견되었다. 시기의 차이는 있지만, 아메리카 대륙의 세릴로스 광산 지역(미국 뉴멕시코 주)에서도 가장 귀한 보석으로 간주되었던 터키석을 채굴한 흔적이 발견되었다.

고대, 손도구로 터널을 뚫다

인간은 동굴에서 주거와 광물 채취라는 용도 외에 새로운 쓰임을 발견해냈다. 생활환경을 개선하기 위한 수로 또는 지하 통로를 뚫기 시작한 것이다. 약 7000년 전 고대 도시가 형성될 무렵 신전이나 피라미드 등의 석물을 이용한 대규모 시설이 축조되었는데 현재까지 남아 있는 유적들을 살펴보면 당시 지하공간 축조 기술의 우수성을 짐작할 수 있다. 신전이나 피라미드의 지하공간을 제외할 때 기록으로 전하는 가장 오래된 터널은 기원전 2160년 전에 축조된 고 바빌로니아의 해저터널이다. 그리스의 역사가인 헤로도토스가 쓴 『역사』에 따르면, 적의 공격을 받았을 때 강 건너 요새로 대피하기 위해 건설된 이 터널은 건설 기술이나 규모 면에서 근대의 터널 축조 기술에 비해 손색이 없을 만큼 뛰어났다. 이는 물론 기록을 통한 추정일 뿐 정확한 규모나 건설 과정을 눈으로 직접 확인할 수는 없다. 현재 실재하는 가장 오래된 인공 터널은 기원전 687년경 사모스 섬에 만들어진 에우팔리노스Eupalinos 터널로, 자연 암반을 뚫어 만든 것이다.

에우팔리노스 터널

　로마시대에 도로를 건설하고 물을 공급하기 위한 수로를 축조하면서 터널 구축은 일반화되었지만 바위를 깨는 작업 자체는 원시적인 방법에 의존할 수밖에 없었다. 피라미드나 거대 신전을 볼 때 돌을 다듬고 축조하는 기술은 발달했지만 이는 좁은 갱내에서 바위를 뚫고 파들어가는 방식이라 대규모 인력을 투입하거나 구간을 나누기도 어려운 작업이다. 결국 좁은 갱도 속에 고작 몇 명의 인원을 교대로 투입하여 망치와 정으로 일일이 쪼아나갈 수밖에 없었을 것이다. 고대 터널 중 지금까지 남아 있는 것은 이스라엘의 기혼Gihon 샘 터널533미터, 기원전 701년경, 로마 플라미니우스 가도의 플루로Furlo 터널38미터, 기원전 220 등이다. 물 사정이 좋지 않았던 로마는 도시에 많은 수로를 건설했는데 기원전 272년 마니우스 쿠리우스가 세운 아니오 베투스Anio Vetus 수로는 63킬로미터 대부분을 구거溝渠[1] 형태의 터널로 건설했다. 이외에도 로마에 축조한 11개의 수로에는 지형 조건에 따라 많은 터널이 만들어졌다.

중세, 좀 더 정교해진 도구

망치나 정 외에 별다른 도구가 없던 시절에 터널을 뚫는다는 건 매우 지난한 일이었다. 대규모 노예노동이 가능했던 로마시대에는 비교적 긴 터널이 만들어지기도 했으나 중세에는 공학적으로 의미 있는 터널이 거의 축조되지 못했다. 서로마 멸망 이후 대규모 세력이 끊임없이 피고 지면서 유럽 그리고 지중해 연안을 비롯한 아시아 지역은 정치적 혼란기가 지속되었고, 이에 따라 국가의 재정이 군사력에 집중되어 대규모 공공사업을 진행할 여력이 없었던 것이다. 이러한 배경에서 생겨난 터널은 역시 군사적 목적을 위해 축조된 경우가 많았다. 예컨대 요새로 기능했던 수도원 성당이나 성곽을 서로 연결하는 비밀 통로가 그러하다. 하지만 이 경우 역시 암반을 굴착한 터널이 아니라 건축물을 축조할 때부터 계획적으로 배치된 지하 통로의 성격이 짙다. 14세기경에 정밀한 제조 기법을 지닌 흑색화약[2]이 발명되었으나 소총이나 대포 등 군사용 목적으로 활용되었을 뿐 암반을 굴착하기 위해 사용한 사례는 발견되지 않는다.

중세에는 군사적 필요에 의해 광물질을 채굴하려는 시도가 본격화되었고 이슬람 문명권 또는 기독교 문명권에서는 금속이나 소금 등이 매장된 광산을 확보하기 위해 전쟁도 불사할 정도였다. 당시의 공학 기술이 집대성된 『모탈리카De Re Motallica』[3]를 보면 터널 기술에 상당한 진전이 있었던 듯하다. 이 책에는 암반을 굴착하는 기술 외에도 갱내에서 캐낸 광석을 운반하거나 붕락을 방지하기 위해 지지하는 다양한 기술이 소개되어 있으며 터널 내부의 정밀한 측량을 위한 기구도 볼 수 있다. 터널 안에서 발생하는 지하수를 배출하는 일은 광석을 안전하게 채취하는 중요한 과정이었다. 이 작업을 위해 만든 펌프는 톱니바퀴와 체인 회전축이 정밀하게 조합된 기계였다. 이 무렵에 만들어진 터널로는 프랑스 파리의 매닐몽탕Menilmontant 터널1370년경,[4] 이탈리아의 부코 Buco di Viso 터널1475~1484[5] 등이 있다.

17세기, 화약의 이용

17세기 들어 유럽에 운하 개발 붐이 일어나면서 터널 기술은 한층 발전되었다. 르네상스 시기 문화 부흥의 물결 속에서 전체적으로 공학 기술도 진보한 것이다. 1679년 프랑스 남부 랑그도크에 운하를 건설할 때 처음으로 흑색화약을 바위 틈에 넣고 터널 입구를 뚫었다. 사람이 끌과 망치로 직접 바위를 쪼았던 당시에 이 방식은 획기적인 것이었다. 이후 바위에 틈을 내는 작업은 수동식 천공기라는 장비로 대체되었고 발파의 효율도 점점 높아지게 되었다. 연소 온도가 낮아 안전성이 떨어지는 화약을 다루거나 도화선을 만드는 기술도 점차 발전하여 안전하고 정교한 작업이 가능해졌다.

영국에서는 1761년에 시작된 그랜드 트렁크Grand Trunk 운하에서 처음으로 화약을 사용했는데, 길이가 2620미터나 되는 난공사 구간헤어캐슬 터널을 완공함으로써 주목할 만한 터널 축조 기술을 선보였다. 이 터널은 입구뿐만 아니라 전 구간에서 흑색화약이 사용되었으며 터널 안에 환풍 장치를 설치하여 흑색화약에서 발생하는 연소 가스를 제거할 수 있었다. 또한 굴착한 단면을 지지하고 터널에서 발생하는 물이나 암버럭폐석을 반출하는 장치도 고안되어 효율적인 작업이 이루어질 수 있었다. 당시 헤어캐슬 터널에 적용한 말발굽형 터널은 현재까지 산악 터널의 기본 형식으로 이용되고 있다. 영국은 그 노하우를 바탕으로 연이어 살타스포드 터널, 밴톤 터널, 아미티지 터널, 브래스톤 터널 등을 건설했다. 1760년대 영국에서 시작된 산업혁명의 위력이 빠르게 전파될 수 있었던 데에는 터널도 한몫을 했다. 터널은 수송 수단인 증기기관차의 운행 시간을 단축시키는 데 혁혁한 공을 세웠기 때문이다.

운하 터널의 경우, 시기의 차이는 있지만 유럽뿐만 아니라 북미나 일본에서도 큰 붐이 일었다. 미국은 펜실베이니아의 슈일킬Schuylkill 운하를 건설하는 과정에서 1821년 137미터 길이의 어번Auburn 터널을 뚫었고, 이를 계기로 1828년 레바논Lebanon 터널을 비롯한 많은 터널이 만들어졌다. 일본에서는 일찌감치 1660년대에 하코네霜根 용수 터널이 건설되었는데, 당시 일본에서는 흑색화약을 군사 목적으로만 이용했기 때문에 1780미터나 되는 이 터널은 순수하게 곡괭이, 망치, 정 등의 원시 도구로 완성된 것이었다.

19세기, 알프스를 뚫다

산업이 광산이나 소규모 가내공업에 치중되었던 즈음까지만 해도 물류를 수송하는 데는 운하로 충분했지만 산업혁명[6] 이후에는 더 빠른 시간에 더 많은 물량을 수송해야 하는 요구에 따라 철도가 건설되기 시작했다. 철도의 특성상 높낮이의 평탄성과 직선성이 요구되기 때문에 수많은 터널을 뚫어야 했고 터널 길이도 길어졌다. 한마디로 산업혁명은 증기기관, 철강 산업, 측량 장비 등의 기계 발달을 촉진했을 뿐만 아니라 운하 터널을 통해 축적된 경험을 철도 터널에 응용할 수 있는 계기를 제공했다.

1830년 리버풀과 맨체스터 구간을 잇는 철도 터널이 처음 뚫린 이후로

1841년 총연장 2880미터에 달하는 복스Box 터널이 완공되자 철도는 새로운 교통수단으로 각광받으면서 프랑스와 독일 등으로 번져나갔다. 비록 완성되지는 못했지만 영국과 프랑스 사이의 도버해협을 하저 터널로 연결하겠다는 야심찬 계획은 당시의 열띤 분위기를 잘 보여준다. 프랑스는 1782년 이탈리아와 함께 알프스를 관통하는 철도 노선을 계획했다. 1782년에 시작된 이 사업은 약 2500미터를 굴착하다가 중단되었지만 이후 1857년 몽세니Mont Cenis 하부를 관통하는 계획을 재수립하여 1만2847미터의 터널이 완공됐다. 터널 굴착에는 착암기를 이용한 천공과 장약裝藥이 이뤄졌으며 발파 효율을 높이기 위해 중심부에 자유 면을 만드는 기술이 도입되었다. 몽세니 터널 개통으로 자신감을 얻은 프랑스와 이탈리아는 곧이어 1만5000미터의 생고타르St. Gotthard 터널을 뚫기 시작하여 8년 만에 완공되었다.

19세기 들어서는 바위를 뚫는 작업에 화약과 착암기 등의 효율적인 장비가 동원되었지만 크고 작은 사고와 재해가 빈번했다. 발전된 기술로 공사가 대형화되면서 그만큼 사고의 위험이 높아진 탓이었다. 안전사고의 측면에서 본다면 원시적 도구에 의존하여 굴을 뚫었던 고대보다 더 나아졌다고 할 수 없었다. 결국 알프스를 관통하는 터널의 열악한 공사 환경과 지반 조건 그리고 공사 과정에서의 인명 피해는 그 놀라운 터널 규모와 비례하고 말았다. 지상에서 수평으로 터널을 뚫는다 해도 1600~3400미터에 이르는 알프스 산의 높이로 인해 터널 안에는 상당한 지열이 발생할뿐더러 작업 과정에서 발생하는 열기까지 더해져 작업자는 섭씨 40도가 넘는 열악한 환경에서 일해야 했다. 또한 발파 시 갑자기 분출된 지하수가 작업장을 삼켜버리는 일도 발생했다. 생고타르 터널을 공사할 때는 지하수 분출이나 막장 붕괴로 인한 사망자가 310명, 신체 불구자가 된 사람은 877명이나 되었다.

터널을 굴착하기 위해서는 지반의 상태를 정확히 알아야 하지만 알프스는 산이 너무 높아 지질조사 자체가 불가능했다. 기껏해야 막장 면의 금을 살펴보거나 일단 구멍을 뚫어본 다음에 판단할 수밖에 없었다. 기술의 발전을 이룬 오늘날의 관점에서는 그야말로 목숨을 걸어야 하는 무모한 시도였으나, 당시로서는 그 무모함이 터널 공사를 가능케 했는지도 모른다. 지반 상태에 대한 정보를 파악할 수 있었다면, 엄청난 지열과 용수 조건에 대해 미리 알아냈다면 분명 터널 공사는 포기되었을 것이다. 알프스를 뚫겠다는 계획은 생고타르 터널 이후에도 계속 이어져 아를베르크Arlberg 터널1만200미터, 1880~1883, 심플론Simplon 터널1만9700미터, 1898~1906, 뢰츠베르크Lotschberg 터널1만4500미터, 1906~1911, 몽블랑Mt. Blanc 터널1만1500미터, 1958~1964이 건설되었다.

알프스 산맥은 이탈리아 반도를 우산처럼 덮고 오스트리아와 우크라이나까지 거대하게 뻗어 있다. 따라서 산맥의 위아래는 선사시대 이전부터 두 개의 문화권으로 나뉘어져 있었으며 바빌로니아와 페르시아의 세력이 팽창할 때에도 알프스 산맥 위쪽은 비교적 평온한 세상이었다. 그리스 로마 시대에는 지중해를 중심으로 소통이 이뤄졌고 카르타고의 한니발이 대군을 이끌고 알프스를 넘은 기록은 있으나 여전히 알프스는 거대한 단절의 벽이었다. 이 단절이 허물어진 계기가 바로 터널이었다. 터널이 만들어진 이후 유럽 남북 간의 교류가 활발해졌고 100여 년이 지난 뒤에는 명실공히 하나의 문화권으로 재편되었다. 1992년 마스트리히트 조약을 통해 유럽은 같은 화폐를 사용하는 단일경제권으로, 외교·안보적으로는 공동시민권 제도를 도입한 유럽연합 Europe United으로 통합된 것이다.

현대, 새로운 지하공간의 시대

우리는 다양한 관점으로 시대를 구분할 수 있다. 지하공간의 역사적 관점에서 볼 때 '현대'란 1960년대 이후로 봐야 할 것이다. 이때 비로소 NATM 공법[7]과 대형 굴착 장비인 쉴드 TBM[8] 그리고 정밀한 발파기법이 적용된 굴착 공법의 발달과 전산기술을 도입한 강력한 장비가 터널에 투입되었기 때문이다. 이 기술의 개발은 인간이 더 이상 지하공간의 규모나 암반의 강도, 터널 연장 등의 조건에 구애받지 않는 '현대'를 살게 되었음을 의미한다. 이러한 구분은 단순히 암반 굴착 기술의 발전만을 기준으로 삼은 것이 아니라 조명·환기·에너지 등 산업 전반의 변화와 재료·기계·금속·건축 등 공학 제 분야의 발달에 따른 시너지 효과까지 검토된 것이다.

현대를 대표하는 터널을 들자면 도버해협을 물 밑으로 통과한 유로Euro 터널이라 할 수 있다. 이 터널이 처음 계획된 것은 18세기 말이지만 공사 착수

도버해협을 통과하는 유로 터널

와 중단을 반복하다가 1987년에서야 본격적인 공사가 이루어졌으며 6년 만인 1993년에 완공되었다. 터널 길이는 총 50.45킬로미터해저 37.9킬로미터다. 유로 터널과 비교되는 일본의 세이칸靑函 터널은 이보다 앞선 1988년에 개통되었으며 터널 연장은 53.85킬로미터해저 23.3킬로미터에 이른다. 연장이나 개통 시기는 세이칸 터널이 다소 앞서지만 해저 구간은 유로 터널이 훨씬 길다. 현재까지 세계에서 가장 긴 터널은 2010년 관통된 스위스의 고타르 베이스Gotthard Base 터널로 연장이 57.07킬로미터에 이른다.

 지하공간의 역사에서 터널의 발전사는 의미 있는 지표라 할 수 있다. 그러나 그보다 더 괄목할 점은 지하공간에 대한 패러다임의 변화다. 이전까지 터널은 교통이나 수로 건설의 장애물을 제거하기 위한 용도에 불과했으나 현대에는 정적인 안정감을 주는 생활공간으로 그 개념이 확장된 것이다. 바위를

고타르 터널 공사 모습

파내는 일의 기술적인 어려움이 해소된 뒤에도 한동안 지하공간은 소음이 큰 발전소나 기계 시설을 배치하는 장소에 불과했지만 이제는 공연장, 경기장, 도서관, 연구소, 시험실 등의 다양한 문화시설 공간으로 이용되고 있다. 이러한 변화의 배경에는 기술 공학적 발달뿐만 아니라 다른 요소들이 작용했다. 예를 들어 도시의 인구 집중에 따른 가용 토지가 부족해졌고, 대기오염이나 자외선·방사능·전자파·지구온난화의 문제 등으로 인해 지하공간의 장점이 부각됨으로써 지하공간이 도시문제 해결을 위한 대안으로 부각된 것이다.

현대의 지하공간이 드러내는 또 다른 특징은 지상과 지하가 하나의 생활권으로 통합되는 흐름이다. 프랑스 파리의 신도시 구축사업인 레 알Les Halles 프로젝트는 도시 기반시설과 생활공간을 지하와 지상에 분산 배치함으로써 일상생활이 자연스럽게 연계되도록 설계하는 것이다. 미국 로커펠러 센터의 로워 프라자Lower plaza 지하가로망이나 홍콩 큐어리 만의 스펀SPUN 계획 역시 지하와 지상을 연계한 도시설계다. 난항을 겪고 있기는 하지만 용산과 한강 주변을 통합 개발하는 GEO 2020 프로젝트를 보면 이제 지표면을 기준으로 한 지상과 지하의 구분은 무의미해 보인다.

미래, 삶의 중심 공간으로

미래의 지하공간은 어떻게 변모할까? 이러한 주제의 예측과 전망은 의미 있는 일이지만 사회·문화·경제 등 다양한 분야와의 함수관계로 인해 자칫 공허한 상상에 그칠 수도 있다. 한 가지 재미있는 사실은 조지 오웰의 미래 소설 『1984』나 여러 SF 영화를 보면 미래의 지하공간이 지상에서 추방된 자들의 공간으로 그려지고 있다는 점이다. 이러한 설정은 문명이 시작된 이래 지금까지 지하가 사자死者의 공간이나 도피처로 인식되어온 탓이다. 현대에 들어

지하공간에 대한 인식이 조금씩 바뀌고는 있지만 오랜 세월에 걸쳐 형성된 고정관념은 단번에 바뀌지 않는다. 지하공간을 계획하는 사람들의 가장 큰 고민이자 관심사도 바로 여기에 있다. 지금까지 지하공간의 조명·환기·동선 계획을 개발하는 핵심은 '지상과 다르지 않은 지하'를 구축하는 데 있었다. 그러나 앞으로 지하공간은 지상에 대한 추구보다는 지하공간 자체의 장점을 부각시키는 방향으로 나아갈 것으로 보인다.

생활환경, 교통, 물류 시스템을 모두 지하공간에 갖추고 있는 파리의 라데팡스La Defense 신도시를 보면 앞으로 지하공간이 어떤 기능을 하게 될지 유추해볼 수 있다. 과거 지하공간 활용이 단일 건축물이나 용도 위주였다면 미래에는 교통, 물류, 녹지 생활공간을 비롯해 도시 기반시설 전반에 대한 폭넓은 관점에서 계획적으로 개발될 것이다. 이미 서유럽을 중심으로 선진국에서 시작된 이러한 경향은 도시화가 새롭게 진행되는 남미나 아시아 지역에서 더욱 활발히 추진될 전망이다. 로마나 파리, 런던과 같은 역사 도시가 지닌 장해물들이 후발 국가에는 비교적 적기 때문이다. 미래노시 설계의 관점에서 이들

일본 시미즈Simiz 사의 우주도시 구상

국가는 '빈 서판'이라 할 수 있다. 일본의 도쿄 GEO 21 프로젝트나 노르웨이의 지하공간 중심의 복합도시 계획, 국내의 용산 GEO 2020 계획, 남산 지오토피아 구상은 이러한 추세를 살펴볼 수 있는 좋은 예가 될 것이다.

미래의 지하공간에 대한 전망을 볼 때 한국은 유리한 조건에 있다.

용산 드림허브 프로젝트

국토 면적이 좁다는 것도 이점이 될뿐더러 세계적인 수준의 암반 굴착기술과 축적된 신도시 건설의 노하우를 지니고 있기 때문이다. 한반도의 암반이 대부분 단단한 화강암층이라는 지형 조건 또한 유리하다. 이러한 암반 조건은 터널이나 지하공간을 구축하기에 불리한 장애물이었으나 기술적 문제가 거의 해결된 지금으로서는 오히려 대규모의 지하공간을 구축하는 데 안전한 환경을 제공한다. 특히 도심에 바위산이 위치하고 외곽을 둘러싼 8개의 산에 싸여 있는 서울의 경우 그 지형을 활용한 지하공간, 즉 지면 아래의 땅을 파지 않고도 평지 수준의 새로운 공간 창출이 가능하다. 예컨대 중앙정부의 R&D 계획[9]에 따라 구성된 '지하대공간 연구단'[10]에서는 서울시 서초동에 있는 우면산 지하에 세계 최대 문화공연장을 구축하는 계획을 수립하고 구체적인 설계를 시행하기도 했다. 비록 가상 프로젝트이기는 하지만 미래의 지하공간 구축을 위한 기술적 가능성과 방향성을 제시했다는 데서 의미를 찾을 수 있다.

한국은 세계적으로 유례가 없을 정도로 인구의 도시 집중이 심한 국가다. 특히 국토 면적의 0.6퍼센트에 불과한 서울에 20퍼센트가 넘는 인구가 거주하며, 수도권 인구까지 포함한다면 과밀 정도는 심각한 수준이다. 이러한 조건에서 도시 기반시설의 지하화는 선호의 문제가 아니라 불가피한 선택이라고 할 수 있다.

2. 동굴 속의 호모 아르텐스

동굴에 그려진 황소를 발견한 순간 사람들은 의심의 눈초리를 보냈다. 이것을 정말 수만 년 전 수렵채취인이 그렸단 말인가. 그러나 정밀한 연대측정을 통해 사실로 확인되자 인류는 스스로를 다시 생각해보게 되었다. 예술의 세계 앞에 서 있는 스스로의 모습을.

벽화를 그린 호모 아르텐스

인간은 언제 영장류에서 갈라져 나왔을까. 언제부터 생존을 떠나 자연을 추상화하는 인식을 얻었을까. 밤하늘을 바라보면서 별과 별 사이에 금을 긋고 백조, 황소, 사자라고 이름을 붙인 것은 언제일까.

인류 문명의 기원에 대한 호기심은 끝이 없다. 그리고 동굴은 그러한 궁금증의 중요한 단서를 쥐고 있다. 인간이 적대적인 자연환경을 극복하고 종을 유지함으로써 문명의 첫걸음을 내디딜 수 있었던 그 '시작'의 증거가 동굴에 있기 때문이다. 인간은 동굴이라는 안정적인 환경에서 정교한 도구와 무기를 고안한 호모 파베르Homo faver로, 삶을 즐길 줄 아는 호모 루덴스Homo ludens로, 자신을 바라보고 이해하는 호모 사피엔스Homo sapiens로 빠르게 진화해왔다. 이러한 진화의 물결을 따라가다 보면 우리는 마침내 자신이 본 것을 바위벽에 그리고 있는 인간을 만나게 된다. 호모 아르텐스Homo artens, 곧 예술적 인간이다.

인간은 늘 동물과 차별되는 고유한 특징을 발현해왔다. 그리하여 이성, 유희, 사회, 도덕, 정치, 경제 등의 다양한 관점에서 인간만의 특징을 규정해왔다. 그러나 그것이 과연 동물과의 본질적인 차이인지 아니면 정도의 차이인지에 대해서 늘 이론이 있었고, 이를 뒷받침하는 동물생태학의 연구도 적지 않다. 침팬지를 평생 연구해온 제인 구달[11]은 동물의 도구 사용이나 감정 표현의 실례를 보여주며 인간과 동물의 구별은 인간중심적 사고의 산물일 뿐이라고 주장하기도 한다. 하지만 어두컴컴한 바위벽 앞에서 그림에 심취해 있는 저 먼 옛날의 인간을 떠올릴 때면 동물과 인간의 경계가 그리 모호하지만은 않은 듯하다. 뼛조각 등의 조악한 도구와 몇 가지의 천연물감만으로 그려진 쇼베 동굴벽화나 라스코 알타미라 동굴벽화를 보라. 역동적인 선으로 묘사된 그림을 마주할 때 우리는 동물이 삶을 청산하고 문화적 도약을 시작한 인류의 존재를 느낄 수밖에 없다.

독일의 철학자인 막스 셸러[12]는 『우주에서의 인간의 지위』라는 책을 통해 인간과 동물의 행동을 비교하면서 '세계 개방성'이라는 개념을 사용했다. 동물은 환경의 지배를 받지만 인간은 자신을 둘러싸고 있는 환경에서 벗어나 자연을 객체로 바라보고 작위를 가하는 존재라는 개념을 통해 그는 인간과 동물의 근본적인 차이를 설명했다. 이 개념은 인간의 예술성에 관한 또 다른 설명이 아닐까? 자신이 본 것을 상징화하여 심상心象에 담아두었다가 동굴 벽면에 재현하는 것은 자신을 자연에서 벗어난 위치에 배치하여 어떤 대상을 객체화하는 능력을 전제하기 때문이다. 그렇다면 수렵채취기의 인간은 왜 그림을 그렸을까? 이에 대해서도 많은 견해가 있다. 물론 주술적인 목적일 수도 있고, 사냥감을 정하는 과정의 산물일 수도 있으며, 자신의 용맹을 과시하는 표현

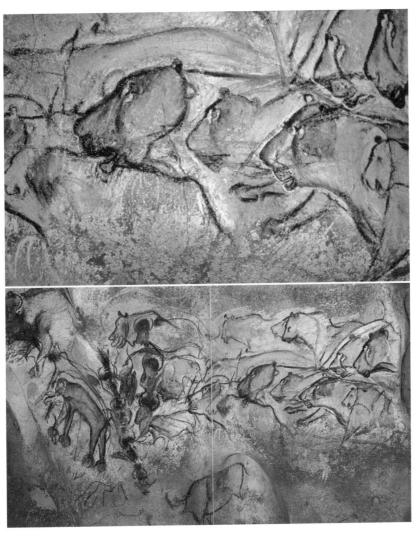

쇼베 동굴벽화

방법일 수도 있다. 그러나 어쩌면 벽화는 무용성無用性 자체에 의미가 있는지도 모른다. 그림을 그린다는 행위는 허기를 채워주지도 못하며 추위를 막아줄 거적 한 장의 가치도 없지만 오히려 그 '쓸모없음' 자체가 목적은 아닐까. 그리고 생존에 기여하지 않는 무용성을 추구함으로써 인간은 비로소 문명의 길로 들어선 것은 아닐까.

동굴벽화의 의미

프랑스와 스페인의 접경 지역인 칸타브리아 지방에 집중되어 있는 동굴벽화Decorated Grottoes가 발견되었을 당시 그것이 원시인류의 흔적이라고 생각한 사람은 아무도 없었다. 그러나 이 알타미라Altamira 동굴벽화를 발견한 스페인의 고고학자 사우투올라[13]는 1880년 포르투갈의 수도 리스본에서 열린 선사문화 전시회에서 이를 후기 구석기시대 인류가 살던 동굴이라고 설명했다. 그러나 전시회에 참석한 사람들은 모두 코웃음을 쳤다. 당장이라도 그림 밖으로 뛰쳐나올 듯 역동적인 붉은 황소 그림이 원시인의 작품이라는 게 도저히 믿어지지 않았기 때문이다. 더욱이 당시로서는 산화철이나 목탄 등 자연에서 채집한 물감의 채색이 수만 년이나 유지된다는 사실도 납득할 수 없었다. 급기야 전시회를 기획한 사우투올라는 모조 그림으로 학계의 명예를 실추했다며 사기죄로 고소를 당하기까지 했다. 그 뒤 알타미라의 동굴벽화는 사람들의 기억에서 사라졌고, 사우투올라의 명예도 죽을 때까지 회복되지 못했다.

그 후 남부 프랑스의 농 페르1883년, 라 무트1895년에서 계속 동굴벽화가 발견되었지만 원시인류의 것으로 인정되지 못했으며, 1901년 동굴에서 움직일 수 없는 증거가 발견됨으로써 사우투올라의 주장은 20년 만에 사실로 확인되었다. 그 증거란 수만 년 전에 멸종한 메머드의 뼈를 깎아 만든 조각 장식이

알타미라 동굴벽화

었다. 이로써 알타미라 동굴 유적은 최소한 빙하기 이전의 것으로 판정되었으며, 현대에 들어서 탄소동위원소법 등 과학적인 방법을 동원하여 이 지역 동굴에서 발견된 유물과 벽화가 후기 구석기인 페리고르기약 2만7000년 전에서 솔뤼트레기를 거쳐 마들렌 말기약 1만 년 전에 이르기까지 장기간에 걸쳐 사용되었음을 파악했다. 지금까지 벽화가 발견된 동굴은 유럽에서만 해도 120개소가넘으며 원시인류의 유골을 비롯하여 벽화와 다양한 생활도구들이 출토되었다.14

프랑스의 베제르Vezere 계곡에서는 선사시대의 집단 거주지를 비롯하여

25개소의 동굴 유적이 발견되었다. 이 동굴에서는 크로마뇽인의 유골 5구도 함께 출토되었는데 정밀한 연대측정 결과 최소한 3만 년 이전의 것으로 확인되었다. 동굴과 집단 거주지에서 발견된 유물 중에는 돌이나 뼈를 깎아서 만든 여성의 나신상도 있었다. '로셀Laussel의 비너스'라 통칭되는 이 조각상들은 단단한 재료에 끌개나 찌르개를 이용하여 여성의 풍만한 신체를 강조했으며, 체코의 동굴에서는 흙을 빚어 구운 테라코타 조각도 발견되었다.

　동굴벽화는 다양한 지역에서 시대의 차이를 두고 발견되었지만 대체로 다음과 같은 특징을 찾아볼 수 있다. 첫째, 성공적인 사냥과 종족의 번식을 기원하는 그림이 많다. 이는 동굴 속 특정한 제의祭儀 공간에 그림이 집중되어 있다는 점과 넓은 공간을 비워두고 그림 위에 계속 덧그린 점으로 확인된다.

베제르 계곡 동굴벽화

둘째, 그림은 동굴의 입구보다는 불을 다루기에 용이한 안쪽 깊은 곳에 그려져 있다. 이곳이 벽화를 그리기에 좋은 조명 조건을 갖추었을 거라는 사실을 짐작케 한다. 셋째, 그림에 표현된 동물이 암컷보다는 활이나 창에 찔린 수컷이 많다는 점으로 미루어볼 때 자신들의 용맹성을 과시하고자 하는 의도가 엿보인다. 넷째, 동물로 가장한 인간의 형상은 주술사를 표현한 것으로 보인다.

벽화에 가장 많이 그려진 동물은 황소·말·사슴·산양·노루 등의 사냥 대상으로, 사냥의 대상이 아닌 새나 곤충 또는 나무나 산 등의 자연은 보이지 않는다. 초기의 벽화가 선 중심의 비교적 단순한 그림이었다면 후대로 내려오면서 점차 명암과 채색 등 다양한 기법이 적용되었으며, 일부 그림에서는 신체 부분을 음각하여 부조 형태로 나타내기도 했다. 채색 물감 역시 초기에는 붉은색과 검은색 중심이었지만 점차 노란색 등의 밝은색이 추가되었고, 후기에는 여러 색을 혼합하여 만든 중간색도 발견된다. 이렇듯 벽화를 시기별로 비교해보면, 처음에는 동물의 특징이나 형태 위주의 단순하던 그림이 시간이 지나면서 생동감 넘치는 예술성을 터득해가는 과정을 엿볼 수 있다.

알타미라와 라스코 벽화의 예술성

선사시대 유물이나 벽화가 발견된 동굴은 일일이 열거하기 어려울 만큼 많지만 특히 스페인의 알타미라 동굴과 프랑스의 라스코Lascaux 동굴은 여러 측면에서 서로 비교된다. 알타미라 동굴의 길이는 약 296미터 정도로 짧은 편이지만 높이가 2~6미터 정도로 좋은 거주 조건을 갖추고 있다. 최근 조사에 따르면 이 동굴에서 발견된 유적은 유럽의 후기 구석기에 해당되는 2만 8500~1만6000년 전[15]에 형성된 것으로 밝혀졌으며 벽화의 기법이나 채색도구는 시간의 흐름에 따라 점차 발전해온 것으로 확인되었다. 또한 동굴 안에서 발견된 짐승의 뼈를 살펴본 결과 시간의 차이를 두고 인간과 동물이 번갈아 거주했을 것으로 추측된다. 인류의 흔적, 특히 동굴벽화는 자연조명이 닿는 입구 쪽에 집중되어 있는데 안쪽 깊은 곳에 벽화가 그려진 다른 동굴과는 대비되는 부분이다.[16] 이 동굴의 천장에 그려진 황소 그림은 단순한 벽화 유물을 넘어 예술적 가치를 지니고 있다.

　라스코 동굴 유적에서 발견된 암각화와 조각품은 1만7000~1만5000년 전에 조성된 것으로, 구석기시대 인류의 삶을 예술적 차원으로 상승시킨 오리나시안Aurignacian[17] 문화의 대표 유적이다. 이 동굴은 사람의 접근이 비교적 어려운 베제르 계곡 절벽 위에 있어 오랜 세월 동안 원형이 잘 보존될 수 있었다. 입구는 하나지만 안쪽으로 들어가면 좁고 긴 여러 개의 방이 나타나며 각 방에는 동물 그림이 빼곡하게 그려져 있다. 동굴 벽의 절리면이나 갈라진 틈 돌출부 등 자연적인 형태를 이용하여 동물의 외형을 그리고 다양한 색을 입힌 그림은 구석기시대 인류의 솜씨라는 사실이 의심스러울 만큼 정교하고 아름답다. 900여 점이 넘는 그림 중에서 얼굴과 뿔을 비틀림 화법[18]으로 묘사한 세 마리의 들소, 그리스 신화의 유니콘을 떠올리게 하는 일각수一角獸, 지금은 멸종되어버린 오록스aurochs,[19] 머리를 들고 강을 헤엄쳐 건너는 수사슴 무리가 특히 눈길을 끈다. 이러한 그림은 각기 나름대로의 특징이 있지만 선형, 원근감, 입체적 구도 면에서 현대 미술작품과 비할 때 손색이 없다. 그 밖에 고라니, 황소, 말, 수퇘지 등의 다양한 동물 근처에는 화살이나 덫 같은 사냥 도구가 그려진 것을 종합할 때 주술적인 메시지나 어떤 이야기를 전달하려는 의도가 느껴진다.

산족의 암벽화

산san족은 흔히 '부시맨'이라는 이름으로 알려진 남아프리카 부족이다. 350년 전 유럽인의 정복으로 인해 현재는 8만 명 정도 남아 있지만 이들은 선사시대부터 남아프리카에 흩어져 살았던 종족이다. 그들이 주로 무리지어 살아온 드라켄즈버그 산맥 일대에는 5000년 전부터 근세에 이르기까지 여러 시대에 걸쳐 그려진 많은 암벽화가 남아 있다. 그동안 이 암벽화는 수렵, 채취생활의 기록 정도로만 알려져 있었지만 사실은 자연과 소통하기 위한 샤먼의 도구라는 의견이 최근에 제시되었다. D. 루이스의 학설에 따르면 암벽화는 단순한 화폭이 아니라 물질세계와 영적 세계 사이에 존재하는 장막이었다. 암벽에 그려진 수많은 그림 사이로 붉은 선 한 가닥이 마치 바느질을 하듯 그어져 있는데, 이것은 대상을 서로 연결시키는 동시에 영적 세계와 이어주는 도구였다는 것이다. 유럽 동굴벽화가 수만 년 전에 그려진 것과 달리 산족 암벽화는 근세기까지 계속 그려졌기 때문에 이는 벽화를 그린 목적과 이들의 생활을 이해하는 데 큰 도움이 된다. 그림에서 뿔이 난 사람 또는 동물처럼 움직이는

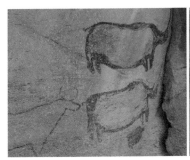

산족의 암벽화

블롬보스 동굴과 도료제작의 흔적

사람은 바로 동물로 분장한 샤먼을 그린 것으로, 실제로 칼라하리 사막에 사는 산족의 제의에서는 이러한 모습의 샤먼을 볼 수 있다.

벽화에 채색된 물감은 어떻게 구했을까? 최근 남아프리카의 블롬보스 Blombos 동굴에서 발견된 구석기시대 유물에서 그 답을 찾을 수 있다. 연대측정 결과 10만 년이 넘은 것으로 확인된 이 공방에서 황토를 곱게 갈기 위한 뼈 주걱과 단단한 돌, 검은색을 만들기 위한 숯, 붉은색과 노란색 안료 물질들이 발견된 것이다. 물감을 이기기 위한 팔레트로 사용된 전복 껍데기에는 사용하고 남은 물감이 묻어 있기까지 했다. 그 물감의 성분을 분석해보니 물개의 연골에 함유된 지방으로 확인되었는데, 분말이 서로 잘 엉기도록 해주는 용도였을 것으로 추정된다. 공방에는 그림을 그리기 위한 도구가 놀랄 만큼 잘 갖추어져 있어 마치 화가가 잠깐 자리를 비운 화실에 들어온 듯한 느낌이라고 탐사자들은 표현했다. 그러나 이 동굴에서 벽화는 발견되지 않았다. 어쩌면 동굴이 깊지 않고 외기에 노출되어 있어 오랜 세월에 걸쳐 서서히 지워졌을 수도 있고, 벽화를 그리기 위한 물감이 아니라 몸이나 도구에 칠하기 위한 물감을 만드는 곳이었을 수도 있다.

국내의 고분 벽화

인류 문명의 흔적은 거의 지하공간에서 발견되었다. 지하공간은 세력이 바뀔 때마다 명멸을 거듭하는 지상의 건축물과 달리 비교적 덜 훼손된 상태로 유지되었기 때문이다. 이러한 유적 중에서 단연 눈에 띄는 것은 신전이나 고분에서 만나게 되는 벽화다. 고분 벽화는 국내의 강서대묘 장군총 등에서 볼 수 있는 사신도四神圖나 수렵도를 비롯하여 이집트의 피라미드와 장제신전, 잉카의 마야 문명, 그리스 문명 등 세계 각 지역의 고대 문명에서 수없이 발견되었다. 그렇다면 이러한 신전이나 고분 벽화를 선사시대 동굴벽화의 연장선으로 보는 게 맞을까? 아마 그렇다고 해야 할 것이다. 시대의 진화에 따라 그 규모나 수준은 선사시대보다 월등해졌지만 삶을 기록하고 염원을 표현하고자 하는 인간의 본능, 즉 호모 아르텐스의 본능은 같기 때문이다.

중국에서는 한나라 때기원전 3세기~기원전 2세기부터 고분 안에 벽화를 그려 넣

사신도의 주작과 백호

사신도의 청룡과 현무

은 것으로 알려졌고, 한반도에서는 4~7세기 중엽 사이에 성행한 것으로 알려져 있다. 한반도 고분 벽화의 규모는 장제신전이나 피라미드의 거대한 규모에는 비할 수 없지만 치밀한 구도와 예술적 측면에서 중요한 가치를 지닌다. 벽화가 발견된 고분은 모두 93기[20]인데 대부분 고구려의 것으로, 당시의 세계관이나 사상·복식·종교·생활풍속까지도 잘 나타나 있다.

특히 고구려 벽화의 걸작으로 꼽히는 강서대묘의 사신도는 치밀한 세부묘사와 생동적인 필치로 유명하다. 동서남북 벽면에 그려진 청룡도靑龍圖, 백호도白虎圖, 주작도朱雀圖, 현무도玄武圖가 고분의 내부를 장식하고 있다. 왕을 지키는 청룡과 백호는 널방 입구를 향하여 포효하고 있고, 남쪽 벽면에서는 한 쌍의 주작이 연꽃을 물고 막 날아오르려 하고, 사신도 중에서도 가장 아름다운 구도와 곡선을 자랑하는 현무는 입에서 화염을 뿜어내고 있다. 뿐만 아니라 천장부 고임돌에 그려진 산악도와 신선 비천상은 주변 국가와의 교류사를 짐작케 한다.[21] 천장 덮개에는 황룡黃龍이 그려져 있고, 그 밖에도 봉황·기린·영지靈芝 등의 상서로운 동식물이 그려져 있다. 강서대묘의 모든 벽화는 빠르게 움직이는 역동적인 장면을 포착하고 있으며 아름다운 곡선과 사실적인 묘사를 이루고 있다는 점에서 독특한 특징을 지닌다.

이집트의 장제신전 벽화

이집트가 남긴 고분이나 신전 벽화는 규모나 양에 있어서 그 어떤 문명권보다 압도적이다. 이집트 고분 벽화는 '왕들의 계곡'[22]이라고 불리는 골짜기에 집중되어 있는데, 여기서 신전과 고분을 구분하는 것은 무의미한 일이다. 신격화된 파라오의 신전 그 자체가 왕의 무덤이기 때문이다. 왕들의 계곡에 있

홀을 든 파라오

는 무덤을 장제신전이라고 부르는 이유도 여기에 있다. 장제신전은 기원전 2600년 전 고왕국 때부터 만들어지기 시작했는데, 중왕국기원전 1938년~기원전 1600년경 시기에는 왕의 무덤인 피라미드와 신전이 분리되어 있었다. 신전에는 기둥이 늘어선 넓은 정원과 창고가 있었고 제의를 치르기 위한 공간과 가늘고 긴 회랑이 함께 만들어졌다. 그러나 신왕국기원전 1539년~기원전 1075년 시대에 만들어진 장제신전은 왕들의 계곡 양쪽을 깎아 절벽으로 만든 뒤 신전과 무덤을 함께 조성했다.

하트셉수트 장제신전과 벽화

장제신전은 각 신상神像의 배치나 조형물의 종류가 다르며 신전의 내부 설계 역시 지형과 암벽에 따라 다양한 형태로 지어졌다. 다만 기본적으로는 입구 쪽에 제의를 치를 수 있는 넓은 신전이 배치되고 안쪽으로 긴 복도와 수직터널 그리고 여러 개의 방 뒤에 묘실과 부장품을 보관하는 방이 있다. 거대한 신상과 조형물은 주로 신전에 집중되어 있지만 벽화는 안쪽에 집중되어 있는데, 묘실에는 신 앞에 당당히 서 있는 왕의 모습과 사후세계를 여행하는 데 불편이 없도록 안내하는 그림과 상형문자가 부조되어 있으며, 왕의 업적이나 승전의 내용을 기록한 경우도 많다.[23]

하트셉수트[24]의 장제신전은 그 규모만 해도 웅장하지만 내부의 조형물과 벽화는 이집트 예술의 극치를 이룬다. 묘실 입구에 이르기까지는 긴 계단과 광장 그리고 거대한 신상이 늘어서 있는 신전을 거쳐 210미터에 이르는 긴 통로를 지나야 하며, 지상으로부터 96미터 깊은 지하에 있다. 이렇게 장엄한 장제신전을 탄생케 한 것은 왕이 곧 신이었던 절대왕권의 권력이었겠지만 근본적으로는 영혼불멸이라는 종교적 신념이었다. 망자亡者가 살아온 삶과 앞으로 살아갈 내세에 대한 이야기를 벽화로 새겨넣은 「사자死者의 서書」[25]를 보면 그러한 사실을 확인할 수 있다. 고대 이집트인은 인간이 몸과 정신이 하나인 '카Ka'의 상태로 태어나기 때문에 죽은 자의 몸이 손상되면 내세로 갈 수 없다고 믿었다. 이에 따라 죽은 자를 미라로 보존하고 많은 부장품과 벽화로써 고인의 또 다른 삶을 지켜주고자 했다.

이집트 벽화에 나오는 인물의 특징은 정면성이라고 할 수 있다. 얼굴은 측면을 그리되 몸은 정면을 향하게 그리는 형식에는 한반도 고분에 나타난 생동감이나 역동성은 없지만 사후세계에 대한 이집트인들의 철학을 엿볼 수 있다. 다시 말해 그림을 단순한 상징이나 기원의 방식이 아니라 죽은 자의 대리물로 인식한 이집트인들은 완벽한 좌우 대칭과 정면의 신체 묘사를 통해 망자가 사후세계에서 불구로 살지 않길 바라는 기원을 담았다. 얼굴을 옆모습으로 그린 이유는 인물의 특징을 좀 더 정확히 보기 위한 것으로, 이마가 튀어나온 정도나 귀와 코의 형태를 세밀하게 묘사하고 있다. 이것은 죽은 자가 나중에 자신의 몸으로 돌아왔을 때 쉽게 알아볼 수 있도록 배려한 것이기도 하다.

선사시대에 몇 가지의 재료만으로 멋진 그림을 그렸던 인류는 문명의 길로 들어선 이후에도 지하공간을 화려하게 장식해왔다. 고분과 신전뿐만 아니라 인간이 살았던 흔적이 있는 곳에서는 늘 그림과 부조가 발견되었다. 이는 탐미적 인간의 근원적인 본성에 대해 많은 생각을 하게 만든다.

인간의 예술적 특성을 살펴보는 것은 문명과 지하공간이라는 주제에서 벗어나지 않는다. 적어도 동굴벽화에 대한 예술적 이해는 오랜 세월에 걸쳐 고정관념으로 자리 잡은 지하공간에 대한 부정적 인식을 걷어내는 데 보탬이 될 것이다. 더욱이 인류가 구축해야 할 지하공간에 대한 관점 또는 비전을 갖추는 데 기여할 것이라 본다. 지금까지 지하공간은 삶의 편리를 위해 개발하거나 장애를 해결하는 보완의 공간이었다. 안락하게 쉴 수 있는 휴식공간이나 생활 가능한 정주 공간이라기보다는 눈에 거슬리는 물건 또는 시설을 보관하는 공간이었던 것이다. 이러한 인식의 전환이 전제되지 않고서는 지하공간을 삶의 영역으로 끌어들이기란 쉽지 않은 일이다.

3. 자연이 만든 동굴

지구는 탄생 이래 그 어떤 생명체보다 왕성한 활동을 해왔다. 끊임없는 화산활동, 파도, 해일, 지진 등으로 인해 지구의 혈관 역할을 하는 수많은 동굴과 공동이 생겨났다.

지구의 생성과 동굴

과학자들은 생명의 특징으로 대사와 복제를 꼽는다. 외부에서 자원을 흡수하여 삶을 유지하면서 자신을 닮은 개체를 복제하는 것이 바로 생명이라는 것이다. 그러나 건조한 이론적 설명보다는 '외부와 관계를 맺으며 서로 영향을 주고받는 존재'라는 설명이 좀 더 가슴에 와 닿는다. 물론 이런 설명은 생명과 무생명의 차이를 모호하게 만드는 측면이 있다. 그러나 모든 물질이 어떤 형식으로든 서로 관계되어 있음을 고려할 때 생명의 개념은 확장될 수 있다. 바람은 그저 공기의 흐름일 뿐이지만 바람이 스칠 때 나무는 이파리를 떨며 화답하고, 시인의 가슴에는 미묘한 파문을 일으킨다. 수십억 광년 떨어져 있는 어떤 별이나 마당 한구석에 던져진 돌멩이 하나까지 모든 물질은 중력에 의해

서로 얽혀 있으며 영향을 주고받는다. 태양계 행성들은 태양을 중심으로 돌지만, 그 태양 역시 은하계의 영향을 받는다는 사실이 바로 '관계'의 증거가 아니겠는가.

지구를 하나의 생명체로 본다면 자연 동굴과 지하수는 생명활동을 위한 기공氣孔이며 수액이라 할 수 있다. 지구의 숨구멍인 동굴은 운석의 충돌이나 빙하기 지각변동과 같은 전 지구적 사건을 비롯하여 화산·해일·지진 등의 지엽적인 지각활동이 지구를 흔들어대는 과정에서 생겨난 땅속의 간극이다. 그러나 땅속 어디에나 동굴이 있는 것은 아니다. 자연적인 지각변동에 의해 또는 인공적으로 지하수나 석유를 채굴하는 과정에서 발생한 지하공동이 지상공간과 연결되는 곳이라야만 비로소 동굴이라 할 수 있다.

지구상에 가장 많이 분포되어 있는 동굴은 석회암 동굴이다. 석회암 동굴의 탄생은 다양한 생물이 폭발적으로 증가한 캄브리아기의 현상과 밀접한 관계가 있다. 식물이 광합성 작용을 통해 대기를 바꾸어놓자 각질의 뼈를 가진 생물이 탄생하게 되었고, 오랜 세월에 걸쳐 동물의 뼈가 쌓이고 유기화 과정이 진행되면서 전 지구적으로 석회암 지대가 만들어진 것이다. 동시에 다양한 화학물질을 함유한 물은 긴 세월 동안 땅속을 흐르며 바위를 녹이고 깎으면서 물길을 만들었다. 동굴은 이러한 충격과 변화 그리고 지구를 구성하는 광물과 그 틈에서 살아온 유기체가 함께 만들어낸 합작품이다. 따라서 동굴의 생성원인과 과정을 알아보기 위해서는 지구의 역사와 물의 작용 그리고 지구상에서 살아온 생명의 역할을 함께 살펴볼 필요가 있다.

지구는 우주에 흩어져 있던 먼지들이 태양계로 끌려들어오면서 탄생했다.[26] 생성 초기에는 수많은 운석과 충돌하며 불안정한 상태였지만 화성 크기의 거대한 행성과 충돌한 후 일부가 떨어져나가 달이 되면서 점차 안정적인 행성으로 자리 잡게 되었다. 선사시대 이전의 지구 역사는 보통 생명이 남긴 흔적과 지질시대별 특징으로 나뉜다. 생명의 기원을 추정할 수 있는 가장 오래된 흔적은 그린란드에서 발견된 38억 년 전의 암석이다. 이 암석에서 무기물을 구성하는 탄소와는 다른, 생명을 구성하는 물질에 함유된 탄소의 흔적이 발견된 것이다. 좀 더 직접적인 증거는 호주 서부에서 발견된 34억6000만 년 전의 박테리아 화석이다. 즉, 오랜 세월 지구의 대기를 변화시킴으로써 이후 다양한 생물이 태어날 수 있는 환경을 조성한 물질을 찾아낸 것이다. 지구 생성 초기에 산소는 광물질의 형태로 바다 속에 잠겨 있었지만 광합성을 하는 생명체의 영향으로 대기는 서서히 변화되었고, 마침내 5억4000만 년 전 '생명의 대폭발' 현상이 발생했다. 이때부터 지구상에는 생명체가 급격히 증가했고 그 잔해가 쌓이고 쌓여 만들어진 석회암 덩어리들의 균열로 동굴이 형성됐다.

동굴은 형성 원인이나 과정 또는 암석 성분에 따라 석회암 동굴, 얼음 동굴, 소금 동굴, 해식 동굴, 화산 동굴 등으로 구분된다. 이러한 자연 동굴 외에도 채석이나 광물을 채취하기 위해 인간이 조성한 인공 동굴이 있다. 특히 석유가 인류의 에너지원으로 이용되기 시작하면서 인간은 원유 채취를 위해 지하공간을 뚫기 시작했는데 규모로만 따져본다면 지구의 자연 동굴을 모두 합친 것보다 클 것으로 예상된다.

석회암 동굴은 세계 전 지역에 다양한 형태로 분포되어 있으며, 소금 동굴은 오스트리아 잘츠부르크나 폴란드 빌리츠카 등의 북유럽에 많다. 자연 상태의 소금 동굴은 규모가 그리 크지 않지만 오랜 세월 소금을 채취하는 과정에서 점점 확대되고 있다. 바닷물의 영향으로 생겨나는 해식 동굴은 바람이나 파도에 잘 깎이는 퇴적암 지대에 많이 나타난다. 한국에도 다양한 동굴이 분

포되어 있는데 유문동 수직 동굴, 고수 동굴, 환상 동굴 등 태백산맥 주변의
석회암 지대에 많이 분포하며 제주도의 화산 동굴은 세계적으로도 유명하다.

석회암 동굴

지구 표면, 즉 지각을 구성하는 바위는 크게 화성암, 변성암, 퇴적암으로
구분된다. 화성암은 지각 깊은 곳에서 완전히 녹았다가 지표로 올라와 굳어
진 바위로 가장 단단하다. 퇴적암은 바람이나 물에 쓸려온 다양한 광물질이
한데 섞이고 눌려서 만들어진 바위이며, 변성암은 화성암과 퇴적암이 지각활

강원도 단양 고수동굴

동으로 묻힌 뒤 고압과 고열로 그 성질이 변하여 만들어진 바위다. 퇴적암에 속하는 석회암은 크게 두 종류로 나뉜다. 하나는 물에 포함된 탄산칼슘이 응결되어 만들어진 화학적 석회암, 다른 하나는 생물의 사체에 의해 만들어진 유기적 석회암이다. 유기적 석회암은 캄브리아기 생명의 대폭발이 발생한 시기에 생성된 생명체, 엄밀히 말하자면 탄산칼슘으로 몸의 껍질과 뼈를 만들기 시작한 생물들의 사체가 쌓이고 쌓여서 만들어진 것이다. 플랑크톤, 산호, 조개류, 삼엽충이 바로 이러한 생물이다. 이와 같은 내력으로 지구 곳곳에 분포하는 석회암층에서는 다양한 생물의 화석이 발견되었다. 한반도 동쪽의 석회암 지대는 다양한 생물이 번성하던 캄브리아기에 형성되었으나 대부분 화학적 석회암 지대로, 생물의 화석은 거의 발견되지 않았다.

물방울이 바위를 뚫는다는 표현만큼 석회암 동굴이 만들어지는 과정을 잘 설명해주는 말은 없을 것이다. 지각운동으로 인해 석회암 지대에 부정합不整合[27]이나 단층 같은 틈이 생기면 이 사이로 물이 흐르게 된다. 처음에는 아주 미세한 틈이지만 오랜 세월에 걸쳐 지속적으로 물이 흐르면서 바위를 깎아내고 화학적으로 분해하면서 동굴의 규모를 갖추게 된다. 오른쪽 그림은 석회암 지대가 빗물로 인해 침식되면서 동굴을 형성하는 과정을 보여준다.

석회암 동굴은 세계 전 지역에 고르게 분포되어 있으며 규모 또한 다른 종류의 동굴에 비해 넓고 깊다. 가장 긴 동굴은 미국 켄터키 주에 있는 매머드 Mammoth 동굴로, 현재까지 조사된 구간만 연장이 579킬로미터에 달하며 높이는 80미터나 된다. 융기나 침식작용을 심하게 받은 지역의 석회암 동굴은 수직으로 깊은 형태를 나타내는데, 강원도 정선에 있는 유문동 동굴은 수직 깊이가 184미터에 이른다. 이에 비해 그루지아의 보로냐Voronya 동굴은 2140미터를 내려가야 동굴 바닥에 닿을 정도로 깊다.

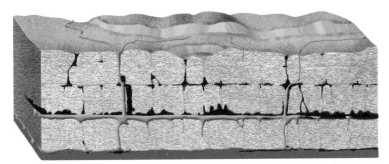

① 석회암 지대에 내린 빗물이 지상의 갈라진 틈으로 스며들어 지하의 바위를 녹인다.

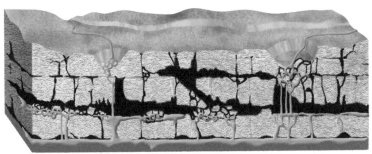

② 물길을 따라 점점 큰 구멍이 만들어지고, 이로 인해 지상부의 지반이 침하되면서 카르스트 지형의 특징이 나타난다.

③ 땅속의 공동이 점점 커져 동굴이 만들어지며, 지상부에는 카르스트 지형의 다양한 특성과 싱크홀 등이 나타난다.

석회암 동굴은 내부의 다양한 형태와 2차 생성물[28] 덕분에 신비한 장관을 연출하기도 한다. 가장 흔히 볼 수 있는 종유석을 비롯하여 벽면에 만들어지는 커튼 유석, 바닥에 만들어지는 석순, 휴석, 유로와 종유석과 석순이 만나서 만들어지는 석주 등 저마다 기묘한 형태로 아름다움을 드러낸다.

석회암과 물이 지하에서 만나면 지하 동굴이 되지만 지상에서 만나면 카르스트Karst라는 독특한 지형을 연출한다. 카르스트 지형은 지상에 노출된 석회암이 오랜 세월 빗물에 씻기거나 지하에 만들어진 공동으로 인해 지면이 함몰되어 형성된 형태다. 대표적으로는 돌리네Doline, 우발레Uvale, 폴리에Polje, 카렌Karren 등이 있으며 계곡이나 대규모 협곡도 카르스트 지형의 한 특징이다.

돌리네. 지하에 공간이 만들어지면서 지상이 함몰되어 웅덩이처럼 파인 형태로, 카르스트 지형의 초기에 나타난다. 우리나라 강원도 산간지역 고지에서 많이 보인다.

우발레. 돌리네가 여러 개 합쳐지면서 넓고 움푹하게 변화된 지형이다.

폴리에. 장기간에 걸쳐 지하공간이 만들어지고 함몰되면서 지상의 넓은 면적이 전체적으로 내려간 형태로, 주변에 돌출된 암반에 비해 평평하고 낮다.

카렌. 빗물에 의해 지상의 석회암이 녹으면서 삐죽 솟아오른 형태로, 강원도 해안에 많다.

탑 카르스트. 원지반은 둥근 봉우리 형태로 남아 있고 그 사이 계곡처럼 깊이 침식된 저부가 나타나는 형상으로, 중국 광시 성이나 베트남 하롱베이 등에서 볼 수 있다.

화산 동굴

　화산 동굴은 말 그대로 화산 폭발로 용암이 분출되어 지표면으로 흐르는 과정에서 생성된 동굴이다. 대기에 노출된 용암의 표면은 빠르게 바위로 굳어지지만 그 밑에는 식지 못한 뜨거운 용암이 한동안 흐르게 되는데, 이 과정에서 표면 아래에 공간이 형성된 것이다. 석회암 동굴이 장구한 세월에 걸쳐 조금씩 만들어지는 것과는 달리 화산 동굴은 분출된 용암이 흘러내리는 짧은

제주도 김녕 화산 동굴

시간에 만들어진다. 따라서 석회암 동굴처럼 종유석이나 석순 등의 오밀조밀한 생성물은 많지 않지만 용암이 식으면서 만들어놓은 용암석주나 선반 등의 화려한 형상을 볼 수 있다.

화산 동굴의 가장 큰 특징은 석회암 동굴처럼 지하 깊은 곳이 아니라 지표 근접한 곳에 발달되어 있다는 점이다. 지상과 연결되는 부분에 비교적 구멍이 많아 채광이나 통풍이 원활한 환경을 제공함으로써 많은 동식물의 보금자리가 되어주었다. 따라서 제주도의 여러 화산 동굴에서 선사시대의 유적이나 동물의 뼈가 발견된 것은 우연한 일이 아니다. 제주에는 368개의 오름 주변에 약 160여 개의 크고 작은 화산 동굴이 흩어져 있는데 그중에서도 가장 잘 알려진 곳은 20~30만 년 전의 화산 분출로 만들어진 거문오름 용암동굴계다. 벵뒤굴, 만장굴, 김녕굴, 용천굴, 당처굴 등으로 이루어진 이 거대한 동굴은 거문오름[29]에서 시작하여 14.6킬로미터 떨어진 바다까지 연결되어 있다. 오름 주변과 동굴의 생태계가 잘 보존되어 2007년 유네스코 문화유산으로 지정되었는데 동굴의 수려한 경관 가치도 중요하지만 화산활동과 관련된 지형적 특성이나 동굴 속의 생성물 또한 소중한 가치를 지닌다.

해식 동굴

해식 동굴은 파도가 뚫어놓은 동굴이다. 파도가 끊임없이 바위를 때릴 때 절벽의 한 부분이 먼저 파이면 이곳으로 뚫는 힘이 집중되어 동굴의 형태가 만들어지는 것이다. 동굴이 시작되는 곳은 주로 절벽의 바위틈이나 절리면 단층과 같은 약한 부분이며 점차 안쪽이나 주변으로 확대되어나간다. 특히 어느 정도 깊이 파인 동굴의 안쪽에는 파도의 물리적 충격이 더 크게 작용하기 때문에 동굴의 입구는 좁고 안쪽이 넓게 파이거나 절벽을 관통하는 형태가

해식 동굴

만들어지기도 한다.

　해식 동굴은 퇴적암 지층에 많이 만들어지지만 모암의 종류와 상관없이 거의 모든 바닷가 절벽에서 볼 수 있다. 그러나 주로 파도가 드센 곳에 만들어지기 때문에 접근하기가 쉽지 않다. 조수 간만의 차로 인해 주기적으로 수면 위로 모습을 드러내기도 하지만 수중으로만 접근되는 경우도 많다. 해식 동굴은 석회암 동굴이나 화산 동굴처럼 규모가 크지 않고 다양한 2차 생성물이 형성되지는 않는다. 그러나 오랜 세월 바닷물의 작용을 받아 기이하고 신비한 형태를 이루기도 한다. 한국의 섬 지역에서 많이 볼 수 있는 관통형 동굴도 이에 해당되고 지각변동으로 지반이 융기되어 절벽 중간쯤에 위치한 동굴[30] 또는 파도가 칠 때마다 육지로 이어진 수중 동굴에서 물을 내뿜는 분수 동굴도 해식 동굴이다. 더러는 좁고 긴 터널을 이루거나 수중 동굴 끝에 육상공간이 만들어지기도 하는데 이러한 공간은 외부세계와 고립되어 독특한 생태환경을 갖추기도 한다. 미국 오리건 주에 있는 바다사자 동굴은 번식조건과 천적이 거의 없는 안락한 환경을 갖추고 있어 바다사자들의 낙원이 되었다. 제주 우도에 있는 수중 해식 동굴에는 물속으로 길게 이어진 동굴 끝에 육상공간이 형성되었는데 2차 생성물과 다양한 생물을 확인할 수 있다.[31]

소금 동굴

지하수의 작용이나 지각변동과 같은 자연현상에 의해서 만들어진 자연 동굴과 달리 소금 동굴은 인간이 소금을 채취하느라 형성된 인공의 동굴이다. 물론 암염지대에서도 석회암과 같은 카르스트 지형의 특성이 나타나기도 한다. 물에 잘 녹는 성질을 지닌 암염지대에 절리나 단층 또는 크레바스crevasse가 생기면 스며든 빗물로 인해 자연적인 소금 동굴이 형성되는 것이다. 이러한 동굴은 육안으로 확인하기는 어렵지만 산속에서 흘러나오는 소금물을 통해 그 존재를 유추해볼 수는 있다. 남미의 안데스 산맥은 원래는 해저였다가 대규모 지각변동에 의해 융기된 지역으로, 깊은 산속에 암염지대가 형성되어 있다. 빗물이 이 암염지대를 통과해서 흘러나오면 염도 높은 소금물이 되는데 잉카인들은 오래전부터 이 물을 이용하여 염전을 만들었다. 중국 차마고도茶馬古道에도 소금산에서 흘러나온 물로 만들어진 염전이 많다. 물론 잉카나

고대 잉카인들이 만든 산악염전

차마고도에서 소금 동굴 자체를 찾아내지는 못했고, 염전을 통해 동굴의 존재를 짐작할 뿐이다.

싱크홀

싱크홀Sink holl은 지반이 가라앉아 생긴 거대한 구멍을 말한다. 이 자체를 동굴이라고 볼 수는 없지만 지하 깊은 곳에 만들어진 공동이 지하수에 의해 함몰되어 발생한 것이므로 지하공간의 한 형태인 것만은 분명하다. 싱크홀은 생성과정도 특이하고 그 형태도 다양하지만 대개는 지하공동을 채우고 있던 지하수가 빠져나가면서 지반이 그 무게를 이기지 못해 함몰되는 과정을 거친다.

세계 여러 지역에 분포되어 있는 거대한 싱크홀을 보면 압도적인 경이를 느끼게 된다. 지하 동굴을 탐험하는 과정을 스릴 있게 그린 영화 「생텀Sanctum」은 드넓은 밀림 속의 싱크홀과 블루홀이 하나로 연결된 베네수엘라의 사리사리나마Sarisarinama를 배경으로 하고 있다. 이 지역에는 단층선을 따라서 많은 싱크홀이 분포되어 있는데 수직 깊이가 350미터가 넘으며 바닥에는 다양한 형태의 동굴이 이어져 있다. 또한 많은 새가 살고 있어 '스웰로Swallow 동굴'이라고 불리는 멕시코의 싱크홀은 깊이가 376미터로 끝이 보이지 않을 정도로 까

사리사리나마 싱크홀

플로리다 싱크홀

마득하며 구멍의 폭도 50미터나 되어 행글라이더를 타고 하강하는 레포츠 장소로도 유명하다. 유카탄 반도 일대에는 6000만 년 전 소행성 충돌로 만들어 졌다는 싱크홀이 육지와 바다에 넓게 흩어져 있다.

바다의 싱크홀인 블루홀Blue hole은 빙하기 이후 해수면이 상승하면서 바다에 잠긴 것이다. 서인도제도의 바하마 섬 주변에는 이렇게 만들어진 블루홀이 두루 분포되어 있는데, 그중에서도 딘스Dean's라는 블루홀은 지름이 100미터에 깊이가 202미터에 달한다. 하늘에서 내려다보면 그저 짙은 암청색 바다에 불과하지만 물속은 심도별로 다양한 종류의 생물이 서식하고 있는 생태계의 보고다. 또한 태평양의 첼바체브Chelbacheb 제도의 석회암으로 이루어진 200여 개의 섬 사이에도 수많은 블루홀이 분포되어 있다.

반면 도심지에서 급작스럽게 형성되는 싱크홀은 가히 공포의 대상이다. 2010년 7월 과테말라의 도심 한가운데에 마치 칼로 도려낸 듯한 싱크홀이 발생했는데, 이는 지름 30미터의 지면이 지하 60미터까지 침강한 상태를 보

딘스 블루홀

팔로우 블루홀

과테말라 도심에 발생한 싱크홀

여주고 있다. 석회암 지대의 싱크홀은 긴 세월 동안 물이 바위를 깎아 만들어 지지만 도심의 싱크홀은 짧은 시간에 붕괴되듯 형성되기 때문에 예측이 어렵고 위험하다. 과테말라 싱크홀은 허리케인으로 인해 증가된 지하수가 화산재 층의 실트질 흙을 쓸어버림으로써 발생한 것으로 밝혀졌다. 그러나 최근 세계 여러 도시에서 발생하고 있는 싱크홀들은 주로 지하수를 무분별하게 추출했기 때문인 경우가 많다.

화강암이나 현무암이 많은 한국은 지반이 비교적 안정되어 있지만 지하수 사용이 점차 늘어나고 있어 싱크홀에 대한 주의가 필요한 실정이다. 2005년 6월 전남 무안, 2008년 5월 충북 음성에서도 지하수위 저하로 인한 싱크홀이 발생된 사례가 있다. 도심의 싱크홀 재해를 막기 위해서는 무분별한 지하수 개발을 억제해야겠지만 근본적으로 지하수위의 변화를 거시적으로 모니터링 하는 작업이 우선적이다. 지하수를 사용하는 곳으로부터 멀리 떨어진 지역에서 싱크홀이 발생하는 경우도 많기 때문이다.

한국의 자연 동굴

한반도는 태백산맥을 주축으로 하는 석회암 지대가 발달해 있고 지반의 융기나 빙하기 해수면의 상승 등의 지질변화를 거쳐 다양한 종류의 동굴이 만들어졌다. 한국에서 흔히 발견되는 동굴은 석회암 동굴, 용암 동굴, 해식 동굴이다. 석회암 동굴은 전체 동굴의 90퍼센트 이상을 차지하며 용암 동굴은 화산섬인 제주도에 주로 분포하고 있다. 해식 동굴은 조류의 변화가 심한 남해안, 서해안, 제주도 우도 등 도서지방에 많이 분포되어 있다. 동해안에서는 지반 융기로 인해 절벽 중간쯤에 동떨어진 해식 동굴이 발견되기도 한다.

_석회암 동굴

석회암층은 주로 태백산맥에 연한 지역에 분포하는데, 동굴 생성물이 다양하여 세계적으로 학술적 가치가 높으며 남한에만 200개 정도 분포되어 있다. 천연기념물로 정해진 동굴로는 강원도의 삼척대이리동굴(제178호), 영월고씨굴(제219호), 삼척초당굴(제226호), 평창백룡동굴(제260호), 충청북도의 고수동굴(제256호), 온달동굴(제261호), 노동굴(제262호), 경상북도의 울진성류굴(제155호), 전라북도의 천호동굴(제177호) 등이 있다. 북한의 천연기념물 동굴로는 평안북도의 상초동굴(제79호), 백령대굴(제81호), 함경남도의 운포동굴(제282호) 등이 잘 알려져 있다.

_화산 동굴

화산 동굴은 주로 제주도 표선리 일대와 동·서 해안에 127개소가 분포되어 있다. 환란시의 대피공간으로 이용되어왔으며 현재에도 무속신앙의 제단 또는 농산물 저장공간이나 젓갈의 숙성공간으로 쓰이고 있다. 천연기념물로 지정된 동굴로는 총길이 1만1749미터인 빌레못 동굴(제342호), 만장굴·김녕사굴(천연기념물 제98호), 협재굴·소천굴·황금굴·쌍룡굴로 이루어진 제주도용암동굴지대(제236호) 등이 있다. 빌레못 동굴은 세계 최대의 길이를 자랑하며, 만장굴은 화산 동굴 속에 2차 생성물인 석회질의 종유석과 석순이 자라고 있는 독특한 지형으로 유명하다.

_해식 동굴

파도의 침식작용으로 만들어지는 해식 동굴은 동해안과 남해안 그리고 제주도에 형성되어 있는데 모두 31개소 가운데 18개소가 제주도 서귀포시에 있다. 동해안에서는 지각의 융기로 절벽의 중간에서 발견되는 이수離水 해식 동굴이 있으며, 남해안에는 여수 오동도굴과 같은 소규모 침강해식 동굴이 많이 분포되어 있다. 북한의 천연기념물로는 함경남도의 청도해식굴(제280호), 강원도의 금란굴(제22호) 등이 있다.

동굴 형상 또는 생성물

_종혈Bell holls/cavities

동굴 천장에 종 모양으로 나 있는 구멍. 지름이 50~90센티미터 정도이며 고수 동굴에서 많이 발견된다. 동굴의 처음 생성과 관계된다.

_암상단구Rock terraces

동굴 벽면이 움푹 파인 형상으로 과거 동굴 내 빠른 물살로 인한 침식으로 생긴다.

_선반Canopies

동굴 벽면에 선반처럼 붙어 있는 퇴적물. 이를 분석하면 기후변동에 따른 동굴 형성과정을 알 수 있다. 고수 동굴의 선반은 동굴 외부에서 유입된 규암과 사암으로 구성되어 있는데, 이를 근거로 하천형 동굴로 분류된다.

_이단동공Bilevel passages

퇴적암의 층리나 균열을 따라 동굴이 이단으로 분리되어 있을 때 상하층을 연결하는 동공.

_수직동공Vertical shaft

외부 하천이 동굴 내로 유입될 때 층리면을 따라 수직으로 만들어진 원통형의 구멍.

_석회화댐Rimstone dame/Rimpool

방해석의 광물이 하상에 쌓여 만들어진 천수답과 같은 형상. 유속이 느릴 때 형성된다.

_조형암Speleothem

지하수에 섞여 있는 탄산칼슘이 집적되어 만드는 다양한 형상으로 종유석, 석순, 석주, 유석, 석회화단구, 동굴진주, 석화, 침석 등이 있다.

_종유석Stalactite

동굴 내의 균열면을 따라 방울방울 떨어지는 지하수가 만든 고드름 형태의 모양.

_석순Stalgmite

종유석에서 탄산칼슘이 맺힌 뒤 바닥에 떨어진 물에 남아 있는 칼슘으로 인해 상향으로 자라난 것. 종유석과 석순이 연결되면 기둥 모양의 석주Column가 된다.

_유석Flowstone

탄산칼슘을 함유한 지하수가 벽면을 따라 흐르며 만들어낸 형상. 단층, 습곡, 층리 등으로 생긴 균열면에서 커튼이나 베이컨 등의 다양한 형상이 만들어진다.

_동굴진주Cave pearl

박쥐 등 동굴 속에 사는 동물뼈 성분이나 모래알 등이 핵을 이루고 탄산칼슘이 엉겨붙어 만들어진 것. 2밀리미터 이하를 란석卵石 Oolites, 2밀리미터 이상을 두석荳石 Pisolite이라고 한다. 보통 동굴진주라고 하면 1킬로그램 이상으로 직경이 8~15센티미터인 것을 말한다.

_석화Cave flower/Helectite

동굴 천장이나 벽에 맺히거나 바닥에 침전된 탄산칼슘 또는 다양한 유기물에 의해 만들어진 것으로 꽃 모양을 형성한다.

_침석Tufa

동굴에서 유출되는 폭포나 샘의 주변이나 하단부에 침전되어 굳은 돌.

4. 현대의 지하공간 기술

지하는 조용하고 아늑하다. 춥거나 덥지도 않다. 전자파, 분진, 공기오염을 걱정할 필요도 없다.
현대의 기술은 지하공간 어디든 밝게 비출 수 있다. 그곳으로 가지 않을 이유가 없다.

지하공간의 특성

인간은 왜 지하공간을 찾는 것일까. 또 왜 지하공간을 기피하는 것일까. 안
전하고 아늑함을 주는 곳임은 분명하지만 지속적으로 생활하기에 결정적인
단점은 생존의 핵심 요소인 햇빛을 받지 못한다는 점이다. 햇빛은 조명이라는
중요한 기능 외에 나무나 곡식, 과일을 자라게 하며 곰팡이 등의 해로운 균을
제거하는 등 생활에 절대적인 요소다. 지하공간의 또 다른 단점이라면 폐쇄된
공간에서 오는 불안감이다. 인간의 무의식은 외부의 위협으로부터 회피하기
위해 폐쇄된 공간을 지향하는 한편 열린 공간에서 활동할 때 더 편안한 느낌
을 갖기도 한다. 이는 폐쇄된 공간이 주는 단절감이나 심리적인 압박 때문일
것이다.

세월이 흐르고 과학이 발달하면서 이러한 지하공간의 문제점은 거의 해결되었고, 이제는 다양한 장점이 부각되고 있다. 지하공간의 이점은 크게 두 가지로 나누어 살펴볼 수 있다. 첫째는 기후나 온도 등 수시로 변하는 외부환경에 지배받지 않고 정밀하게 의도된 환경을 구축할 수 있다는 것이다. 둘째는 암반의 물리적 특성에 기인한 것으로 진동, 전자파, 방사능과 같은 영향을 거의 받지 않는다는 것이다. 구체적으로 다음과 같은 특성을 이해한다면 지하공간의 활용 가능성을 모색하는 데 도움이 될 것이다.

• **항온성** 일정한 깊이의 지하는 대기온도 변화에 영향을 받지 않는 한편 심도에 따라 발생되는 지열로 일정한 온도가 유지된다. 지표에서 5미터 아래에 있는 지하공간은 거의 지상 기온의 영향을 받지 않으며 이 덕분에 에너지 사용을 최소화하면서 쾌적한 환경을 누릴 수 있다.

• **항습성** 외부 공기가 차단된 지하공간은 습한 공기 때문에 퀴퀴해진다. 그러나 공기 중의 습기를 제거하면 쾌적한 환경이 유지된다. 이러한 항습성은 곡물의 부패를 방지하고 포도주나 훈제육의 숙성에 유리하여 저장고로 이용하는 데도 유리하다.

• **방음성** 지하공간은 외부의 다양한 소음을 차단할 뿐만 아니라 내부의 소음이 외부로 퍼져나가는 것을 억제하기도 한다. 이러한 소리 차단 효과는 지하공간을 도서관이나 공연장으로 활용하는 데 혹은 도시철도나 기계설비를 설치하는 데 유리하다.

• **수밀성** 조밀한 입자 구성에 따른 암반의 불투수성을 말한다. 지하수로를 만들거나 곡식 저장고, 원유 LNG 등 에너지 저장시설을 만드는 데 중요하게 참고할 만한 성질이다.

•**방사능 차단성** 암반은 방사능을 빨아들이는 성질을 가지고 있기 때문에 지상에 비해 지하공간의 방사능 양은 현저히 줄어든다. 이러한 성질은 정밀한 연구시설은 물론 방사능 공격에 대비해야 하는 정보·방재시설에 필수적이다. 방사능 폐기물 처리장을 암반지대에 만드는 것도 이러한 성질 때문이다.

•**물리화학적 안정성** 암반 종류에 따라 편차가 있지만 기본적으로 암반은 단단한 보호벽으로 기능하기 때문에 외부에서 가해지는 물리적 충격을 차단할 수 있다. 또한 산성이나 염기성의 영향을 적게 받는다는 이점이 있어 보전 가치가 있는 유물 등을 보관하기에 적절하다. 박물관을 지하공간에 짓는 이유도 이 때문이다.

이러한 이점들의 시너지 효과를 잘 고려하면 지하공가마의 활용두를 최대화할 수 있다. 예컨대 프랑스의 음향연구소IRCAM나 스웨덴의 바르발드할렌 Berwald-hallen 방송 스튜디오, 일본의 TV 아사히 방송센터 등은 방음성이나 물리적 안정성을 적극 활용한 사례다. 이외에도 조용한 환경이 요구되는 도서관 또는 레저 스포츠, 공연장 등 현대인의 문화생활을 위한 다양한 시설들도 점차 지하로 내려가고 있다.

지하공간의 활용

현대에 들어서는 암반 굴착공법의 눈부신 발전 덕분에 다양한 목적의 지하공간이 탄생하고 있다. 이렇듯 지하공간의 영역이 확산됨으로써 다양한 기능이 제공되고 있지만 정확히 어떤 기능이 어느 정도 제공되고 있는지 분석해볼 필요가 있다. 그것은 지하공간의 쓰임새가 미래에 어떤 역할을 하게 될지를 파악하는 데 의미가 있을 것이다.

•**도시공간의 효율적 사용** 도시인구의 증가에 따라 도시 기반시설의 수요는 늘어나는데 땅은 제한되어 있어 건축물은 점점 더 높아지고 있다. 이에 따라 빌딩의 구조적 안정을 위해 지하층의 깊이도 그만큼 깊어질 수밖에 없다. 한국은 1980년대부터 도시 내에 지하공간 활용이 빠르게 증가하긴 했지만 초기에는 상업 또는 문화적 공간보다는 주차장이나 저장시설 또는 기관실 등으로만 사용되었다. 지하공간이 본격적으로 주목받기 시작한 것은 1990년대 이후 환기나 조명 시스템이 발달되면서부터였다.[32] 지하층 활용이 증가하기 시작한 또 다른 이유로는 건축공간 활용에 대한 법적인 제한[33]이 지상층에 비해서 너그러웠다는 점, 그리고 1980년대 이후 본격적으로 도시철도가 구축되면서 역사 주변의 지하 상업권이 형성되었다는 점을 꼽을 수 있다.[34]

•**환경 혐오시설 설치 공간** 도시가 밀집될수록 도시 내의 녹지는 지속적으로 줄어들 수밖에 없다. 더욱이 도시 기능을 유지해주는 물류 유통, 하수 처리, 주차 공간, 폐기물 처리 등의 기반시설을 위한 공간마저 부족해지고 있다. 이제까지는 도시의 공간적 확대를 통해 가용 토지를 확보해왔으나 지자체 간 마찰 또는 님비NIMBY 현상으로 인해 사정이 녹록지 않은 실정이다. 이 상황을 타개할 방법은 도시 기반시설을 지하공간에 배치하는 것이다. 최근 들어 지상에 있던 시설을 지하로 옮기거나 시설물 상부를 녹지공간으로 조성하여 가용 토지를 늘리는 사례가 점점 많아지고 있다.

다음 장의 사진은 서울 탄천 하수처리장이다. 과거에는 매탄가스와 악취로 환경오염을 야기해왔지만 현재는 상부를 복개하여 어린이 놀이터와 자연학습장을 조성했다. 기피시설을 시민 휴식공간으로 탈바꿈시킨 좋은 사례다. 이렇듯 도시 기반시설을 지하화함으로써 도시환경을 개선하고 도시공간을 효율적으로 활용할 수 있다.

복개 전후의 탄천 하수처리장

•**지하공간의 이점 활용** 소음, 진동, 대기오염, 분진의 영향을 거의 받지 않는 이점을 활용하여 시설물을 지하공간에 배치하는 것은 가장 적극적인 활용이라 할 수 있다. 그러나 이러한 시도는 지반 굴착의 기술이 강화된 최근에야 가능한 일이었다. 물론 노르웨이나 스웨덴처럼 암반의 강도가 고른 특성을 지닌 지역에서는 일찌감치 대규모의 시설물을 지하에 설치할 수 있었다. 1975년 완공된 요빅 수영장, 오슬로 스포츠 광장, 노르웨이의 스포츠 센터 등이 그러한 예를 보여준다. 특히 1994년 동계올림픽을 준비하면서 건설된 요빅 올림픽 콤플렉스는 단일 규모로는 세계 최대의 지하공간으로 꼽히고 있다.

지하공간의 다양한 쓰임은 시대의 추이와 맞아떨어지는 듯하다. 고대에서 근대까지 지하공간이 상하수도를 설치하거나 곡물을 보관하는 용도에 치중되었던 것은 그만큼 공간의 여유가 있었기 때문이었을 것이다. 그러나 오늘날 인구가 급증하고 도시 규모가 확대되면서 상하수도, 전기, 통신, 도시가스 등의 여러 기반시설을 제공하기 위한 복잡한 관망管網이 도로 하부에 자리하게 되었다. 인구의 유동이 늘어나면서 지하철도, 도로터널, 지하주차장 등의 시설을 계속 늘려야 할 만큼 교통량도 많아졌다.

이제 지하공간은 특정한 용도의 구별 없이 다양한 공간으로 활용되고 있으며, 이러한 추세는 앞으로 더 확대될 전망이다. 상업시설은 물론 교육, 연구, 문화, 레저 등 다양한 목적의 시설물이 지하공간에 만들어지고 있으며 도시철도나 지하도로망과 연계되어 편의성과 효율성이 점점 더 높아지고 있다.

현대의 지하공간 기술

땅을 파는 일은 이제 좀 쉬워졌다. 물론 쉽다는 말은 상대적인 표현이다. 첨단장비가 없었던 과거에 땅속에 들어가 굴을 파는 일은 목숨을 담보로 하는 일이었지만 지금이라고 해서 그와 같은 어려움이나 위험성이 완전히 사라진 것은 아니기 때문이다. 실제로 지금도 많은 터널사고가 일어나고 있으며 목숨을 잃는 일이 발생하기도 한다. 다만 현대에는 지반의 상태와 관계없이 지하공간을 만들 수 있으며 과거에는 상상도 할 수 없던 바다 밑까지 뚫을 수 있게 되었다.

오늘날의 지반 굴착기술은 토목공학을 비롯하여 전기, 전자, 기계, 재료 등 다양한 분야의 기술이 접목된 결과이지만 크게 두 가지 기술의 발전을 언급할 수 있다. 하나는 장비 기술을 대표하는 쉴드 TBMShield Tunnel Boring Machine, 다른 하나는 터널 기술이 집약된 NATMNew Austria Tunnel Method이다.

현대에 들어 정밀한 설계가 가능해진 중요한 배경 중 하나는 탐사기술의 발달이다. 과거에는 앞을 보지 못하는 두더지처럼 무조건 바위를 파낼 수밖에 없었지만 이제는 다양한 탐사장비를 통해 지반구성을 상세히 조사할 수 있다. 수천 미터까지 뚫을 수 있는 지반 시추 장비Boring Machine를 이용하여 땅속 구성물을 미리 채취하는 것은 물론 탄성파, 초음파, 전기저항 등을 이용하여 지반의 구성 상태를 살피는 물리탐사Exploration Geophysics도 가능하다. 물리탐사를 통해 위치별로 흙이나 암반의 상태, 강하고 무른 정도, 설계에 필요한 각종 파라미터parameter, 지반을 파냈을 때 힘의 분포와 변화를 파악하기 위한 변수를 얻을 수 있다. 물론 이러한 자료를 얻었다 해서 바로 설계를 할 수 있는 건 아니다. 지반 해석을 위해서는 여러 개의 독립변수가 들어가는 편미분 방정식을 풀어야 하기 때문이다. 학창시절 골머리를 앓게 했던 미적분은 고작해야 독립변수가 하나뿐인 상미분 방정식이지만 편미분 방정식은 차원이 다르다. 그러나 이 역시 컴퓨터와 구조해석 프로그램이 단 몇 시간 안에 정확한 답을 내놓기 때문에 설계자를 괴롭히지는 않는다. 이렇게 진보한 전산 프로그램과 장비 그리고 재료공학 덕분에 설계자들은 안전하고 편리한 지하공간을 설계할 수 있다.

실제 땅을 팔 때에도 계측장비가 지반의 변화를 정밀하게 알려준다. 터널 위쪽에 설치되는 천단 침하계와 내공 변위계는 전자측정을 통해 붕괴 징후가 없는지를 알려준다. 지하공간 주변 땅속에 설치되는 지중 경사계는 정밀한 센서가 부착되어 있어 내공 변위계가 보여주는 변화 원인이 무엇인지를 알 수 있게 해준다. 이 밖에도 생태환경과 지반상태 변화를 알 수 있게 해주는 지하수위계, 도로나 건물에 미치는 영향을 파악하기 위한 경사계, 침하계, 균열계가 사용되며 소음이나 진동도 엄밀하게 관리된다. 화약을 적절히 배치하고 순차적으로 터트리는 지연 발파나 꼭 필요한 곳을 정밀하게 발파하는 제어 발파 기술도 현대 지하공간 구축에서 없어서는 안 될 중요한 기술이다.

쉴드 TBM 공법

쉴드Shield 공법은 1824년 영국 템스 강 밑으로 터널을 계획한 M. 브루넬[35]이

고안한 방식으로, 목선 바닥에 붙어 목재를 갉아먹는 '좀조개'라는 벌레의 생태로부터 아이디어를 얻은 것이다. 좀조개는 몸을 보호해줄 껍데기는 없지만 톱니처럼 생긴 단단한 입이 있어서 나무를 쉽게 갉아낼 수 있으며, 나무판을 갉은 다음에는 몸에서 나온 분비물을 발라 다른 벌레가 들어오지 못하게 한다. 이것을 관찰한 브루넬은 인부들이 막장에서 바위를 파내면 곧바로 강판으로 만든 함체를 밀고 들어가면서 터널을 굴착해나갔다. 그 덕분에 인부들은 터널 붕괴에 대한 걱정 없이 안전하게 일을 할 수 있었다. 처음 만들어진 브루넬의 강판함체36는 장방형이었지만 이후에는 원통형으로 만들어져 밀고 들어가기 훨씬 쉬워졌다.

이렇게 만들어진 초기 쉴드는 안전하게 굴착 속도를 높일 수는 있었지만 작업 자체는 여전히 인부의 손으로 이루어졌다. 그러나 현재 사용되는 쉴드 TBM은 강력한 유압장치와 전자동 시스템을 갖추고 있어 앞부분의 고강도

쉴드 TBM

회전체로 만들어진 원형 강판Disk[37]이 인부를 대신해 암반을 갈아낸다. 쉴드 TBM은 암반을 갈아내는 머리 부분과 높은 유압을 발생시키고 추진하는 몸통 부분으로 나뉘어 있다. 뒤에는 갈아낸 바위를 밖으로 빼내고 터널 벽면에 콘크리트 조각[38]을 붙여나가는 장치까지 일체로 연결되어 있다. 다시 말해서 이 장비는 바위를 파낸 뒤 버럭을 치우거나 콘크리트 벽체를 만드는 모든 작업까지 연속적으로 해치운다. 따라서 인원은 장비를 조정하거나 관리할 사람이면 충분하다. 혹시라도 붕괴나 지하수맥의 분출 등의 예상치 못한 사고가 일어나더라도 터널 막장에는 사람이 들어가지 않기 때문에 인명사고는 거의 없다.

이 공법 덕분에 터널 단면의 크기나 깊이에 영향을 받지 않고 웬만큼 긴 터널도 뚫어나갈 수 있게 되었다. 한·중 해저터널이나 보스보로스 해저터널 등 긴 구간의 바다 밑을 뚫어나가는 계획은 쉴드 TBM 때문에 가능해졌다고 해도 과언이 아니다. 최근까지 직경 16미터가 넘는 대단면의 터널이 쉴드 TBM으로 만들어진 사례가 있으며 국내 도시철도에도 많은 터널에 이 공법이 사용되었다.

NATM 공법

현대 터널 기술을 대표하는 또 다른 공법은 NATM이다. 암반뿐만 아니라 모든 토질조건에도 적용할 수 있는 이 공법은 1962년 잘츠부르크에서 개최된 국제암반공학회ISRM에서 처음 발표되었다. 기존의 터널공법은 굴착 후 발생하는 하중 전부를 단단히 받치도록 설계되었다. 그러나 땅을 파낸 뒤 암반이 무너지는 과정을 파악한 결과 굳이 그럴 필요가 없다는 사실을 알게 되었다. 땅을 파내면 처음에는 안전한 상태로 있다가 시간이 지날수록 서서히 강도가 약해지는데 그 전에 빨리 노출면을 보호해주면 그리 큰 힘을 들이지 않더라도 터널을 보호할 수 있다는 것이다. 사진에서 보듯 NATM 공사에서는 터널 내부를 받치고 있는 지지대를 설치하지 않는다. 보호공으로 노출면에 숏크리트Shotcrete[39]를 뿜어 붙이거나 록볼트Rock Bolt[40]를 박아서 원지반에 단단히 붙들어 매는 방법 등을 사용한다. 연약한 토사나 모래 지반일 경우는 굴착해나갈 방향으로 강봉을 박거나 시멘트액을 미리 주입해서 천장부를 단단하게 만드는 것도 가능하다. NATM 공법의 가장 큰 특징은 설계를 미리 하는 게 아니라 터널을 파들어가면서 막장면 상태에 따라 적절한 방법을 선택하여 터널

NATM 터널공사

을 보호할 수 있다는 점이다. 국내에서는 1983년 서울 지하철 2호선 공사에 처음 도입된 이후 도시철도 터널공사에 계속해서 적용되었다.

5. 지하공간의 미래

꿈의 세계는 현실의 세계와 대칭을 이루면서 길항한다. 인간의 꿈이 단순한 선망을 넘어 구체적인 계획으로 기능할 때 그 경계는 무너지고 꿈은 현실이 된다. 미래의 지하공간이 어떻게 변해갈지 상상하는 것은 바로 그 자체로 실현을 전제한다는 점에서 의미 있는 일이다.

흐뢰니르, 상상을 현실로

마술적 리얼리즘의 거장으로 유명한 호르헤 루이스 보르헤스의 소설 「환상 지도」에는 '흐뢰니르hronir'라는 말이 나온다. 상상에 의해서 구성된 사물이 점차 형태를 갖추어 물질세계에 현현하는 상태를 표현한 말이다. 우리는 보통 바위를 조각하여 부처를 만든다고 생각한다. 그러나 흐뢰니르 관점에서 볼 때 석수가 하는 일이란 먼저 바위 속에 부처가 갇혀 있다고 상상하는 것이다. 그 다음에 부처를 가두고 있는 돌을 쪼아냄으로써 부처를 세상 밖으로 꺼내는 작업인 것이다. 인간은 늘 꿈을 꾸어왔고 현실세계에서 그 꿈을 이루어왔다. 우리는 라이트 형제가 세계 최초로 비행기를 만들었다고 생각하지만 이카루스 신화를 비롯하여 다빈치의 설계도, 앙리 지파르의 비행선 등 날기를 원하는 인간의 욕망과 끊임없는 시도가 없었다면 어떻게 라이트 형제가 그런 상상을 할 수 있었겠는가.

인류의 역사에서 중요한 변곡점을 그린 사건을 살펴보면 이러한 변혁은 어느 날 갑자기 찾아온 것이 아니라 다수의 예측과 끊임없는 시도의 결과라는 것을 알 수 있다. 1687년 뉴턴이 프린키피아Principia[41]를 통해 중력 법칙을 발표했을 때 세계에 대한 인식은 대전환을 맞게 되었다. 그러나 뉴턴의 중력법칙은 사과가 떨어진 모습에서 불현듯 떠오른 것이 아니다. 프톨레마이오스의 고대 우주관과 코페르니쿠스의 전향적 사고, 튀코 브라헤[42]의 정밀한 조사와 J. 케플러[43]의 분석이 없었다면 뉴턴의 그런 의문은 아예 시작되지도 않았을 테니 말이다. 라이트 형제나 뉴턴은 거인의 어깨 위에 올라앉았기 때문에 새로운 세계를 볼 수 있었던 것이 아닐까. 보통 꿈의 세계는 현실의 세계와 대칭을 이루면서 길항한다. 그러나 꿈이 단순한 선망을 넘어 구체적인 계획으로 기능할 때 그 경계는 무너지게 된다. 바로 꿈이 현실이 되는 것이다.

상상 설계대전

20세기 초 예술계를 뒤흔든 쉬르리얼리즘의 모토는 '모든 것이 가능하다, 가능하니까 한다'는 것이었다. 상상력의 해방과 합리주의에 대한 반역에 나선 예술가들의 행태는 마치 현실에 적응하지 못하는 젊은이들의 치기처럼 보였다. 그러나 점점 많은 사람이 이 흐름에 합류하여 예술은 물론 인문 분야로까지 퍼져 나갔다. 이후 기상천외한 건축물이나 환상적인 교량이 쏟아져 나온 것을 보면 공학 분야도 상당한 영향을 받은 듯하다. 모든 것이 가능하니까 할 수 있다는 쉬르리얼리즘의 주장은 지금도 유효하며 미래를 준비하는 사람들에게 중요한 모티브가 된다.

2013년 5월, 엔지니어링협회에서 주최한 세미나에서 필자는 '오디세이 2040'이라는 주제로 강연을 한 적이 있다. 미래의 도시는 어떤 모습일까? 인류는 무엇을 타고 다닐까? SF 소설이 그리는 미래는 정말 실현되어 있을까? 상상의 미래를 이야기하면서 필자는 이러한 생각들이 실제에 가까워지도록 상상 설계대전을 열자고 제안했다. 트로이 전쟁을 승리로 이끌고 미지의 세계로 여행을 떠나는 오디세이처럼 미래의 인류가 살게 될 세계로 상상 여행을 떠나보자는 것이었다.

그리고 이 제안은 세미나에 참여했던 엔지니어를 비롯한 정부기관[44]과 업계의 적극적인 지원을 받아 2013년 9월 공모전으로 실행되었다. 무려 67편의 아이디어 작품이 출품되었는데, 실물 구축을 위한 설계는 아니지만 구체적인 이미지와 기제가 제시되어야 하는 만큼 예상을 뛰어넘는 수량이었다. 출품된 분야도 교통, 플랜트, 수자원 에너지, 환경 등으로 다양할 뿐만 아니라 각 분야가 서로 융·복합된 형식이 많아 거시적인 차원에서 미래의 방향성을 살펴볼 수 있었다. 환경을 마음대로 조절할 수 있는 밀폐형 미래도시, 지각부를

상상설계대전 출품작 「오아시스」, 희림건축(홍민철 외)

상상설계대전 출품작 「링크시티」, 이화기술단 (문준수)

관통하여 지구를 한 바퀴 도는 철도, 태평양을 수중으로 횡단하는 아진공 튜브터널 등 지하공간을 활용한 다양한 아이디어는 많은 사람의 눈길을 끌었다. 상상 설계대전에 제시된 수많은 아이디어가 공상이나 단순한 바람이라고 생각하지 않는다. 그것들은 미래를 바람직한 방향으로 유도하기 위한 진취적인 전망이며 언젠가 시도될 수 있는 설계라고 봐야 한다.

미래의 지하공간을 생각하다

인간은 미래에 대한 불안으로부터 위안을 얻기 위해 점술이라는 방식을 고안해냈다. 동식물의 변화 또는 천문현상을 관찰하는 행위는 대체로 앞으로 닥칠 가뭄이나 홍수, 역병 등의 재앙에 대비하고자 하는 것이었다. 19세기까지만 해도 많은 사람이 혜성의 출현이나 일식, 월식 현상을 바라보며 영웅의 탄생을 점치거나 국가의 흥망성쇠를 진단했는데, 이 모든 것은 재해나 재난으로부터 안전한 미래를 갈망했기 때문이다. 오늘날 행성의 운동이나 자연현상의 메커니즘을 어느 정도 이해하게 됨으로써 그러한 믿음은 비과학적인 미신으로 전락했다. 지금은 슈퍼컴퓨터가 분석한 데이터와 국가 간의 긴밀한 네트워크를 통해 자연의 변화를 미리 확인할 수 있으며, 그에 따라 과거에 비해 훨씬 안정된 삶을 누릴 수 있게 되었다. 더 이상 달과 별이 벌이는 천문현상은 신의 계시가 아니라 우리가 배운 과학적 지식을 직접 눈으로 확인할 수 있는 '우주쇼'일 뿐이다. 그럼에도 불구하고 미래에 대한 예측은 인간의 삶에 계속 중요한 부분으로 작용할 것이다. 인간은 항상 미래가 어떻게 전개될지를 궁리하는 과정 속에서 문명의 발전을 거듭해왔고, 앞으로도 그러할 것이기 때문이다.

우리 사회에는 부정적인 예측은 잘 맞지 않는 반면 긍정적인 예측은 잘 맞는다는 관념이 있다. 몇 가지 예를 살펴볼 때 이러한 관념을 근거 없는 속설로 치부하기 어려운 점이 있다. 부정적인 예측의 하나로는 멜서스의 '인구론'을 들 수 있다. 식량 증가는 산술적인데 인구 증가는 기하급수적이기 때문에 인류가 멸망할 거라는 그의 예측은 멋지게 빗나갔다. 또한 마르크스는 인간의 탐욕으로 자본 집중이 극에 달하면 자본주의가 몰락할 것이라고 예언했지만 자본주의는 문제를 보완하거나 수정하면서 체제를 유지하고 있다. 지구적 재해에 대한 예측도 마찬가지다. 엘리뇨, 기후 온난화, 소행성 충돌 등의 부정적인 예측들은 아직 이렇다 할 징후를 보이지 않고 있다. 예측이 잘못된 것이었을까? 그보다는 부정적인 예측이 진행되지 않도록 인류가 대처해왔기 때문이라고 봐야 할 것이다. 다시 말해 부정적인 예측들은 현재의 문제를 해결하라는 경고로 작동한다. 그런 의미에서 미래는 긍정적이며 바람직하다.

그렇다면 미래의 지하공간은 어떻게 변할까? 이러한 생각은 앞에서 살펴본 것처럼 불확실한 예측이나 상상의 문제가 아니라 선택의 영역이다. 물론 지금까지 문학이나 영화에서 본 지하공간의 미래는 인류가 보편적으로 지녀온 인식에서 크게 벗어나지 않았다. 조지 오웰의 『1984』 또는 「스타워즈」와 같은 SF 영화에서는 지하공간을 추방된 자들의 공간쯤으로 그리고 있다. 이러한 시각은 지하공간이 과거에 카타콤베Catacomb와 같은 무덤 또는 도피처로 활용되었기 때문일 것이다. 이에 따라 현대에 들어 지하공간을 계획하는 사람들은 이러한 고정관념과 겨루면서 '지상과 다르지 않은 지하'를 구축하는 데 신경을 집중해야 했다. 그러나 미래의 구상은 이 프레임으로부터 벗어나 새롭고 진취적인 지하공간의 개념을 창출하게 될 것이다.

지하공간에 대한 인식의 변화에서 가장 먼저 생각할 것은 환경오염의 영역이 아닐까 싶다. 대기오염이나 소음 등의 생활환경의 문제도 문제려니와 오존층 파괴나 지구 온난화라는 전 세계적인 문제에 당면해 있기 때문이다. 그 폐해는 2011년 전 세계적으로 혹한, 혹서, 가뭄, 홍수, 태풍, 황사와 같은 총체적인 기상재해로 나타났고, 아직까지 우리는 반복되는 재해를 모델링하여 일반화할 수 있는 패턴을 찾아내지 못했다. 그 결과 인류는 미래에 대한 불안을 떨치지 못하고 있다. 불안의 근원은 대상에 대한 무지에서 비롯된다고 한 지그문트 프로이트의 말처럼 기후에 대해 느끼는 인간의 불안도 무지 때문이 아닐까 싶다. 그러나 완전한 타개책을 찾지 못했다면 제2의 방법을 고려해야 한다. 지상의 영향을 덜 받는 지하에 관심을 기울여야 하는 이유가 여기에 있다.

지하공간에 대한 이중적 인식, 즉 안전하고 아늑하지만 어둡고 답답한 곳이라는 인식이 쉽사리 바뀌지 않겠지만 조금씩 긍정적인 쪽으로 변해갈 것이라는 사실은 분명하다. 오늘날 많은 사람이 지상의 소란스러움에서 벗어나 조용하고 아늑한 지하로 내려가고 있고, 다양한 문화시설과 과학 연구시설 등이 지하에 배치되고 있다는 사실이 이를 증명한다. 여기서 눈여겨볼 것은 지하공간이 지상의 부족한 공간을 보충해왔던 기존의 역할에서 벗어나 독자적이며 새로운 공간으로 빠르게 변화해가고 있다는 점이다.

지하공간이라는 개념의 변화

설계기술의 발전에 따라 앞으로 만들어질 지하공간은 지금까지 우리가 경험한 지하공간과는 전혀 다른 모습일 것이다. 그동안 '지하공간'이라는 용어는 일반적으로 지평면을 기준으로 아래쪽의 공간을 의미해왔다. 대표적으로는 하향 계단이나 터널 끝에 만들어진 공동이 있으며, 그곳은 지상에 마련된 입구를 통하지 않고는 출입할 수 없는 폐쇄된 공간이었다. 이 때문에 용어 자체에 부정적인 의미가 함축되어 있다.[45] 앞으로 그 형태와 용도가 변모함에 따라 용어 자체도 서서히 변하겠지만 '지하공간'이라는 말을 대체할 새로운 개념의 용어를 적극적으로 채택함으로써 변화를 선도할 수도 있을 것이다.

주거의 역사가 오래된 중국의 야오동窯洞이나 터키의 카파도키아 석굴 형식을 보면 지하공간이 단순히 땅 아래쪽의 공간만을 의미하지 않는다는 사실을 가늠할 수 있다. 산이나 절벽을 이용하여 지표면보다 위쪽에 주거공간을 조성한 사례는 인류 역사만큼이나 오래되었다. 이 공간은 지하라기보다는 '지중 공간' 또는 '석조石造 공간'[46]으로 표현하는 것이 더 적정해 보인다. 지중 공간의 형식이 현대적으로 적용된 예로는 이화여대 지하캠퍼스 ECC 건물을 들 수 있다. 프랑스의 도미니크 페로가 설계한 ECC 건축물은 지상과 지하공간이 평범한 둔덕과 자연스러운 경사로 연결되어 있다. 이로써 지중의 아늑함과 편리를 증진시키는 한편 지상에는 충분한 생태공간이 제공되었다. 미래의 지중 공간은 이렇게 지하와 지상의 경계를 허무는 다양한 시도가 이루어질 것으로 보인다.

카파도키아의 석굴

이화여대 ECC 지하캠퍼스

거시적인 도시환경의 변화

1889년 파리국제박람회 이후 세계 문화의 중심지로 각광받게 된 파리를 발터 벤야민[47]은 아케이드 문화라는 관점에서 바라본다. 아케이드는 가로街路를 유리로 덮어 기후의 영향을 받지 않도록 만들고 가로 양쪽의 상가를 고급 레스토랑이나 아틀리에로 조성한 것이다. 당시로서는 획기적인 공간계획이었던 아케이드는 에펠탑과 더불어 많은 사람이 찾는 파리 명물이 되었다.

파리의 비비안 아케이드

벤야민은 이 아케이드를 문화적 코드로 삼아 1920년대 예술가와 사상가들의 세계를 고찰한다.

파리의 아케이드는 현대의 도시설계가들에게 큰 영감을 주었다. 예컨대 'RESO'라 불리는 캐나다 몬트리올의 지하가로망은 파리 아케이드를 땅 아래쪽에 그대로 옮겨놓은 듯한 착각이 들 정도다. 물론 가로를 단순히 유리로 덮은 파리 아케이드보다는 훨씬 뛰어난 구조와 규모를 갖추고 있다. 이 언더그라운드 시티는 해마다 겨울철이면 폭설과 혹한에 시달리는 몬트리올 도시민의 건강과 안락한 가로 환경을 위해 구상된 공간으로, 계절에 관계없이 내부 온도를 쾌적하게 조절할 수 있으며 천장에는 자연채광 시설을 도입하여 지하공간에 대한 심리적 부담을 줄여놓았다. 또한 도시철도, 업무빌딩, 쇼핑센터, 도시공원과 연결되도록 설계되어 접근성 면에서도 매우 편리하다. 몬트리올 지하보도의 길이는 32킬로미터에 이르며 도시철도 역사 12개소, 영화관 25개소, 국제 전시홀 2개소, 음식점, 은행, 상가까지 들어차 있다. 지상 교통과의 유기적인 연계를 위한 진출입 램프와 대규모 지하주차장 시설도 갖추어져 있다.

　최근에는 도시를 계획하는 초기 단계부터 아예 지상과 지하의 유기적 연계를 고려하는 대규모 프로젝트가 시행되고 있다. 프랑스 파리의 레 알 프로젝트는 교통, 거주환경, 녹지공간 그리고 각종 기반시설을 지하와 지상에 적절히 분산 배치한 뒤 이러한 시설이 유기적으로 연계되도록 설계된 신 거주지 개발계획이다. 구체적으로 말하자면 지하에 배치된 각종 상업 및 문화시설이 지하가로망과 교통 시스템과 바로 연결되도록 하고, 지상에는 보행자 중심의 보도와 공원을 설계함으로써 쾌적하고 편리하며 자연친화적인 환경을 조성했

몬트리올 RESO

다. 미국 뉴욕의 로커펠러는 규모면에서 레 알 프로젝트에 훨씬 못 미치지만 처음으로 지하공간을 도시계획의 일부로 고려했다는 점에서 의미가 있다. 로커펠러 센터의 로워 프라자Lower plaza에서 시작되는 지하가로망은 보행자가 차량의 방해 없이 자유롭게 쇼핑이나 관광을 즐길 수 있도록 했으며 지하광장을 지하철역과 연계시켜 쉽게 접근할 수 있도록 했다.

홍콩 큐어리 만의 언덕 하부를 이용하여 도시 기반시설을 설치한 스펀SPUN 계획은 주변의 녹지를 보호하면서 쾌적한 지하공간을 확보하고 있다. 특히 태양광 추적 반사장치sun scoop와 광수직구sun shaft를 통하여 자연채광을 확보함으로써 지상의 분위기를 조성했다. 국내에서도 용산 미군기지 이전을 계기로 용산역 한강 주변을 통합 개발하는 GEO 2020 프로젝트가 추진되고 있는데, 지상은 녹지와 수생 환경으로 조성하고 지하는 도시 전체를 하나로 묶는 기능 축으로 계획되고 있다.[48] 그 밖에도 일본의 동경지하 21프로젝트나 미국 캔자스 주의 지하공간 프로젝트 등 지하공간에 대한 복합적 활용 계획은 이미 세계적인 추세로 들어선 듯하다.

이러한 대규모 프로젝트를 보면 지하공간은 지상의 보조적인 역할이 아니라 이미 도시계획의 한 축으로 당당히 자리를 잡았다고 할 수 있다. 이에 따라 지하공간 활용 계획은 도시 재개발이나 신도시 구축 단계에서 거시적으로 추진될 것이다. 전쟁으로 인해 도시가 파괴된 이후 비계획적으로 건물이 난립한 서울 강북지역에서도 도시의 균형 개발을 위한 다양한 프로젝트와 함께 지하공간이 주요한 기능축으로 설계되고 있다. 아파트 일색이었던 주거지역도 최근에는 지하·저층·고층으로 세분화되고, 지하공간은 다시 대심도와 저심도 공간으로 구분되어 계획적인 기반시설이 배치되고 있다.

그동안 고층빌딩은 미래도시 또는 첨단도시를 상징하는 랜드마크였다. 엠

애플의 신사옥 조감도

파이어 스테이트에서 버즈 두바이에 이르기까지 모든 도시에서는 경쟁하듯 바벨탑과 같은 거대 빌딩을 구축해왔다. 그러나 최근 들어 위로 치솟는 건물보다는 지하공간의 정적인 환경을 선호하는 경향이 나타나기 시작했다. 그런 측면에서 애플의 신사옥은 도시공간의 새로운 패러다임을 제시한다. 이 건축물의 외부 디자인은 우주선이 내려앉은 모양으로, 내부의 녹지공간을 포근하게 감싸안고 있다. 또한 이 건물에 사용되는 모든 에너지는 지하공간의 설비시설에서 만들어진다. 이러한 설계는 파울로 솔레리[49]가 계획한 아르콜로지 Archology[50]와 같이 거주공간과 생태환경이 복합된 단위 생활 공간을 지향하고 있는 듯하다. 이처럼 개별적으로 활용되는 지하공간과 함께 도시계획 사례를 살펴보면 지하공간의 놀라운 변화를 확인할 수 있다. 도시계획 차원의 대규모 프로젝트에 대해서는 다음 장에서 좀 더 구체적으로 살펴보겠다.

해저터널을 통한 국가망 구축

미래의 지하공간 개발에서 가장 주목할 만한 점은 아마도 해저터널을 통한 국가 간의 네트워크 구축이 아닐까 싶다. 도버해협에 만들어진 유로터널이나 일본의 세이칸 터널의 사례를 참조할 때 해저터널의 시대는 이미 오래전에 시작되었다고 해도 지나치지 않다. 한국 역시 해저터널 건설에 있어서는 세계적으로 앞선 기술 보유국으로, 서울 도시철도 5호선 광나루와 여의구간에서 이미 강 밑 터널을 구축했으며 부산 가덕도와 거제노를 해저터널로 연결한 바 있다. 현재 서해안 보령과 태안을 바다 밑으로 연결하는 사업이 추진되고 있

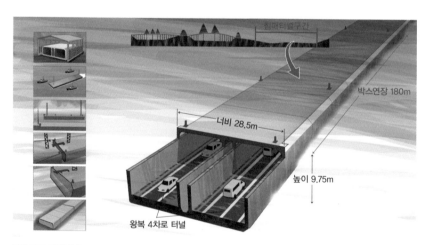

거가대교 해저터널

으며, 유럽과 아시아를 연결하는 보스보로스 해협 터널도 국내 기술진의 설계로 건설되고 있다.

이렇듯 터널을 굴착하는 기술에서는 획기적인 도약을 이루었으나 정치적 또는 경제적 이해관계 때문에 국가를 연결하는 터널은 아직 지지부진한 실정이다. 국가 간의 유통비용을 줄일 수 있는 물류 수송 시스템의 핵심은 터널 구축으로, 국가 간 자유무역협정과 함께 심도있게 고려해야 할 사항이다. 해저를 이용한 국가적 교통망 구축의 우선적인 과제는 한·중·일, 즉 한국을 중심으로 한 일본과 중국의 연결이다. 서해와 대한해협을 통과하는 장대터널은 그 연장과 규모에서 지하공간 역사에 새로운 장을 장식할 것으로 보인다.

지하 공연장으로 들어서는 순간
시끌벅적한 도시의 소음은 차단되고
복잡다단했던 일상의 상념은 접힌다.
계단을 따라 내려오는 행위는 심리적
하강이다. 외부로 향했던 관심은
온전히 자신의 내부로 쏠린다. 공연장
안으로 들어설 때 이미 가슴은 감동을
받아들일 준비를 한다. 공연장은 이러한
지하공간의 아우라에서 설계된다.
설계자는 공간에서 벌어질 그 모든
향연을 상상하고 배려함으로써 감동의
극대화에 기여한다.

제2부

쉼,
생활문화공간

1. 아늑한 문화공간

콘서트홀은 왜 지하공간에 만드는 것일까. 그것은 사찰이 산속에 있는 이유와 다르지 않을 것이다. 저잣거리의 혼잡으로부터 벗어나 온전하게 예술세계에 몰입하라는.

광명 케이번 월드

근원적으로 지하공간은 오랜 세월 인간의 탄생과 연관된 신화적 배경을 지니며 우리의 문학적 상상력을 자극한다. 지하공간이 예술가와 관객들에게 선호되는 이유는 이러한 상징적 의미와 심리적 안정감 때문일지도 모른다. 그러한 측면에서 2011년 경기도 광명의 한 폐광에서 개최된 음악회는 지하공간에 대한 새로운 인식을 심어주는 계기가 되었다. 동굴 내부는 아늑했고 광명 심포니 오케스트라의 금관 5중주는 여느 공연장 못지않은 감동을 선사했다. '광명 케이번 월드'라고 이름 붙여진 이 독특한 공연장은 1912년부터 60여 년간 은을 채굴했던 광산을 생활문화 공간으로 조성한 것이다.

콘서트 공연장과 스포츠 경기장은 성격상 차이가 있지만 지역 단위의 생활

광명 케이번 월드에서 열린 연주회 장면

공간으로 계획될 때는 접근성이나 다용도성을 고려해 하나로 묶이는 경우가 많다. 지방자치단체에서 운영하는 문화센터가 그러하다. 지역 주민들을 위한 공연, 헬스, 문예, 오락, 미술 등의 다양한 취미활동 공간으로 계획되기 때문이다. 세계 여러 나라에서도 이러한 방식으로 구성하고 있다. 특히 북유럽 도시에서는 전시 대피 공간으로 계획되었던 지하공간이 자연스럽게 다용도 시설로 활용되었는데, 해외 예술공간 사례로 살펴볼 수 있는 핀란드의 레트레티Retretti 또는 라우타사리Lauttasaari 문화센터가 그 대표적인 경우다. 독립된 콘서트홀이나 전시공간으로는 부족한 감이 있지만 지하공간이라는 특수성 때문에 여기서 계획되는 공연은 어느 정도의 시너지효과를 기대할 수 있다.

스포츠 시설, 특히 대형 경기장은 대체로 경기가 열리는 날에 한꺼번에 인파가 몰린다. 그래서 시설 유치를 위한 공간 마련도 쉬운 일이 아니지만, 이외에도 일시에 대규모 인원이 몰리는 상황을 고려해 도시철도나 도로 교통망 등의 기반시설을 연계시켜야 한다. 공간 확보가 쉽다는 점을 들어 경기장을 도시 외곽에 유치한다면 도시 기반시설의 효율성이 떨어진다. 도심의 지하공간에 대규모 경기장을 유치하는 발상은 이러한 배경에서 시작되었다. 도심지는 기존의 교통망이 잘 갖추어져 있어 접근하기가 좋으며 기술적인 문제만 해결된다면 공간 규모도 비교적 자유롭게 확보할 수 있기 때문이다. 뿐만 아니라 평상시에는 시민의 생활 스포츠 공간으로 활용될 수도 있어 부수적으로 여러 이점이 생긴다.

한국의 복합 문화공간

최근 지자체마다 복합 문화공간이 늘어나고 있다. 과거에는 헬스, 수영장, 골프, 스파 등의 위락 시설이 민간 주도로 지어졌지만 최근에는 지방정부 주도로 계획되면서 점차 복합화, 대형화되는 추세다. 두드러진 특징 중 하나는 지하공간을 최대한 활용한다는 것이다. 2014년 완공되는 성남 스포츠홀은 연면적 3만500제곱미터에 이르며 다목적 체육관과 수영장을 비롯하여 인라인 스케이트장, 헬스장, 스포츠 체험센터 등이 지하공간에 조성되며 지상은 주로 문화공간으로 설계되었다. 2012년 완공된 대구 유니버시아드 센터 역시 지하공간을 이용하여 시설물 배치에 적정을 기하고 있다. 이 안에는 다양한 구기 종목을 치를 수 있는 실내 경기장과 태권도, 펜싱, 레슬링, 역도 훈련장도 있다. 연면적 1만2000제곱미터 규모로 조성된 창원 스포츠센터 역시 지하공간을 활용한 스포츠 몰입 환경을 최적화하고 있다.

최근 대중음악과 뮤지컬 전용 공연장으로 건축된 서울 한남동의 블루스퀘어 콘서트홀은 지하공간의 아늑함과 음향효과를 잘 활용한 사례로 꼽힌다. 서울 시내에는 국립극장, LG아트센터, 세종문화회관 등의 정통 클래식 공연 시설은 잘 갖추어져 있는 반면 대중음악을 위한 장소는 거의 없었다. 따라서 대규모 공연장이 필요한 해외 음악가의 경우에는 음향시설이 열악한 올림픽 체조경기장, 종합운동장, 한강고수부지 등을 빌리는 수밖에 없었다. 2011년 준공된 블루스퀘어의 지하공간 규모는 4개 층에 이르며 지상과 지하가 서로 밀접하게 연결되도록 지어졌다. 대중음악 전용 공연장으로 계획되었지만 클래식 공연장으로도 손색이 없으며 연면적과 객석[1]도 충분한 편이다. 이 콘서트홀은 앞으로 지하공간을 활용한 공연장이나 전시공간을 계획할 때 중요한 모델이 될 것으로 보인다.

성남 스포츠홀   대구 유니버시아드 센터   창원 스포츠 센터

노르웨이의 지하공간 시설

지하공간을 이용한 스포츠 시설은 세계적으로 많이 찾아볼 수 있다. 그중에서도 수많은 지하공간을 활용하고 있는 노르웨이는 마치 전 국민이 스포츠 마니아인 것처럼 생각될 만큼 압도적인 규모의 시설을 자랑한다. 노르웨이는 왜 이렇게 많은 스포츠 시설을 만들게 되었을까? 여기에는 시대적 배경이 있

다. 노르웨이는 근대까지 400년 동안 스웨덴과 덴마크의 지배를 받았으며 제2차 세계대전 당시 독일의 점령으로 큰 고통을 겪었다. 냉전시대가 이어지던 1950년대부터는 국경을 접하고 있는 소련이 노르웨이 앞바다에서 공공연히 해상훈련을 하면서 압박했다. 이 때문에 노르웨이는 바위를 뚫어 지하 방공호를 짓기 시작했는데 그 지하시설의 규모는 상상을 초월할 정도다.[2] 민간에서 만든 시설은 원시적인 동굴이나 소규모의 지하공간이 주를 이루지만 정부 주도로 만들어진 시설은 현재 시민의 생활스포츠 공간으로 변모해 유익하게 쓰이고 있다.

노르웨이는 면적으로는 유럽에서 다섯 번째로 큰 나라지만 국토 대부분이 산악과 호수로 둘러싸여 있고 위도가 높아서 인구밀도는 매우 낮다.[3] 노르웨이 지반은 대부분 선캄브리아기[4]에 형성된 화강암[5]과 편마암[6]이어서 지하공간을 구축하는 데 매우 유리하다. 특히 절리나 결함이 거의 없어서 대규모 지하공동을 만드는 데 적합하다. 이로 인해 노르웨이는 오래전부터 터널 및 지하공간 축조기술이 발달했는데, 그중에서도 암반의 강도와 성질을 구분하는 NGI 분류법[7]은 세계 공통의 기술이 되었다.

요빅 올림픽 하키 경기장은 노르웨이의 지하공간 축조기술을 세계에 알린 시설물이다. 요빅산 내부를 파내어 만든 이 경기장은 1994년 릴레함메르 동계 올림픽을 위하여 건설되었다. 내부 공간폭 61미터, 길이 91미터, 높이 25미터은 중앙부에 기둥을 두지 않고 터널로 굴착하여 완성했는데 단일 구조물 규모로는 세계에서 가장 크다. 노르웨이는 동절기 온도가 영하 30도까지 내려가는 전형적인 북유럽 국가로서 올림픽이 개최되었던 1994년 당시에도 영하 20도의 기온이 지속되었으나 암반 내부에 지어진 경기장은 온도 변화가 없는 지하공간의 특성으로 인해 어려움 없이 경기를 치를 수 있었다.

요빅 경기장

요빅 경기장 평면도

단면도에서 보는 것처럼 하키 경기장은 기존에 건설된 지하수영장 옆을 확장하여 만들었는데 공간의 규모는 13만 제곱미터에 달한다. 지하에 대규모 공간을 형성하는 것 자체는 어려운 작업이 아니지만 경기장의 특성상 내부에 기둥을 세울 수 없는 조건에 따르기란 만만치 않은 일이었을 것이다. 경기장뿐만 아니라 관중석 역시 시야를 가리기 때문에 기둥을 세울 수 없었다.[8] 넓은 지하공간을 안전하게 만들기 위해 설계자는 암반 자체의 강성을 최대한 활용하는 방법을 택했다. 바로 NATM의 원리를 통해 천장부에는 케이블 볼트를 조밀하게 박고 공간 형태를 정밀한 아치형으로 하여 구조적 안정을 취할 수 있었다. 굴착해야 할 공간을 여러 개의 권역으로 나누어 조절발파와 파쇄식 TBM, 쉴드 TBM을 적용했다.

비록 설계에서 구조적 안정성을 확보했다고 하더라도 매우 정밀한 시공을 전제로 하고 있어 공사과정은 쉽지 않았을 것이며, 특히 짧은 공사 기간으로 인해 큰 어려움을 겪었을 것이다. 경기장 외형은 암반의 벽면을 그대로 이용하여 지하공간의 특성이 잘 드러나도록 조성했다. 일부 구간에는 시민들이 암벽 등반을 즐길 수 있도록 해놓았으며, 주요 시설물은 하키 아레나(주경기장)

를 비롯하여 수영장, 공연장, 회의실, 기계공조실 등인데 경기가 없을 때에는 생활체육이나 휴식 공간으로 이용되기도 한다. 공사 비용은 지상 건축에 비해 10퍼센트 정도 더 들었다고 하나 시설물을 운용하는 과정에서 발생하는 유지관리비(냉난방, 구조물의 외형시설 보수비 등)가 거의 들지 않아 경제적으로도 매우 효용성이 높다.

노르웨이에서 주민의 생활체육 시설로 활용되는 스포츠홀은 약 50여 개다. 대부분 냉전시대에 대피소의 용도로 만들어졌기 때문에 내부 환경이 아늑하거나 설계가 섬세하지는 않다. 그러나 1980년대 이후 지어진 것은 주변환경과 적절한 조화를 이루고 있으며 내부시설도 훌륭하다. 대표적으로는 1983년 노드 스트랜드 지역의 신도시 계획과 함께 만들어진 홀름리아Holmlia를 들 수 있다. 홀름리아는 지형이 험하고 공간이 협소한 도시로, 신도시 조성에 따른 공간 확보가 어려워 지하공간을 적극 활용했다. 이 지하 스포츠홀에는 다용도 스포츠홀, 수영장, 헬스, 사우나, 락커룸, 휴게공간 등이 있다.[10] 오슬로의 홀맨 스포츠홀과 오다대학의 지하스포츠 센터도 홀름리아와 비교되는 시설이다. 홀맨 스포츠홀은 1981년 완공된 시설로 입구의 지표면을 기준으로 30미터 아래 지하에 만들어졌으며 이곳에는 주경기장을 비롯해 스쿼시 공간과 휴게시설 등이 갖추어져 있다.[11] 오다대학 실내체육관은 기존 운동장을 지하로 확장한 것으로 다용도 경기장1500제곱미터과 육상 트랙 및 휴게공간을 갖추고 있다.

핀란드의 생활공간

핀란드 역시 노르웨이와 마찬가지로 냉전시대의 여파로 많은 지하시설을 보유하고 있는데, 헬싱키를 중심으로 비교적 최근에 만들어진 지하공간 시설

템페리아키오 스톤 교회

은 대피공간이라는 목적이 무색해 보일 만큼 훌륭하다. 예컨대 1993년 완공
된 헬싱키의 이타케스쿠스Itakeskus 홀은 지하공간을 활용한 스포츠 시설을
갖추고 있다. 대표적인 시설은 수영장1325제곱미터이며, 이외에도 회의공간, 사
우나, 헬스, 휴게공간을 갖추고 있고 비상시 대피공간 기능을 유지하기 위한
시설도 마련되어 있다. 특히 대규모 지하공간의 안정을 위해 가운데는 파지
않고 그대로 두었는데 그 자체로 기둥 역할을 하게 된다.

　헬싱키에서 눈여겨볼 만한 지하공간 시설로는 템페리아키오 스톤
Temppeliaukio stone 교회12를 들 수 있다. 이 교회는 폐광을 콘서트 공연장으로
개조한 광명시의 케이번 월드처럼 원래 석재를 채굴하던 광산을 확장하여 만

든 것이다. 교회는 지하공간에 위치해 있지만 천장을 선라이트로 만들어 채광이 가능하도록 했다. 이 교회는 콘서트홀로 이용되기도 하는데 음향이 암벽에서 부드럽게 반사되고 섞이는 파이프오르간 연주는 신비한 느낌을 자아낸다.

좀 더 본격적인 공연 공간으로는 레트레티Retretti[13] 센터를 들 수 있다. 핀란드 교외 암반지대에 만들어진 레트레티 예술센터는 클래식 연주를 위한 콘서트홀과 대규모 전시공간을 갖추고 있다. 외부의 영향으로부터 '벗어나다'라는 뜻을 지닌 레트레티는 1985년 완공되었으며 지상의 소음과 혼잡함을 차단하기 위해 경사지 하부를 30미터 깊이로 굴착하였다. 내부 디자인은 암반 굴착으로 생긴 노출면을 그대로 살려서 시원始原의 공간이라는 이미지를 부각시켰다. 콘서트홀 역시 음향효과를 위해 별도로 벽면을 가공하기보다는 자연 암반면의 요철이나 공동의 구조를 활용하여 울림을 줄이는 소극적인 처리만 하였다. 전시공간에서도 동굴 효과를 극대화하기 위해 지하수가 흐르게 하거나 작품과 암반 노출면의 형태가 어우러지게 하는 등 다양한 연출기법을 도입했고, 수직 하강이나 공간 형태의 변화를 통해 색다른 감흥을 느낄 수 있도록 했다. 전시공간의 조명은 개별 작품에 맞게 세분하여 인공조명과 자연채광의 적절한 조화를 꾀하였다. 레트레티 예술센터의 콘셉트는 암반 노출면으로 이루어진 지하공간의 특성을 전시작품이나 공연작품과 조화시키는 것이다. 이처럼 지하공간을 계획할 때 지상을 모방하기보다는 지하공간 자체의 특수성을 부각시키는 방식도 큰 장점이 될 수 있다.

지하공간의 보편적 이미지가 지상공간과 차별되는 아늑함이라면 바다로 둘러싸인 섬 역시 이와 유사한 느낌을 주는 공간이라고 할 수 있다. 이를테면 육지의 지상공간과 비교할 때 지하가 수직적인 차이를 가지고 있다면 섬은 수

평적으로 차별된 공간인 것이다. 섬을 예술공간으로 조성하는 이유는 아마도 이러한 심리적 이유 때문일 것이다. 헬싱키 라우타사리 섬에 있는 문화센터는 지상을 녹지공간으로 조성하고 공연시설은 지하공간에 배치하였다. 문화센터 안에는 농구, 배구, 테니스장 등 다양한 체육시설과 콘서트홀, 회의실, 놀이터 가 마련되어 있다. 핀란드 에스포 시의 지하공간을 이용한 스포츠 센터도 눈 여겨볼 만하다. 라우타사리에 비해 지하공연장으로서의 기능은 떨어지지만 규모는 훨씬 크다. 공간구조는 지하 2개 층으로 되어 있으며 면적이 8000제 곱미터에 이른다. 위층은 콘서트나 영화 상영관, 아래층은 다용도 스포츠 활동을 할 수 있게 되어 있다.

프랑스의 예술공간

파리는 예술의 도시답게 지하공간을 이용한 콘서트홀이나 전시공간이 많다. 그중에서도 루브르 박물관 지하공간은 기존의 건축물, 특히 오래된 성곽이나 석조건축물의 지하를 현대인의 생활 방식에 맞게 바꾸어놓았다는 데 의미가 있다. 서유럽과 이탈리아의 여러 도시에는 중세 이전의 아름다운 석조 건축물이 많아서 관광의 초점이 되는 반면 현대인의 생활에 맞는 편의시설이나 주거공간이 절대적으로 부족한 실정이다. 루브르 박물관의 지하공간 활용은 이러한 관광도시의 사정에 좋은 사례가 될 것이다.

현재 박물관으로 사용되고 있는 루브르 궁은 12세기 필립 2세[14]에 의해 지어진 요새要塞의 일부로, 예술품 수집광이었던 프랑수아 1세가 즉위하면서 1546년 요새의 주요 성곽은 대부분 철거되고 호화로운 궁전이 새로 지어졌다. 17세기 들어 루이 13세 당시 많은 예술품을 수집한 마자랭 추기경에 의해 전시공간으로 활용되기 시작했고, 이후 국립중앙미술관으로 지정되어 주요 예

루브르 박물관과 피라미드 조형물

술품이 옮겨졌다.

　지상 위주의 전시관만 있던 루브르 박물관에 지하 전시관이 조성된 것은 1980년대에 들어서였다. 당시 루브르 박물관을 찾는 많은 관광객을 효과적으로 수용하기 위해 접근 편이성을 높이는 개축작업을 벌였는데, 이 과정에서 나폴레옹 궁과 카루젤 궁의 중앙 정원 하부에 대규모 지하공간이 조성되었으

며 지하층 굴착 시 드러난 루브르 성곽 기초를 포함하여 지하와 지상을 연계하는 전체적인 공간 구조를 완성했다.

전시장의 지하공간 계획은 루브르의 역사적인 측면과 성곽의 기본 구조를 그대로 유지하면서 필요한 공간을 확보하는 차원에서 이루어졌다.[15] 또한 미술관 관람 방식도 선을 따라 이동하던 기존의 방식에서 벗어나 지하광장을

루브르 박물관 지하성곽

시점으로 자유롭게 관람할 수 있게 함으로써 일일 관람 인원을 획기적으로 늘릴 수 있었다.

　광장 중심부의 유리와 강철로 만든 피라미드 조형물은 건축가 이오 밍 페이[16]의 설계작품으로, 거대한 이집트 피라미드한 변이 35미터, 높이가 21미터를 7분의 1로 축소한 크기로 건축되었다. 인간이 만든 가장 오래된 건축물인 피라미드를 현대의 주요 건축소재인 유리와 강철로써 재구성해, 그 의미를 되새기게 할 뿐만 아니라 지하층과 지상 정원을 연계하는 통로로 기능한다는 실용적 설계도 돋보이는데, 피라미드 유리창을 통해 유입된 자연광이 지하광장의 분위기를 한층 밝게 해준다. 지하 전시장에는 나폴레옹 원정 당시 이집트에서 가져온 유물이 전시되어 있으며, 이외에도 메소포타미아 시대를 비롯하여 에트루리아, 그리스 로마 시대의 보물이 전시되어 있다.

스웨덴의 지하 콘서트홀

베르발드할렌Berwaldhallen 콘서트홀은 지하공간을 활용하여 음향효과를 극대화시킨 건축물로 유명하다. 스웨덴 국립방송 음악스튜디오로 계획된 이 건축물의 콘서트홀은 바위 언덕을 굴착하여 조성한 지하공간으로, 음향효과를 고려하여 육각형의 형태를 취하고 있다. 또한 운영에 필요한 시설이나 관객 또는 연주자를 위한 공간도 대부분 지하공간에 설치함으로써 녹지 점유를 최소화하고 공원의 경관을 보존했다. 건축물의 기하학적인 구조와 효과적인 수직·수평 공간계획을 통하여 건축물은 주변환경과 조화를 이루며 음향효과는 물론 외부 소음도 효율적으로 처리하고 있다. 이렇듯 지상 건축물이 차지하는 면적을 최소화하면서 지하공간의 활용을 극대화하여 충분한 무대 공간과 객석을 확보한 베르발드할렌 홀의 설계는 모범적인 사례로 손꼽힌다.[17]

암반을 노출시킨 베르발드할렌

2. 바위를 깎아 만든 도시, 페트라

그리스인은 돌을 깎아서 아름다운 신상神像을 만들었다. 로마인은 원형극장을, 이집트인은 장제신전을, 중국인은 능선 위에 기나긴 성곽을 쌓았다. 그러나 나바테아인은 바위산을 조각해 그 모든 것이 담긴 도시를 만들었다.

1812년 중동을 여행하던 고고학자 부르크하르트는 요르단의 붉은 바위산 속에 고대도시가 존재한다는 말에 귀가 솔깃해진다. 그는 미지의 도시를 찾기 위해 짐을 꾸렸고 수년 동안 베두인 족과 함께 사막을 헤매고 다녔다. 거대한 절벽 사이의 협곡, 몇 명만이 겨우 통과할 만한 좁은 길을 따라 수 킬로미터를 들어갔을 때 마침내 그는 믿을 수 없이 아름다운 건축물과 맞닥뜨렸다. 그가 찾아낸 것은 거대한 암벽들로 둘러싸인 채 사막에 버려진 도시 페트라 Petra[18]였다. 몇 천 년 동안 세상으로부터 잊혔던 도시가 드디어 문명으로 다시 돌아오는 순간이었다.

나폴레옹이 이집트를 침공한 1798년 이후 중동의 고대문명은 유럽인들에게 주목받기 시작했다. 이집트뿐만 아니라 이라크, 시리아, 요르단에 흩어져 있는 폐허 도시는 학자, 상인, 탐험가, 여행자의 상상력을 자극하여 중동의 모래벌판으로 끌어들이곤 했다. 중세 이후 세상의 기억 속에서 사라졌던 도시 페트라도 이러한 열풍 가운데 발견된 고대도시다.

1600년 전 수만 명의 주민과 세계 각지에서 온 상인들로 북적이던 이 도시에는 바위를 깎아서 만든 거대한 신전이 있어 때마다 제의가 치러졌고 원형극장에는 소포클레스의 비극을 보기 위해 몰려든 인파로 붐볐다. 이렇게 고도의 문명을 자랑하던 도시가 그 오랜 세월 동안 사막에 버려져 있었다는 사실도 충격적이지만 그 유적의 규모와 역사는 더욱 경탄을 금할 수 없다.

페트라의 역사

페트라는 요르단의 수도 암만에서 서남쪽으로 262킬로미터 떨어진 사막지

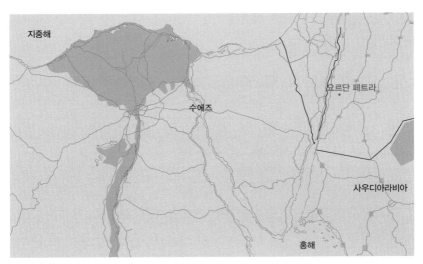

페트라의 위치

대에 숨겨져 있다. 도시를 감싸고 있는 산은 전체가 붉은 사암으로 이루어져 있고 풀 한 포기 자라지 못하는 척박한 환경에서 나바테아인은 경이로운 도시를 건설했다. 거주 흔적으로 볼 때 기원전 7000년경부터 이곳에 정착하기 시작했으며 성서의 내용으로 추정한다면 기원전 1400년 이전부터 도시 규모를 이루었던 것으로 보인다. 이곳은 에돔Edom[19]과 모압Moab[20]의 접경 지역이었으며 페트라는 에돔의 수도였다. 모세가 이집트에서 벗어나 가나안으로 향할 때 '왕의 대로King's Highway'라 일컬어지던 지름길에는 페트라가 있었다. 그러나 숨겨진 도시 페트라가 외부세계에 알려지기를 원치 않았던 에돔은 유대인을 통과시켰다가는 이집트 군대를 불러들이게 될까 두려워 모세 일행을 거절할 수밖에 없었다. 이로 인해 유대인들은 사막에서 38년간 헤매야 했고 오늘날 페트라 곳곳에서는 모세와 관련된 유적을 찾아볼 수 있다.[21]

페트라에 화려한 유적이 만들어지기 시작한 것은 기원전 7세기 무렵이었다. 선사시대부터 사막에서 살아온 나바테아인은 아랍계 유목민으로, 천연요새인 이곳을 차지한 뒤 주변 지역을 지나는 상인들과 거래를 하거나 통행세를 징수하면서 막대한 부를 축적했고 이를 기반으로 안정된 왕국을 건설하게 되었다. 이 지역은 이집트 세력권이기는 했지만 나바테아인은 지금의 시리아와 이라크 지역까지 차지하고 독립적인 지위를 유지할 수 있었다. 프톨레마이오스 시대기원전 305~기원전 30에는 더욱 견고한 요새를 갖춘 나바테아 왕국으로 태어났는데 마케도니아의 알렉산더가 주변 모든 지역을 복속시켰을 때에도 나바테아인은 끈질기게 저항하여 독립을 지켰다.

최고의 전성기였던 기원전 1세기 하리사트 4세의 치세 동안 페트라의 인구는 3만 명을 넘어섰다. 로마로 향하는 상인들에게 통행세를 받는 데 분개한 로마는 수차례 페트라 정복에 나섰다가 마침내 105년 트라야누스 황제 때 완

페트라의 입구

전히 페트라를 점령했다. 그러나 이후에도 페트라의 중요성을 인식한 로마의 지원으로 나바테아인들은 무역을 계속할 수 있었고 페트라는 교역 중심도시로 번창해갔다.

와디 무드흘림 수로터널

페트라의 유적은 모두 암반을 굴착하여 조성한 공간이라는 점에서 중요하다. 그중에서도 와디 무드흘림wadi mudhlim은 터널의 역사에서 빼놓을 수 없는 유적이다. 페트라는 자연협곡 안쪽에 숨겨져 있어 외부 침입으로부터는 안전했으나 주변이 모두 알굽타 산의 높은 바위로 둘러싸여 있어 물을 확보하기가 어려웠다. 우기에는 많은 비가 내려 홍수가 나기도 했지만 계곡 안쪽에 있는 도시로는 물이 흘러들지 않았던 것이다. 와디 무드흘림은 이러한 물 사정을 해결하기 위해 만들어진 수로터널이다. 나바테아인들은 먼저 수원을 확보하기 위해 강 주변과 바위산을 잇는 댐을 건설했다. 평상시에는 거의 바닥이 말라 있어 댐을 쌓는 일은 비교적 수월했을 것이다. 댐은 주변 지형을 이용하여 물이 모여들 수 있도록 축조되었으며, 터널의 높낮이는 산 안쪽에 있는 도시의 높이를 고려하여 정해졌다. 이는 댐에 물이 채워지면 88미터에 이르는 터널을 통과한 뒤, 바위 벽면에 만든 수로를 따라서 도시 곳곳으로 흘러드는 방식이다. 세월이 많이 흐른 현재 지형의 변화에도 불구하고 이 수로터널은 언제든 물을 흘려보낼 수 있을 정도로 완성도가 높다. 와디 무드흘림에 대한 기록은 전해지지 않지만 현재 보이는 그 자체로 경이감을 불러일으킨다.

수로는 바위에 도랑을 내듯이 파낸 방식이다. 울퉁불퉁한 바닥에 수로를 내면 물길의 경사를 유지할 수 없으므로 바위 벽면을 따라 파내면서 경사를

와디 무드흘림 터널 입구

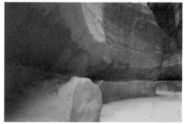

바위 벽면을 이용한 수로

맞춘 것이다. 사암의 특성상 물이 바위로 스며드는 문제는 도랑 바닥과 벽에 석회를 발라 해결했다. 도시 안에도 수로가 잘 정비되어 물을 필요로 하는 곳에 적정한 양이 흘러들도록 고안되어 있다. 이렇게 도시 곳곳에서 사용되고 남은 물은 최종적으로 큰 저수조에 저장되어 가뭄에 대비했다. 기술도 장비도 없던 시절에 물이 골고루 흐르도록 수로의 경사를 맞춘다는 것은 도시 시설물을 배치하는 것만큼이나 어려운 작업이었을 것이다. 그러나 사막 한가운데에서 페트라가 인구 3만 명이 거주하는 도시로 성장할 수 있었던 이유는 바로 물을 공급하는 이 수로터널이 있었기 때문이다.

바위 건축물, 알카즈네와 알데이르

페트라의 도시 유적을 보려면 바위틈을 뱀처럼 구불구불한 길을 따라 한참 들어가야 한다. '시크siq'라고 불리는 이 길은 협곡이라는 뜻이다. 높이가 200미터에 이를 정도로 거대한 협곡이지만 폭은 사람 몇 명이 겨우 지나다닐 수 있을 정도로 좁다. 간간히 터진 틈으로 하늘이 보이긴 하지만 마치 동굴 속을 지나는 느낌이다. 그렇게 1~2킬로미터 정도 들어가면 마침내 앞이 트이면서 웅장한 시설물이 눈앞에 나타난다. 바로 알카즈네Al Khazneh[22]다.

알카즈네는 페트라를 대표하는 신전으로, 내부 규모나 예술적 완성도 면에서 세계적으로 유례를 찾아보기 어려운 아름다운 건축물이다. 이 신전은 나바테아의 최고 전성기였던 기원전 1세기 아레타스 4세 때 건립되었으며, 아레타스 3세의 무덤[23]으로 알려졌으나 규모나 구조로 보아 단순한 무덤은 아닌 듯하다. 이집트 장제신전이 파라오의 무덤인 동시에 신전이었던 것처럼 알카즈네 역시 신전과 왕의 무덤을 겸하는 건물로 보인다. 왕이 거주하는 궁이라기에는 다소 협소해 보이지만 정무를 보거나 제의를 준비하는 공간 또는 사

알카즈네 신전

제들이 거주하는 실용적인 공간으로는 충분해 보이기 때문이다. 외국 사신이 긴 협곡을 통과해 알카즈네 앞에 서면 그 엄청난 위용에 눌려 수세적 입장이 될 수밖에 없었을 것이다. 알카즈네는 높이 43미터, 폭 30미터에 이르는 2층 규모의 신전 형태 건축물로 6개의 코린트식 기둥이 구조를 떠받치고 있다. 1층 중앙기둥의 양측에는 제우스의 쌍둥이 아들인 카스토르와 폴룩스가 말에 탄 모습이 조각되어 있으며 그 위쪽으로는 두 마리의 독수리가 조각되어 있다. 위층 중앙의 톨로스tholos[24]에는 풍요의 여신 알우자Al Uzza가 조각되어 있다. 입구의 거대한 기둥과 톨로스의 정교한 조각상은 모두 사암절벽을 측면에서부터 파고들어가는 방식으로 만들었다. 기둥 안쪽으로 들어서면 정방형의 방이 나오고 그 뒤쪽으로 다시 여러 개의 작은 방과 연결되는 출입구가 있다.

알카즈네와 더불어 탄성을 자아내게 만드는 아름다운 건축물은 바로 800개의 계단을 올라간 뒤에 만나게 되는 사원 알데이르Al Deir다. 알카즈네가 협곡 뒤에 숨어 여성적인 아름다움과 섬세함을 보여준다면 알데이르는 산정에 우뚝 서서 남성다운 웅장함을 뽐낸다. 높이 40미터, 폭 50미터에 이르는 문 앞에 서면 긴 계단을 걸어 올라온 절벽 위에서 또다시 절벽을 맞이하는 느낌이다. 페트라 유적 중에서 규모가 가장 큰 이 건축물은 방 내부에 새겨진 기독교적 문양으로 보아 4세기 비잔틴 시대 교회로 사용한 흔적이 엿보인다. 그러나 실제 이 건물이 무슨 용도였는지, 이렇게 높은 산정에 건물을 세운 목적이 무엇인지에 대해서는 정확히 알려져 있지 않다. 다만 주거지와 동떨어져 있고 접근이 어려운 높은 곳에 있기 때문에 신전의 용도가 아니었을까 추측할 뿐이다.

알데이르 사원

암반을 통째로 조각한 원형극장

페트라의 생활과 문화수준을 한눈에 알아볼 수 있는 건축물은 바위산 전체를 깎아 만든 원형극장이다. 로마 건축양식을 따르고 있는 것으로 보아 만들어진 시기는 페트라가 트라야누스 황제에 의해 정복된 서기 105년 이후로 보인다. 무대와 객석 시설물의 배치로만 보면 유럽과 터키에서 발견되는 원형극장과 형태는 유사하지만, 이 극장은 건축물을 축조한 것이 아니라 아예 하나의 암반을 통째로 조각해낸 것이다. 나바테아인의 독창적인 설계 능력과 미적 감각에 다시 한번 놀라게 되는 대목이다. 33층에 이르는 객석은 하나하나 깎아낸 계단식 의자로 되어 있는데 깔끔하게 마감하지 않고 둔탁한 느낌이 들도록 했다.

원형극장

극장 안쪽을 치장하는 데는 화강암과 대리석이 많이 사용되었다. 페트라는 사암과 석회암 지대로 반경 100킬로미터 내에는 화강암이나 대리석을 생산하는 곳이 없으니 아마도 이 돌들은 이집트나 터키에서 옮겨왔을 것이다. 모든 수송을 인력과 낙타에 의존하던 당시에 무거운 대리석을 옮기는 과정은 만만치 않았을 것이다. 극장과 외부를 연결하는 통로는 양측 객석 하부에 터널식으로 만들었으며 아치 구조로 되어 있다. 무대 양쪽에는 섬세하게 다듬어진 6미터 높이의 화강암 기둥이 설치되어 있다. 극장 주변 시설은 현재 많이 파손된 상태지만 당시에는 아름다운 조각과 깔끔한 구조물로 채워져 있었을 것이다. 이곳에서는 로마시대 유행했던 연극이나 음악회 등이 공연되었겠지만 단순히 오락적 기능만을 위한 극장은 아닌 듯하다. 정성스럽게 조성된 극장 주변의 시설물이나 구조를 보면 왕의 장례와 같은 국가적 행사나 전체 시민이 참여하는 축제의 장으로 이용되었을 것으로 보인다.

어떻게 만들었을까

페트라의 유적은 지하공간 활용이라는 측면에서 중요한 의미를 지닌다. 그 당시에 인간이 만든 지하공간은 대부분 죽은 자의 안식을 위한 왕릉이나 저장고 기능만을 담당해왔지만, 페트라의 건축물들은 거주를 목적으로 바위산을 깎아서 만든 것이기 때문이다. 지하공간의 형태와 조형물도 당시까지 인류가 꽃피운 건축 기술과 조각 예술의 결정체라고 할 만한 수준이다. 물론 앞선 시대에도 암반을 파내어 만든 지하도시인 데린쿠유가 있긴 했지만 그 공간은 박해를 피하기 위한 피신처였기에 구조적으로나 예술적으로 완성도가 낮았다.

3000명이 앉을 수 있는 원형극장을 비롯하여 800개의 계단을 올라가야 만날 수 있는 알데이르 사원처럼 인간의 손으로 하나하나 조각된 거대하고 섬세한 건축물 앞에 서면 숙연해지지 않을 수 없다. 페트라의 유적은 처음 발견된 1812년부터 지속적으로 고고학자들의 관심을 받아왔고 계속해서 발굴 중에 있다. 그러나 유적의 대부분이 모래 아래 파묻혀 있어 지금까지 발굴된 페트라는 전체의 10퍼센트에 불과하다.

　도시계획 측면에서 페트라는 좀 느슨하다. 이 무렵 형성된 지중해 연안 도시를 보면 보통 왕궁이나 신전을 중심으로 대로가 만들어지고 그 주변에 도로망이 질서 정연하게 갖추어져 있다. 그러나 페트라는 중심이 되는 도로도 없고 시설물도 일정한 패턴 없이 분산되어 있다. 주거지역도 막다른 공간에 부족을 중심으로 형성되어 있을 뿐 어떤 계획적인 의도도 없어 보인다. 이것은 지면이나 공간이 불규칙한 암반지대이기 때문일 것이다.

페트라 중앙 시가지 터

도시 자체는 비계획적이지만 개별 건축물들은 매우 정교하게 설계된 뒤에 만들어졌다. 돌이나 벽돌을 이용하여 건축물을 축조할 경우 건설 과정에서 설계를 변경할 수 있지만 암반을 통째로 깎아야 하는 경우에는 정밀한 계획과 구상이 세워져 있지 않으면 축조 자체가 불가능하기 때문이다. 아쉽게도 조각을 하는 데 사용된 도구나 방법이 전혀 알려져 있지 않아서 건축 과정을 알아내기는 쉽지 않고, 남겨진 미완성의 건축물을 통하여 그 과정을 미루어 볼 수 있을 뿐이다. 당시 설계와 건축 과정은 대략 다음과 같은 순서로 이루어진 듯하다.

_암반을 결정하고 설계도를 그린다

축조 목적에 맞는 암반을 찾아 균열이나 결손부가 없는지 정밀하게 조사한다. 개략적인 크기와 형태를 결정하고 전체적인 계획을 세운다. 암반 형태와 규모를 고려하여 외부 벽면, 구조적 안정성, 내부 공간, 접근 통로 등을 정밀하게 설계하고 조형물의 밑그림까지 세밀하게 그린다.

_크기와 형태에 맞게 불필요한 암반을 제거한다

축조할 형태 외에 불필요한 암반을 제거하는 작업이다. 암반을 크게 잘라낼 때는 물이나 불을 이용하거나 직접 정으로 쪼아내는 방법이 있다. 물 동결법은 날카로운 금속으로 암반에 홈을 깊게 판 뒤 물을 부어놓으면 물이 얼면서 생기는 팽창 압력에 의해 갈라지게 하는 방법이다. 물이 얼지 않는 지역에서는 식생에 의한 방법을 이용하기도 한다. 이는 바위에 홈을 판 뒤에 씨를 뿌려두면 뿌리가 자라면서 발생하는 강한 산성으로 인해 바위가 부식되는 방법이다. 이렇게 잘라낸 바위는 조각 장식이나 기둥 받침 등에 활용된다.

_위에서 아래로 바위를 조각해나간다

암반에 형태를 만들어갈 때는 밑그림에 따라 위에서부터 조각한다. 한 번 실수하면 다시 회복할 수 없는 작업이므로 고도로 훈련된 숙련공만이 이 작업을 맡았을 것이다. 물론 당시에도 석회를 이용하여 깨진 부분을 보수하는 방법이 있었지만 작업자는 충분한 연습을 거친 뒤에 실제 작업에 들어갔을 것이다.

_외부 조각 및 내부 공간을 파나간다

건축물의 내부 벽면은 공간과 공간 사이의 기둥 역할을 하기 때문에 전체 구조물의 설계 도면에 따른 정밀한 측량이 요구된다. 즉, 외부 조각의 핵심이 미적인 섬세함을 드러내는 데 있다면 내부 공간을 파내는 작업은 하중을 든든하게 지지하는 데 있었다. 이에 따라 내부의 치수와 구조를 정하고 설계하는 작업은 구조물 전체에 대한 기술적 안목을 지닌 건축가가 담당했을 것이다. 어쨌든 수정이 불가능한 작업이라는 특수성으로 인해 매우 신중하고 까다로운 절차를 거쳤을 것이 분명하다.

이 지역은 퇴적암의 일종인 사암과 석회암으로 구성되어 있으며 주요 건축물은 대부분 붉은 사암 지대에 축조되어 있다. 사암은 풍화에 취약한 편이지만 페트라 유적은 큰 손상이나 변형 없이 당시의 형태를 비교적 잘 갖추고 있는데, 이는 높은 암벽들이 병풍처럼 둘러싸고 있어 바람의 영향을 덜 받은 데다 오랜 세월 모래 속에 파묻혀 있었기 때문으로 보인다. 또한 석회암은 땅속에 묻혀 있을 때는 단단한 암반이 아니지만 공기에 노출된 뒤에는 시간이 지날수록 더 단단하게 굳어진다. 한마디로 작업을 할 때는 바위가 물러 깎아내기에 수월하지만 작업이 끝난 뒤에는 다른 암석 못지않은 강도를 유지하게 된다는 뜻이다. 페트라를 비롯한 데린쿠유나 카파도키아에서도 터널을 뚫어 지하공간을 만들 때 이러한 석회암의 특성을 충분히 활용했을 것이다.

페트라의 몰락

105년 로마는 페트라를 정복한 뒤 도로를 재정비하여 유럽과 아시아 중동을 잇는 교역로로 계속 이용했다. 이에 따라 페트라는 동서양을 연결하는 거점 무역도시로서 화려한 명성을 이어갈 수 있었다. 그러나 4세기 무렵 로마가 동과 서로 분리되고 세력의 중심이 콘스탄티노플로 이동함에 따라 페트라는 점차 그 기능을 상실하게 되었다. 상인들의 발걸음이 뜸해지자 모든 식량과 물자를 외부에서 받아들여야 했던 페트라는 궁핍해질 수밖에 없었고, 363년에 지진까지 겹치면서 화려한 사막 도시의 명성은 그 빛을 잃고 말았다.

페트라에 결정적인 타격을 가한 것은 551년의 대지진이었다. 건축물이 파괴되고 수로까지 끊기자 사람들은 하나둘 도시를 떠날 수밖에 없었다. 12세기경 십자군 전쟁 때 잠시 유럽인의 요새로 이용되긴 했지만 1812년에 다시 발견될 때까지 페트라는 사람들의 기억으로부터 잊혔다.

3. 둔황과 중국의 석굴사원

"저는 놀라운 두루마리를 발견했습니다. 혜초가 쓴 『왕오천축국전往五天竺國傳』이라는 주석이 달린 이 문서는……" 1908년 봄, 펠리오가 프랑스에 보낸 편지에는 당시의 흥분이 고스란히 담겨 있다. 왜 아니겠는가. 1200년 동안 석굴에 묻혀 있던 문서, 고대문명의 기록이 마침내 긴 잠에서 깨어나는 순간이었으니 말이다.

    문학의 고전 중 하나인 카잔차키스의 『그리스인 조르바』, 니체의 『차라투스트라는 이렇게 말했다』의 공통점은 바로 동굴이다. 자유로운 영혼을 가진 한 남자와 오랜 수도 끝에 깨달음을 얻는 현자는 각자 동굴 속에서 무언가를 깨우친다. 한편 불교, 기독교, 힌두교를 넘나드는 박상륭의 소설 『죽음의 한 연구』에서도 동굴은 종교적 성찰이 이루어지는 중요한 배경이다. 이슬람의 마호메트가 신의 계시를 받는 곳 역시 동굴이다. 신과 소통하려는 자에게 동굴보다 더 나은 환경이 있을까? 그래서인지 20세기에 손꼽히는 경전은 모두 동굴에서 나왔다. 예컨대 이스라엘 쿰란에서 발견된 「사해문서死海文書」, 이집트 나그함마디에서 발견된 「도마복음서Gospel of Thomas」, 둔황의 「불교 경전」 등이 그러하다. 현재도 '유다의 황야'로 불리는 사해 주변에는 많은 고고학자가 수도승의 흔적을 좇아 270여 개의 동굴을 조사하고 있으며 중국의 룽먼龍門과 윈강雲崗, 터키의 카이마클리 동굴도 마찬가지다.

문명의 관점에서 볼 때 동굴은 오랜 세월 예술, 종교, 철학의 산실이었다. 맨 처음 인간은 맹수와 추위를 피해서 동굴로 들어갔으나 문명이 시작된 이래 동굴은 주거, 예술, 종교에 이르기까지 인간의 삶과 깊게 연관되어 있다. 그중에서 가장 눈여겨볼 만한 부분은 종교적 성찰을 가능하게 한 것이 아닐까 싶다.

중국의 3대 석굴사원

둔황과 윈강 그리고 룽먼의 석굴은 중국을 대표하는 3대 석굴사원이다. 둔황은 중국 서부 지역인 신장성에, 윈강과 룽먼 석굴은 중부 지역인 산시성과

둔황 석굴

허난성에 위치한다. 세 개의 석굴은 거리상으로는 떨어져 있지만, 실크로드로 연결되는 무역 요충지에 위치하고 있어 오랫동안 서로 교류할 수 있었던 것으로 보인다. 물론 규모나 형식면에서 세 개의 석굴사원은 각각 독특한 특징을 지닌다. 사막 한가운데 떨어져 있는 둔황 석굴이 황토 지반에 소박한 불상과 벽화를 갖추고 있다면, 윈강 석굴은 비교적 단단한 암반[25] 위에 세련된 형태의 동굴사원과 불상을 갖추고 있다. 오랜 세월 세력의 중심이었던 낙양의 룽먼 석굴은 이보다 더 세련되고 다양한 양식을 갖추고 있으며 석굴 안에 10만 점이 넘는 부조가 새겨져 있다. 이렇듯 3개의 석굴사원은 규모나 시기상으로 차이를 보임에도 불구하고 불교문화의 절정을 보여준다는 점에서는 우열을 가리기 힘들다.

둔황 석굴은 주로 수도승들이 정진을 위해 사용하던 곳으로서 윈강이나 룽먼 석굴에 비해 꽤 소박한 형태를 취하고 있으나 중국을 대표하는 석굴사원으로 첫손에 꼽힌다. 이곳에서 고대사회의 문화 교류를 파악할 수 있는 엄청난 사료들이 발견되었기 때문이다. 찬란한 도시라는 뜻의 둔황敦煌은 기원전 1세기 한무제가 서역으로 진출하면서 건설된 도시로, 처음에는 모래밭이라는 뜻의 '샤주沙州'로 불렸다. 그 후 이 지역은 동서양을 잇는 실크로드의 요충지가 되어 상거래와 문화 교류로 동서양의 세력 갈등이 팽배할 때마다 숱한 시련을 겪어야 했다. 이러한 배경 때문에 석굴은 특별한 형식이나 계획성 없이 절벽에 숭숭 뚫려 있어 이름도 막고굴莫高窟[26]이라 불려왔다. 그러나 1000년의 세월을 간직한 불상을 비롯하여 벽화와 고문서 등이 발굴되면서 최근에는 '천불동千佛洞'이라는 이름으로 불리고 있다.

윈강 석굴

룽먼 석굴

둔황의 역사

둔황은 사막 도시임에도 타림분지 동쪽을 휘감아 도는 탕허 강 덕분에 늘 물이 풍부했다. 이로 인해 중국과 중앙아시아 그리고 서역으로 이어지는 실크로드의 관문이 되었으며 동서양의 경계 또는 문화가 만나는 거점이 될 수 있었다. 이곳에 사람이 살기 시작한 것은 선사시대 이전부터였으며, 기원전 1세기에는 서역 진출의 기지가 되어 한족으로 구성된 둔전병屯田兵이 배치되었고 외곽에는 옥문관玉門關과 양관陽關이라는 관문이 설치되었다. 이후 동서양의 문화 교류가 활발해짐에 따라 페르시아, 투르크, 인도 등의 여러 종족이 어울려 사는 국제적인 교역 도시로 변모했다. 한나라가 분열된 이후 5호 16국 시대에는 잠시 시량西涼[27]의 수도가 되기도 했고, 이후 남북조 시대를 거쳐 수·당 시대에도 문화와 경제의 요충지 역할을 수행해왔다.

둔황은 실크로드와 그 역사를 함께한다. 초기 실크로드는 안시에서 둔황

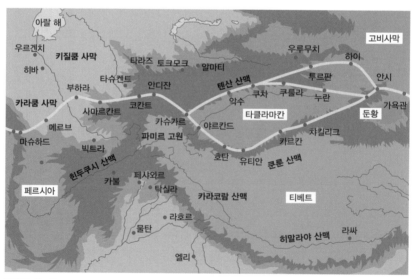

둔황과 실크로드

을 거쳐 서역으로 가는 톈산남로[28]밖에 없었으나 하미와 우루무치 같은 오아시스 도시가 알려지기 시작하면서 점차 둔황을 찾는 상인은 줄어들었다. 안시에서 직접 톈산 산맥을 따라가는 톈산북로[29]가 훨씬 안전하고 물을 얻기도 쉬웠던 탓이다. 그 뒤로 둔황은 경제나 문화적인 측면보다는 대서역 방어를 위한 군사들의 주둔지 역할을 했다. 8세기 이후 본토의 관리가 소홀해진 틈을 타 금산국金山國으로 독립하기도 했지만 원·명 시대를 거치면서 점점 쇠퇴했고, 청나라 말기 영국의 고고학자인 마크 오럴 스타인이 방문했을 때는 라마승 몇 명이 사원을 지키고 있을 뿐이었다.

어떻게 만들었을까

둔황 석굴은 밍시 산 동쪽 기슭에 있는 절벽에 계단식으로 뚫려 있는데, 이곳의 바위는 무른 사암이어서 굴을 파는 데 큰 어려움은 없었을 것으로 보인다. 초기에 만들어진 굴과 가장 나중에 만들어진 굴은 1000년의 시차를 두고 있지만 굴을 뚫는 데 사용된 도구는 거의 곡괭이나 삽으로 동일했던 것으로 보인다. 석굴을 판 주체는 처음에는 한족이었겠으나 이후 호족, 이슬람, 티베트 등 이곳을 거쳐간 다양한 종족의 손길에 의해 규모가 더해졌다.

가장 오래된 석굴은 중국 전진시대의 승려 낙준이 366년에 판 동굴로, 당시에 조각된 불상이 남아 있다. 수·당·송·원나라를 거치면서 굴은 지속적으로 만들어졌으나[30] 몽골의 침략으로 도시가 황폐해진 뒤로는 더 이상 생겨나지 않았으며, 이슬람의 지배와 더불어 실크로드의 경로가 바뀌면서 둔황은 사람들의 기억에서 사라져갔다.

굴의 용도는 크게 예배굴과 참선굴로 나눌 수 있다. 비교적 넓은 예배굴은 승려들이 모여서 예불을 드리는 공간이며 참선굴은 개별 수도 공간이다. 참선굴에는 감실과 측실이 딸려 있는 것으로 보아 주거도 이루어졌음을 알 수 있다. 한편 북쪽에 위치한 석굴에는 벽화나 조각이 발굴되지 않아 일반 장인(匠人)들의 거주지였을 것으로 짐작된다. 각 동굴에는 벽화가 빼곡하게 그려져 있는데 면적이 4500제곱미터에 이른다. 주로 석가모니의 일대기나 다양한 불상이 그려져 있는 벽화는 건식 프레스코 화법으로 화려하게 채색되어 있다. 불상은 2400여 개나 발견되었는데 각기 아름다운 형태와 화려한 물감으로 채색

제158굴의 비천상

되어 있다. 불상과 벽화는 석굴의 위치와 양식에 따라 다양한 모습으로 나타나 불교미술의 시대적 흐름을 한눈에 볼 수 있다. 이러한 유물들을 탄생시킨 둔황 석굴은 '사막의 거대한 미술관'이라는 평가에 어울리는 문화유산의 보고라 할 수 있다.

둔황 문헌

둔황은 동굴 자체의 형식과 벽화로도 유명하지만 가장 중요한 것은 문헌이다. 무려 5만여 점에 이르는 이 문서들은 1900년 6월 석굴을 지키던 왕위안루가 제16굴 벽면 뒤의 밀실(장경동)[31]을 발견하면서 찾아낸 것으로, 359년에 처음 작성된 것에서부터 외부

제17굴 장경동

침략으로 동굴을 폐쇄하기 직전인 1002년까지의 기록들이 보관되어 있다. 대부분 한문으로 쓰여 있지만 티베트어, 산스크리트어, 옛 터키어, 위구르어로 적힌 문서도 적지 않다. 같은 책을 서로 다른 언어로 적은 것도 있어서 고대어의 로제타석이라 불리기도 한다. 원본과 이를 필사한 부본 그리고 목판본 중에서 가장 많은 것은 역시 불교 문헌이며 그 밖에도 역서, 통속문학, 지리지등 다양한 분야의 서적이 포함되어 있다. 그 사료적 가치는 이 문헌들로 인해 '둔황학'이라는 새로운 학문 분야가 만들어졌을 만큼 중요하고도 풍부하다.

신라 승려 혜초의 『왕오천축국전』 두루마리 필사본도 바로 이 장경동 문헌들 속에서 발견되었다. 그러나 『왕오천축국전』을 포함한 둔황의 보물들은 혼란에 빠져 있던 청나라 당시 대부분 영국이나 프랑스 등지로 빠져나갔고,[32] 그나마 동굴에 남아 있던 유물도 문화혁명 당시 홍위병들에 의해 파손되었다. 외국으로 유출된 자료는 수량으로는 절반 정도지만 사료적 가치를 지닌 중요한 보물들은 거의 다 빠져나갔다고 할 수 있다. 현재는 런던 대영박물관, 파리 국립도서관, 베이징도서관, 쇼도박물관에 보관되어 있으며 제국주의 시대에 일본이 총독부에 남기고 간 자료 일부분이 국립중앙박물관에 보관되어 있다. 이 자료는 국내에서 발간된『둔황문헌총람』[33]에 자세히 기록되어 있다. 이로써 세계 유수 대학에 개설된 '둔황학'은 둔황 석굴이 발견된 지 100년이 넘도록 활발히 연구가 진행 중이다.

윈강 석굴, 둔황과 대비되는 또 하나의 걸작

윈강 석굴은 둔황, 룽먼과 함께 중국의 석굴사원을 대표하는 유적이다. 산시성 우저우 강변에 있으며 대부분 부드러운 사암 절벽지대에 형성되어 있다. 비가 많이 오지 않는 건조지역이어서 동굴 내부의 불상이나 부조가 원형 그대로 보존될 수 있었다. 석굴의 배치와 규모를 보면 불교를 숭상하는 정책에 따라 체계적으로 만들어졌음을 짐작할 수 있다.

_형성 시기

둔황 석굴이 장기간에 걸쳐 수도승의 거주 공간으로 이용된 것과는 달리 윈강 석굴은 북위가 산시성 지역을 징악하고 있던 446~534년경에 만들어졌다. 이 시기는 중국 불교예술의 첫 번째 개화기와 일치한다. 맨 처음의 것으로 확인된 다섯 개의 석굴에는 북위의 다섯 황제를 상징하는 거대한 불상이 조각되어 있으며, 494년 북위가 수도를 뤄양으로 옮길 때까지 약 30년간 집중적으로 불상들이 만들어졌다. 이후에도 산발적으로 석굴과 부조가 만들어지기는 했지만 현재 전하는 것은 대부분 이 시기의 유물이다.

_석굴의 형태와 특징

석굴은 약 1킬로미터에 걸친 절벽 위에 만들어져 있으며 53개의 동굴에는 크고 작은 불상 또는 부조 작품이 보존되어 있다. 불상은 인도의 양식을 기본으로 하고 있지만 중국의 전통적인 조소기법을 포함하여 아프가니스탄이나 페르시아 등의 양식이 조화를 이루고 있어 다양한 불교문화를 확인할 수 있다. 17미터가 넘는 거대한 불상부터 10센티미터 이하의 섬세한 조각품까지 발굴된 약 5만1000점의 조각상의 석굴 형태와 조각 기법을 통해 당시의 건축 기법은 물론 의상, 장신구, 춤 동작 등 다양한 분야의 문화적 사료 가치를 살펴볼 수 있다.

_주요 동굴의 특징

- 거대좌불제5굴: 가장 큰 17미터 높이의 좌불이 있으며 무릎에 120명이 설 수 있을 정도로 거대하다. 동굴벽에도 크고 작은 불상이 조각되어 있다.

- 석가굴제6굴: 중앙에 기둥 형식의 탑이 지지하고 있는 15미터 높이의 석굴로 후실을 갖추고 있다. 후실에는 석가의 생애가 조각되어 있다.

- 비슈누굴제7, 8굴: 힌두교의 신인 시바와 비슈누가 조각되어 있다.

- 윈강오화동雲崗五華洞, 제9굴~13굴: 다양한 악기 그림과 화려한 채색이 유명하며 입구에 늘어선 기둥은 이집트 신전을 방불케 한다.

- 음악굴제12굴: 다양한 악기와 연주 형태가 부조되어 있는 고대음악의 보고다.

- 운요오굴雲曜五窟, 제16굴~20굴: 얼굴이 긴 석가16굴나 발이 묶인 미륵불17굴, 갈빗대가 나온 부처18굴, 16제자에 둘러싸인 부처19굴 등 나름대로 특색 있는 불상이 있다. 제20굴은 거대한 노천대불이 있는 동굴로 윈강의 최대 걸작으로 알려져 있다.

- 기타 동굴제21굴~53굴: 북위가 도읍을 뤄양으로 옮기는 과정에서 만들어진 불상이 대부분으로, 규모는 작지만 조각이 우아하고 섬세하여 북위 후기의 예술을 대표한다.

룽먼 석굴, 조각 예술의 절정

둔황 석굴이 석굴 자체보다 출토된 고문서와 유물로 유명하다면 석굴 자체의 예술성과 규모면에서는 룽먼 석굴을 일등으로 꼽는다. 룽먼 석굴이 있는 뤄양은 중국 허난성의 고도古都로 기원전 770년 주나라를 시작으로 후한, 위, 수 등 9개 왕조의 도읍이 있었다. 룽먼 석굴은 뤄양에서 남쪽으로 13킬로미터쯤에 있는 이허 강변의 암벽을 따라 형성되었는데, 다양한 형태의 동굴이 지닌 기하학적 특성과 벽면에 새겨진 조각의 조형미로 인해 2000년 유네스코 세계문화유산으로 선정되었다.

_형성 시기

룽먼 석굴은 육조시대 북위의 수도가 윈강에서 뤄양으로 천도된 494년부터 9세기 당나라 때까지 지속적으로 만들어졌다. 비교적 초기에 만들어진 동굴이 많은 편이며 7세기 말 측천무후 제위 시에는 국가적인 지원 아래 체계적으로 축조되기도 했다. 당나라 멸망907년 이후 5대 10국시대를 거쳐 송나라로 통일되고 수도가 카이펑으로 옮겨진 이후의 유적은 거의 발견되지 않는다.

_석굴의 형태와 특징

룽먼 석굴은 이허 강변 양쪽에 있는 룽먼산과 샹산 암벽을 따라 약 1.5킬로미터 구간에 걸쳐 벌집처럼 빼곡히 뚫려 있다. 동굴의 수만 해도 약 2300개이며 10만 점의 불상과 50여 개의 탑이 들어서 있다. 불상은 10미터가 넘는 것부터 3센티미터 크기에 이르기까지 다양하며, 중국과 인도의 양식을 비롯한 다양한 문화적 양식을 선보이고 있으나 불교라는 종교적 특성 때문에 그리스나 유럽의 양식은 많지 않다. 불상은 제각기 다른 표정과 조형미를 갖추고 있지만 전체적으로 보면 목이 길고 유연하며 갸름하다.

_주요 동굴의 특징

• 룽먼 석굴에서 가장 유명한 것은 675년 완성된 봉선사奉善寺의 비로자나불이다. 폭 35미터의 동굴 안에 만들어진 이 불상은 높이가 17.4미터나 되며, 용모와 미소가 수려하여 측천무후를 모델로 한 것이라고 하나 시기적으로는 맞지 않아 보인다.

• 가장 오래된 동굴은 고양동古陽洞이다. 폭과 깊이가 10미터가 넘는 이 동굴의 천장과 벽면에 빼곡히 새겨져 있는 조각들은 예술적 가치가 높다.

• 규모면으로 가장 거대한 것은 빈양삼동賓陽三洞이다. 이 동굴은 6세기 초인 북위 때 80만 명의 인력이 투입되었으며 24년에 걸쳐 11개의 대형 불상이 조각되었다.

• 이외에도 연꽃 천장화로 유명한 연화동蓮華洞, 3센티미터 크기의 작은 불상 1만5000개가 있는 만불동萬佛洞 등이 있다. 안타깝게도 미신으로 인해 머리가 잘려나간 불상이 많으며 해외로 반출되거나 문화혁명 과정에서 손상되기도 했다.

4. 데린쿠유, 지하도시의 고난한 삶

사람은 무엇으로 사는가. 톨스토이는 '사랑'이라고 한다. 쇠렌 키르케고르는 절망은 인간을 죽음에 이르게 하는 병이라고 말한다. 성서에서는 강건한 신앙심이 삶을 구원한다고 말한다. 사랑·희망· 신앙…… 지하도시로 내려가는 계단에서 우리는 이 질문과 다시 만나게 된다.

도전과 응전의 역사

인류 문명은 도전과 응전의 역사라고 말한 아놀드 토인비는 자신의 저서 『역사의 연구』[34]를 통해 세계 26개 문명이 어떻게 형성되고 쇠퇴했는지를 분석했다. 그중에서 이집트와 수메르를 보면 토인비가 문명의 여명기를 왜 도전과 응전으로 보았는지를 이해할 수 있다.

빙하기 때 아프리카와 중동은 생명 활동이 가장 활발했던 초원지대였다. 그러나 마지막 빙하기 이후 서서히 사막화되기 시작했고, 얼어붙었던 유럽은 초원지대로 바뀌고 있었다. 이에 따라 이 지역에서 수렵생활을 하던 인류에게는 세 가지 선택이 주어졌다. 첫째, 유럽의 초원지대로 이주하는 것, 둘째, 지금까지 살던 지역에 남아 생존하는 것, 셋째, 새로운 환경에 적응하기 위해

수메르Sumer의 군마 부조(기원전 2500). 수메르는 기원전 5700년경 메소포타미아 남쪽(현재 이라크)에서 시작되었으며 기원전 4500년경 도시 우르크를 세웠다. 기원전 2000년경 바빌로니아를 세운 아카드 족이 이 지역을 점령하면서 수메르 문화는 바빌로니아에 흡수되었다.

삶의 방식과 생산구조를 개선하는 것. 초원지대로 이주한 무리들은 다행히 기존에 살던 방식대로 삶을 지속할 수 있었다. 인구가 점차 늘어나면서부터는 양이나 라마를 길들이기 시작했고, 수렵과 유목에 필요한 기술을 발전시켜 생존을 지속할 수는 있었지만 새로운 문명을 꽃피울 동력은 얻지 못했다. 한편 환경의 변화에 도전하지 않고 한자리에 머물기로 한 무리는 결국 척박해지는 땅에서 살아남기 위해 구성원을 줄일 수밖에 없었다. 무리는 뿔뿔이 흩어졌고, 서로 다른 부족의 식량을 빼앗기 위한 쟁탈과 외부침략에 의해 자멸해 갔다. 마지막으로, 땅이 건조해지는 환경에 맞서 패러다임을 바꿔나간 무리들이 있었다. 그들은 생활양식을 바꾸고 둑과 관개수로를 개발하여 부족한 물을 확보하는 등 두뇌와 기술을 무기삼아 자연의 도전에 응전했다. 바로 이들이 수메르와 이집트 문명을 창조해낸 이들이다.

환경 변화라는 도전에 맞서 싸우는 과정에서 문명이 탄생했다는 토인비의 관점은 탁월하다. 그러나 인간이 문명을 이룬 데에는 또 다른 축이 존재한다. 바로 인간 대 인간의 도전과 응전이다. 원시시대부터 인간은 자연에 맞서

이슈타르 문의 부조. 이슈타르는 수메르, 바빌로니아, 아시리아 지역에서 사랑과 전쟁 또는 물질적 풍요를 관장하는 여신이다.

거나 순응하는 방식으로 생존해왔지만 다른 한편으로는 인간을 상대로 싸워 이겨야 했다. 그런 관점에서 볼 때 인류 문명의 역사는 전쟁의 역사이기도 하다. 어떤 세력이 어느 지역을 지배했으며 또 어떠한 세력과 맞붙어 팽창하거나 쇠퇴했는지를 통해 인류의 역사가 설명되기 때문이다. 지배 세력은 피지배 종족의 문화를 말살하기 위해 종교나 언어 등의 문명을 철저히 탄압함으로써 그들이 일궈온 발전의 기록을 역사의 저편으로 사라지게 한다. 정치, 종교, 조세, 군사, 건축 등의 발전은 결국 정복 세력의 것으로 흡수되어 유지될 뿐이다.

에페수스의 잠자는 사람들

종교박해가 극에 달했던 로마시대의 데키우스 황제 시절, 일곱 명의 기독교인이 동굴로 들어갔다. 동굴 속에서 잠에 빠져든 그들은 187년이 지난 445년, 잠에서 깨어 밖으로 나왔다. 세상은 완전히 다른 모습으로 변해 있었고 그들이 빵을 사기 위해 내민 동전은 이미 통화가치를 잃었다. 로마는 전염병과 이민족의 침입으로 쓰러지기 직전이었고, 더 이상 종교적 이유로 핍박을 받는 사람은 없었다.

'에페수스의 잠자는 사람들'[35]로 알려져 있는 이 전설은 기독교인들 사이에서 예수의 부활과 더불어 가장 많이 언급되는 부활의 한 사례다. 세상과 단절된 채 어두운 동굴에서 187년이나 산다는 게 과연 가능할까? 그 사실을 믿을 수 없었기 때문에 사람들은 7명의 기독교인들이 오랜 잠에 빠져 있었을 거라고 생각했던 게 아닐까. 하지만 이들은 깨어 있었다. 깨어 있었을 뿐 아니라 그 안에서 정기적인 집회와 제의를 치르고 결혼해서 아이를 낳았으며 이들에게 세례를 주고 교육을 시키기도 했다. 그들에게 동굴은 단순한 피신처가 아니라 주거의 기능을 모두 갖춘 하나의 도시였던 것이다.

지하도시로 내려가는 계단

어떻게 이런 일이 가능했을까? 물과 먹을 것을 구할 수 있었다 하더라도 인간이 동굴 속에서 군집을 이루며 생활한다는 게 가능한 일일까? 홍수가 일어나면 살던 집을 버리고 얼마간 야외 생활을 할 수도 있고 침략 세력을 피해 동굴이나 숲에 숨어 지낼 수도 있겠지만 그 오랜 세월 동안 수천 명이 동굴에서 사회를 이루며 살았다는 건 상상하기 어려운 일이다.

데린쿠유와 카이마클리

현재까지 발견된 동굴 즉 지하도시를 대표하는 가장 거대한 유적은 터키의 데린쿠유Derinkuyu다. 데린쿠유는 '깊은 우물'이라는 뜻으로 1960년에 닭을 쫓던 농부에 의해 우연히 발견되었다. 지금까지 확인된 동굴의 깊이는 지하 20층 정도인 55미터에 달하며 공간 규모로 보아 2만 명이 은거할 수 있을 만큼 넓다. 저장공간에는 수천 명이 장기간 거주할 수 있을 만큼의 식량과 생활 필수품을 보관할 수 있다. 더 놀라운 사실은 이러한 지하도시가 독립되어 있

데린쿠유 지하도시 상상도

좁은 통로와 침입 방지 돌

지 않고 주변의 지하도시와 서로 연결되어 있다는 점이다. 지상의 도로와 같
은 역할을 하는 직선의 연결 통로가 뚫려 있었던 것이다. 변변한 측량 기구도
없이 이런 구조를 만들었다는 게 믿어지지 않는다.[36]

　지하도시에는 지상에서 사용하는 시설이 거의 그대로 옮겨져 있다. 주거용
방, 부엌, 가축을 기르는 공간 등 일상생활에 필요한 시설은 물론 학교, 교회,
세례공간 등의 집회 시설이 있고 곡식이나 포도주를 저장하기 위한 공간도 마
련되어 있다. 심지어 법을 어긴 죄수를 가두거나 정신질환자를 묶어두었던 공
간도 발견되었다. 그 밖에도 지하도시의 생활을 유지하기 위해 꼭 필요했을
저수 시설, 환기 시설, 매장 공간도 있다. 동굴 속으로 들어갈 때는 한 사람만
이 통과할 수 있도록 입구를 좁게 하여 아무리 많은 적이 몰려와도 일대일로
방어할 수 있도록 했고, 통로 중간중간에는 길을 차단할 수 있는 커다란 돌덩
이가 배치되어 있다.

　카이마클리Kaymaklı는 터키의 네브셰히르 주에 있으며 고대에는 '에네굽

Enegup'이라는 이름으로 불렸다. 카이마클리 성채 안에 있는 지하도시는 데린쿠유보다 규모는 작지만 갖춰진 시설은 거의 비슷한 수준이다. 1964년 처음 일반에 공개된 이 지하도시는 아직 발굴 중에 있으며, 각각의 독립된 공간이 아니라 서로 연결되어 있다는 점에서 규모를 따지는 것은 별 의미가 없을 듯하다. 현재까지는 100여 개의 터널로 서로 연결되어 있으며 터널의 상당 부분이 주택 밀집지역 내에서 헛간이나 마구간, 곡물저장소로 이용되고 있어 정확한 규모를 파악하는 것은 어렵지만 고고학자들은 이곳에서 약 8000명 정도가 생활했을 것으로 추정한다. 카이마클리 역시 데린쿠유처럼 수직으로 40미터가 넘는 중앙 환기구를 통하여 외부 공기가 유입되도록 했다. 환기구 주변에는 층별로 부엌이 딸린 방과 식량 창고, 포도주 저장소 등의 개별 공간과

카이마클리 지하도시

예배와 집회를 위한 공동 공간이 마련되어 있다.

세계의 지하도시 유적은 현재까지 확인된 것만 해도 40여 곳에 이른다. 대부분 로마의 종교 박해에서 비롯되었다고 하나 일부 동굴에서는 선사시대 유물이 발견된 것으로 보아 실제로는 훨씬 전부터 지하도시가 형성되었던 것으로 보인다. 예컨대 데린쿠유 유적에서 발견된 독수리상[37]은 청동기 시대에 형성된 히타이트Hittites 제국의 양식을 띠고 있다. 이것은 기독교인이 들어오기 전부터 이미 지하도시가 형성되어 있었음을 말해준다. 그리스의 역사가인 크세노폰은 그의 저서 『아나바시스Anabasis』[38]에서 처음 굴을 파기 시작한 종족은 히타이트와 비슷한 시기에 아나톨리아 중서부 쪽에 거주하던 프리기아Phrygia인이라고 기록하고 있다. 누가 처음 시작했든 간에 지하도시가 형성되는 데 최소 300년 이상이 소요된다고 추정할 때 어떤 한 시기의 유물이라고 보기에는 어려운 게 사실이다. 응회암이나 사암은 석기나 뼛조각만으로도 충분히 파낼 수 있기 때문에 어쩌면 처음 굴을 파기 시작한 시기는 그 이전으로 거슬러 올라갈 수도 있을 것이다. 그리고 히타이트, 아시리아, 그리스 세력이 교차하는 혼돈기에 좀 더 규모가 큰 도피 공간으로 확장되면서 오랜 세월에 걸쳐 조금씩 변화했을 것이다. 어쨌든 지하도시가 만들어진 시기에 대해서는 여러 견해가 있지만 지금 우리가 볼 수 있는 형태를 완성한 것은 박해를 피해 몸을 숨겼던 기독교인이라는 데는 이견이 없다.

지하도시의 배경

카파도키아는 유럽과 아시아 틈에 끼어 있는 지역적 조건으로 인해 히타이트, 그리스, 로마, 비잔틴, 오스만투르크 등의 거대한 세력이 발흥하거나 패권이 이동할 때마다 전쟁의 광풍에 휘말릴 수밖에 없었다. 카파도키아의 지하도시와 동굴 유적은 바로 그 고난의 역사를 여실히 보여주고 있다. 외부세력을 피해 만든 괴레메Göreme 석굴, 기독교인이 숨어 살았던 데린쿠유 지하도시, 동서양의 패권이 바뀔 때마다 이슬람과 기독교도들이 번갈아 숨어들었던 카이마클리 지하도시, 깎아지른 화강암 절벽에 만들어진 으흘라라Ihlara 계곡의 교회들…… 종교인들은 이러한 유적에 대해 신을 향한 강건한 신앙심의 증거라고 말한다. 물론 곤궁한 삶을 견뎌내는 데는 신앙이 큰 도움이 되었을 것이다. 그러나 지하도시가 학살의 공포로부터 벗어나기 위한 불가피한 선택이었음은 자명하다.

카파도키아 지하도시나 암벽 동굴을 마주하면 어떻게 그곳에서 생활했을까 하는 궁금증이 앞선다. 침략과 무자비한 학살의 공포에 쫓겨 지하도시로 들어오기는 했지만 남은 인생을 비좁고 어두운 공간에서 지내야 한다는 건 생각보다 쉽지 않았을 것이다. 특히 햇볕이 들지 않는 폐쇄된 공간에서 인간이 느끼는 불안과 공포는 육체적인 고통보다 더욱 고달팠을 것이다. 기록에 따르면 데린쿠유 지하도시에는 정신질환으로 인한 사망자가 무수히 많았다고 한다. 침략의 광풍이 지나간 뒤 다시 지상으로 올라온 이들 중에는 꼽추가 되거나 강렬한 햇빛 때문에 실명하는 자가 많았다는 기록도 있다.

아나톨리아의 자연과 인문

지하도시를 이해하려면 먼저 선사시대에 이 지역에서 발생했던 지각변동과 화산활동부터 살펴보아야 한다. 지하도시와 많은 동굴 유적이 산재해 있는 아나톨리아 고원은 기기묘묘한 바위들이 솟아 있는 대규모 기암 지대로서 300만 년 전의 화산 활동과 깊은 연관이 있기 때문이다. 카파도키아 인근의 화산인 에르시에스 산과 하산 산이 적갈색, 흰색, 주황색 등 각기 다른 색의

에르시에스 산

지층을 형성하고 있는 이유는 용암이 흘러내리고 그 위에 다시 화산재와 풍화토가 쌓이는 과정이 되풀이됨에 따라 용암층, 응회암층, 사암층으로 굳어졌기 때문이다. 또한 불가사의한 바위 형상들은 서로 강도가 다른 지층이 풍화에 의해 노출되어 만들어진 것이다.

'해가 뜨는 곳'이라는 뜻을 지닌 지중해 동부의 아나톨리아 고원은 소아시아 문명의 발상지인 카파도키아와 차탈휘위크를 품고 있다. 이곳에서는 9000년 전에 이미 농경이 시작되었으며 7600년 전의 유적에서는 벽난로 화덕을 갖춘 집과 곡물이 발견되었다. 기원전 3000년경부터는 히타이트, 프리기아, 리디아 등의 세력이 흥망하며 독자적인 문명을 유지했다. 작은 왕국에 불과했던 메디아가 페르시아 제국으로 성장할 수 있었던 것도 소아시아의 수준 높은 문화가 뒷받침되었기 때문이다. 지하도시나 암벽사원 유적은 괴레메 국립공원을 중심으로 네브셰히르, 아바노스, 위르굽 세 도시가 이루는 구역 안에 대부분 몰려 있다. 아시아와 유럽의 접점인 이곳은 예부터 상업과 교역의 중심지였으며 실크로드의 길목이기도 했다. 이러한 지리적 조건으로 인해 아나톨리아 고원 일대는 지중해 연안 국가들이 차례로 로마에 복속되던 기원전 3세기까지 상업적 부를 축적하면서 로마의 동맹국으로서 대등한 세력을 유지할 수 있었다. 그러나 기원전 190년 셀레우코스 왕조[39]부터 점차 세력이 약화되면서 로마에 점령되었으며 기원전 60년경에는 로마의 속주로 전락했다. 그러나 이후에도 이 지역은 문화와 경제의 중심지로서 그 기능이 유지되었으며 이스탄불과 함께 동로마제국 최후의 거점으로서 중요한 역할을 했다.

5. 광야의 암벽사원

콘스탄티누스가 선포한 밀라노 칙령으로 모든 종교는 자유를 얻었다. 그러나 태어나면서부터 억압에 길들여진 사람들에게 자유는 낯설었다. 오히려 순교의 기회를 잃어 허탈의 늪에 빠진 이도 많았으며 급기야는 자신의 몸을 채찍질하는 고행을 통해 구도에 이르고자 하였다. 카파도키아 광야를 가득 채운 암벽사원, 그것은 굴레를 벗어난 이들이 다시 스스로를 가두고자 한 감옥은 아니었을까.

타이스의 명상곡

'타이스Thais'라는 무희의 이름 뒤에는 알렉산더의 정부, 파라오의 왕비, 멤피스 여왕이라는 화려한 수식어들이 붙는다. 알렉산더는 페르시아와의 전쟁 중에 페르세폴리스의 모든 거주민들을 학살했는데, 역사가 클레이타르코스[40]는 이 사건이 알렉산더가 타이스의 유혹에 넘어가 저지른 것이라고 적고 있다. 엄숙한 종교적 분위기에 짓눌려 있던 중세 시절, 이탈리아의 시인 단테가 타이스를 악녀 매춘부로 묘사한 것은 아마도 그 영향을 받은 듯하다. 그러나 매춘에 대해 너그러웠던 19세기 말 프랑스에서 타이스는 매춘부에서 순결한 성녀로 거듭날 뿐더러 팜므파탈의 상징적 존재로 여겨졌다. 그것은 타이스의 인생을 그린 아나톨 프랑의 소설 『타이스』의 영향 때문이었다. 이 소설을

오페라 「타이스」의 한 장면

토대로 프랑스의 작곡가 쥘 마스네는 오페라 「타이스」를 작곡하는데, 여기에 삽입된 「타이스의 명상곡」은 오늘날 들어보지 않은 사람이 없을 정도로 유명하다.

　소설 『타이스』는 알렉산드리아의 한 무희를 주인공으로 하여 종교적 염원과 비극적 사랑을 그린 작품이다. 아름다운 외모를 지닌 타이스는 춤과 매춘으로 살아가며 많은 재산과 뭇 남성의 사랑을 받았지만 한편으로는 나날이 변해가는 외모의 덧없음과 쾌락의 허무를 느끼게 된다. 그때 젊고 아름다운 수도사 파프뉘스가 나타나 그녀를 교화시키고 신앙의 길로 이끈다. 그 둘은 함께 고행의 길을 떠나게 되고 서로에게 깊은 연민을 느끼게 된다. 결국 욕망의 늪에 빠진 파프뉘스는 '천국 따위는 없다'며 타이스에게 사랑을 고백하지만 거친 광야 생활에 지친 그녀는 파프뉘스의 곁에서 죽음을 맞이한다.

카파도키아에 흩어져 있는 수많은 석굴과 암벽동굴을 보면 타이스를 죽음에 이르게 한 광야의 고행이 어떠했을지, 또 그들이 수도생활을 하던 사원은 어떤 곳이었을지 조금이나마 공감할 수 있게 된다. 접근을 불허하는 듯한 절벽 위의 사원을 마주하면 그러한 공간에서 수도생활을 한다는 것의 고단함이 피부로 전해질 뿐만 아니라 모든 것을 버리고 광야로 모여든 자들의 신을 향한 열정까지 느끼게 된다.

역사적 배경과 형성 과정

외부 침략을 피하기 위해 만든 지하도시나 동굴주거와 달리 암벽 사원은

괴레메 사원 및 주거동굴

신을 향한 열정에서 비롯되었다. 높은 곳을 선택한 것은 신과 가까워지려는 염원의 방식이었을 뿐 사원을 방어하기 위한 목적은 없었던 듯하다. 이상한 것은 313년 콘스탄티누스의 밀라노 칙령 이후 이곳에 암벽 교회가 형성되기 시작했다는 사실이다. 종교의 자유가 선포되어 기독교가 빠르게 세력을 확장해나가는 시기에 절해고도와 같은 곳에 암벽 교회가 형성되었다는 사실은 참 아이러니하다. 이 배경에는 비세속적인 구도자의 길을 강조했던 카파도키아 대주교 바실리우스(329~379)가 있었다. 종교적 삶을 주장했던 그의 영향으로 인해 광야로 떠난 수도자가 10만 명이 넘었으며, 수도자가 몰리는 바람에 동굴은 더욱 촘촘히 층이 더해졌다. 위로 올라갈수록 암벽을 파내는 작업은 힘들었지만 로마의 핍박이 사라진 뒤 순교의 기회를 잃은 자들에게 그러한 고통은 문제가 되지 않았다. 이후 기독교와 이슬람 세력이 여러 차례 바뀌긴 했지만 이들의 삶은 20세기 초까지 근근이 이어졌다.

으흘라라 계곡

으흘라라Ihlara는 괴뢰메 국립공원에서 서쪽으로 40킬로미터 정도 떨어진 악사라이에 있다. 이곳은 수억 년의 침식작용에 의해 형성된 거대한 협곡지대로 높이 150미터에 이르는 절벽이 수 킬로미터나 이어져 있다. 이 절벽을 자세히 보면 곳곳에 구멍이 숭숭 뚫려 있는 걸 볼 수 있는데, 이것이 바로 동굴 사원이다. 내려다보기만 해도 아득한 절벽에 만들어진 이 동굴은 4세기경 세속을 떠나 구도생활을 선택한 수도사들에 의해 지어지기 시작했으며 14세기에 이르기까지 100여 개가 만들어졌다.

동굴 내부는 미사를 위한 공간과 주거공간으로 나누어져 있다. 가장 유명한 교회는 동굴 자체를 커다란 십자가 형식으로 구성한 일란리Yilanli 교회로,

으흘라라 계곡 암벽사원과 그 내부

돔 내부에는 예수의 최후의 만찬과 천사를 그린 프레스코 벽화가 남아 있다. 그리스 신화의 라오콘을 연상시키는 그림도 있는데 이는 타락한 인간과 세속 도시를 상징하는 것으로, 뱀에 휘감긴 도시를 형상화함으로써 고독한 광야의 수도 생활을 위안하고자 했던 것으로 보인다. 초기 사원은 내부에 벽화나 시설이 거의 없지만 후기로 갈수록 규모도 커지고 정교해졌다.

괴뢰메 동굴 사원

터키 중앙부 네브셰히르에 있는 괴레메 계곡에는 응회암과 용암이 오랜 세월에 걸쳐 풍화된 바위들이 솟아 있다. 특히 버섯을 닮은 독특한 자연의 조각품들이 국립공원으로 지정되어 있는 파샤바Pasabag 계곡 여기저기에 흩어져 있다. 거의 모든 바위에는 동굴이 형성되어 있으며 위아래로 층을 이루고 있는 것들도 많다. 카파도키아를 통틀어 1000여 개나 되는 암벽사원 중에서 400여 개가 괴뢰메 국립공원에 있으며, 그 규모는 천차만별이어서 방 한 칸짜리 기도실이 있는가 하면 비교적 넓은 공간도 있고, 십자가 형태로 파놓은 공간이나 천장을 반원형 돔으로 만든 공간도 있다. 비록 동굴이긴 하지만 우아한 돔의 형태와 벽화의 화려한 색채는 전형적인 비잔틴 양식을 따르고 있다. 특히 규모가 큰 정방형 사원은 정교한 실내장식을 갖추고 있는데 6세기경에 만들어진 토칼리Tokali 사원이 이에 해당한다. 가장 흔한 형태는 방 하나로 된 예배실로, 입구의 작은 공간은 수도자가 미리 파놓은 자신의 무덤이다. 결핍과 고독을 견디며 신과 소통하려던 그들은 이렇게 죽음을 곁에 두고 살았다.

당시 광야에는 두 부류의 수도자가 있었다. 한 부류는 인간은 홀로 사는 존재가 아니라 공동체 안에서 사랑을 실천해야 한다는 바실리우스 주교의 주장을 따르는 자들로서 큰 사원을 만들어 여럿이 함께 생활했다. 반면 안토니오[41]를 따르는 이들은 인간을 벗어나 홀로 은둔할 때 신과 소통할 수 있다고 믿었다. 파샤바 계곡에 가득한 작은 버섯동굴은 주로 이들의 공간이었다. 동

괴레메 사원(왼쪽)과 돔 사원 프레스코화(오른쪽)

화의 나라에 온 듯한 느낌을 주는 이 버섯기둥들은 사암 위에 용암이 덮인 뒤 아랫부분이 오랜 세월에 걸쳐 풍화된 것으로, 5세기경에 지어진 성시몬 사원은 버섯 세 개가 붙어 있는 모양의 바위를 이용해 만든 것이다. 내부에는 몇 개의 방이 있으나 규모는 그리 크지 않다. 공간이 좁아 크게 만들 수도 없었겠지만 고행을 자처하며 수도에만 전념하는 자들에게는 충분하지 않았을까 싶다.

파샤바 계곡 버섯동굴(위)과 사원 내부(아래)

이코노클래즘의 성화 파괴

간다라 미술의 결정체였던 바미얀 석불이 2001년 이슬람 원리주의를 내세운 탈레반 정권에 의해 파괴되는 것을 보면서 세계인은 경악을 금할 수 없었다. 종교의 편협성을 보여주는 이러한 사건은 어제 오늘의 일이 아니다. 카파도키아 암벽사원의 프레스코화가 훼손된 것도 교리를 둘러싼 사소한 갈등에서 비롯되었다. 성상 파괴주의로 불리는 이코노클래즘Iconoclasm은 726년 레오 3세의 예수상 파괴로 시작되었다. 이후 기독교도들은 우상 숭배를 이유로 성화나 조각상은 물론 기독교와 무관한 그리스 조각과 벽화까지 조직적으로 파괴해나갔다. 도시에서 떨어진 광야의 사원도 예외일 수는 없었다. '어둠의 교회Dunkle Kirche'라고 불리는 사원의 벽화만이 간신히 보존되었을 뿐 거의 모

훼손된 성화의 모습

든 사원의 벽화와 성상이 파괴되었다. 843년까지 120년간 맹위를 떨친 이코노클래즘으로 인해 9세기 이전에 제작된 프레스코화는 현재 거의 찾아볼 수 없다.

어떻게 살았을까

카파도키아 고원에서는 어디를 둘러봐도 바위산뿐이다. 여름에는 뙤약볕이 내리쬐고 겨울에는 살을 에는 바람이 분다. 숲은 고사하고 나무 한 그루 제대로 자라지 못한다. 그런 곳에서 사람들은 어떻게 살았을까? 아무리 고행의 삶을 선택했다 해도 먹지 않고는 살 수 없었을 텐데 말이다.

암벽사원 입구에는 여러 개의 작은 홈이 나 있는데 이것은 수도자들이 만

암벽사원 입구의 모습

든 비둘기 집으로, 수도자들은 이곳에 날아든 비둘기를 잡아먹고 살았다. 이는 수도자의 궁핍이 어느 정도였는지를 설명해준다. 그나마 여럿이 함께 생활하던 사원에서는 수도와 노동을 병행하며 식량을 얻을 수 있었고 때로는 도시에서 지원을 받기도 해서 형편이 나은 편이었다. 그러나 홀로 은둔하던 수도자들은 거적이나 다를 바 없는 옷 한 벌을 걸치고 척박한 땅에서 어렵사리 얻은 약간의 곡식으로 생명을 부지했다. 당시 수도자들이 거의 영양실조로 죽음을 맞았다는 사실이 이곳의 실상을 단적으로 증명해준다.

6. 동굴에서 생태주택으로

가족이라 하면 우리는 가장 먼저 함께 생활하는 '혈연'의 관계를 떠올린다. 그러나 인간이 음식과 삶을 공유할 정주 공간을 마련하지 못했다면 오늘날 우리에게 가족이라는 단어가 만들어질 수 있었을까.

지하 주거의 유형

집은 인간의 정주 환경을 조성하는 가장 근본적인 공간이다. 또한 집은 가족이 공동의 생활 안에서 유대감을 형성하는 가장 작은 사회라고 할 수 있다. 인간은 집으로부터 삶의 안정과 지속성을 얻고, 그것을 기반으로 문명의 세계로 나아갈 수 있었다. 현대에는 다양한 건축자재를 활용하여 다양한 규모와 형태의 집을 지을 수 있지만, 나무와 흙 이외의 재료를 만들지 못했던 시절에 집짓기란 이웃이 다 같이 협조해야 하는 큰 공사였다. 그나마 나무와 흙마저 변변치 않은 지역이라면 인간이 선택할 수 있는 방법은 땅을 파는 것밖에 없었을 것이다. 세계 곳곳에 분포되어 있는 동굴 주거는 대부분 그와 같이 불가피한 선택의 결과였다. 그러나 이제 지하공간은 불가피한 최후의 선택이 아니라 새로운 가치를 창출하는 공간으로 자리매김하고 있다.

현대에 들어 원자력 사고로 인한 환경 재해 또는 화석연료로 인한 오존층 파괴로 지하공간을 이용한 생태주택이 주목받고 있다. 중국의 야오동, 이탈리아의 사씨sassi, 카파도키아의 괴레메와 같이 피신지로서의 열악한 지하공간이 아닌 쾌적한 전원주택으로 거듭난 것이다. 재료공학의 발달로 인한 가볍고 강도 높은 재료와 설계기술의 발전에 힘입어 지하공간이 특별한 삶의 공간으로 다시 태어나는 중이다. 특히 지형적 조건이나 지반 구조에 따라 다양한 특성을 살릴 수 있는 생태주택은 에너지 효율이나 환경적인 면에서 지상 못지않은 장점을 지닌다.

지하공간은 지반의 형태나 바위의 강도, 주변 환경조건에 따라 다양한 방법으로 만들 수 있다. 그동안 인류가 주거를 위해 만들었던 지하공간의 유형은 대표적으로 움집형, 암벽형, 평지형, 복개형으로 나누어볼 수 있다.

물론 이 네 가지 유형 외에도 지하공간을 이용한 주거 형태는 더 찾아볼

움집형: 평지나 둔덕을 판 다음 나무나 갈대로 지붕을 덮는 형식(스카라 브레 유적)

암벽형: 석산의 측면을 파들어가는 가장 일반적인 형식(터키 카파도키아 동굴주거)

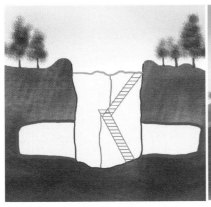

평지형: 평평한 지형을 아래쪽으로 파고 그 측면 에 지하공간을 조성하는 형식(마트마타 혈거주택)

복개형: 지상 건축물 지붕 및 주변에 흙을 쌓는 형식 (녹지 확보를 위해 활용)

수 있다. 경사지를 절개한 뒤 인위적으로 형성된 절벽 안쪽을 파고들어가는 형태의 주거는 '경사형'이라고 이름 붙일 수 있을 것이다. 이 형태는 앞쪽에 생기는 평지를 마당으로 활용할 수 있고 양옆에 자연스럽게 조성되는 경사면과 배면의 녹지공간이 장점이다. 네덜란드의 건축가 크리스티안 뮐러가 알프스 발스 마을에 설계한 생태주택은 대표적인 경사형 주택이라 할 수 있다. 환경의 훼손을 최소화하면서 아늑하고 따뜻한 실내공간을 조성한 것이 큰 장점인 이 건축물은 측벽을 노출시켜 자연스런 채광이 이루어지도록 하고 경사지를 원형으로 조성하여 주변 지형과 잘 어울리게 했다. 경사형은 산이 많고 바위가 단단한 한국의 지형 조건에도 유리하다.

경사형 주택(알프스 발스 마을)

스카라 브레 움집

스코틀랜드 오크니에는 약 5만2000년 전에 만들어진 움집이 있다. '스카라 브레Skara Brae'라 불리는 이 유적을 오늘날 우리가 원형 그대로 볼 수 있는 이유는 자연재해 덕분이다. 4500년 전 산사태가 일어나 마을을 덮쳤는데 순식간에 묻히는 바람에 최근 퇴적층이 제거되자 원형에 가까운 모습을 드러낸 것이다. 연대 측정 결과 약 5200년 전부터 2700년 전까지 사람이 거주한 흔적이 남겨져 있는 이 움집터는 5200년 전의 유적이라고는 믿을 수 없을 정도로 정교한 돌쌓기와 내부 구조를 갖추고 있다. 집의 구조는 튀니지의 마트마타Matmâta 혈거주택과 비슷하지만 동굴을 팠다기보다는 땅을 파내어 공간을 조성한 다음 자연석을 쌓아 벽체를 만든 방식이다.

스코틀랜드 스카라 브레 유적

지붕은 소멸되고 없지만 아마도 잡목이나 갈대로 덮고 그 위에 흙을 덮어 물이 새어들지 않도록 했을 것으로 추측된다. 6제곱미터 규모의 방에는 평평한 돌을 깔고 침대를 조금 높게 두었다. 벽에는 가재도구를 얹을 수 있는 선반까지 만들어져 있고 방 가운데는 화덕이 있어서 주변에 앉아 음식을 나누거나 휴식을 취했던 것으로 보인다. 규모가 조금 작은 방에는 배수구가 있는 것으로 보아 화장실로 쓰였던 듯하다. 이외에도 물건을 만드는 공방과 다른 방으로 이동하거나 비상시에 대비한 지하통로가 서로 연결되어 있다. 스카라 브레는 발견될 때까지 4500년 가까이 땅에 묻혀 있었기 때문에 마트마타 혈거주택이나 다른 유사한 건축구조와 영향을 주고받을 수 없었다. 그러나 세계 각지에서 발굴되는 선사시대 주거지의 움집들이 거의 유사한 형태를 띠는 것으로 볼 때 지하공간을 이용한 집짓기는 아마도 선사시대의 보편적인 기술이 아니었을까 싶다.

중국 야오동

황토지대에 만들어지는 혈거六居는 자연 동굴에서 벗어난 인간이 만들어낸 가장 오래된 주거형태일 것이다. 중국 황허 강 주변 지역은 수백 만 년 동안 고비 사막에서 날아온 황토가 높이 쌓여 있다. 여기에 강의 범람으로 점토가 쌓이기를 반복하면서 찰진 충적층 지대가 형성되었고, 그 덕분에 강가에서 살아온 수렵채취인들은 어렵지 않게 주거공간을 지을 수 있었다. 베이징 주변을 비롯하여 내몽골, 텐진, 허베이에 이르는 약 70만 제곱킬로미터 구역에서 구석기시대의 토굴과 유물이 발견되었고, 세련되고 규모가 큰 촌락 형태의 신석기시대 주거지가 발견되기도 했다.

역사시대 이후 집단적인 주거공간인 야오동窯洞이 만들어지기 시작한 것은

옌안 일대의 야오동   옌안 시절 야오동에서의 마오쩌둥

14세기 무렵이다. 원나라가 쇠퇴하고 명의 주원장이 중국을 통일하던 과정에서 베이징 주변의 도시는 거의 전소될 정도로 많은 피해를 입었다. 건축물은 물론 주변의 숲까지 모두 불에 타버리자 궁여지책으로 야오동을 만들기 시작한 것이다.

목재[42]는 물론 집을 지을 아무런 재료도 구할 수 없는 형편에서 손도구만 있으면 가능한 토굴은 거의 유일한 주거형태였을 것이다. 청나라가 들어서면서 중국이 안정되자 야오동 주거는 쇠퇴했으나 이후 20세기 초 제국주의의 팽배와 공산혁명으로 중국이 대혼란에 빠지면서 서민들은 다시 야오동을 만들기 시작했다. 공산혁명 당시 마오쩌둥이 옌안延安으로 근거지를 옮기자 사람들이 몰려들었고 많은 야오동이 만들어졌다. 카파도키아나 괴레메 동굴처럼 야오동 역시 전란의 산물이라고 해야 할 것이다.

야오동의 구조는 단순하다. 황토 지반 절개지에 천장부를 아치 형태로 둥글게 파고 전면에 문을 설치하면 일단 토굴은 완성된다. 그런 뒤에 용도에 맞게 벽이나 바닥을 오목하게 파고 수납공간, 잠자리, 화덕 공간 등을 만든다. 출입문은 천으로 가리는 게 고작이었으나 마오쩌둥이 지냈던 집에는 목재와 유리로 된 문이 달려 있었다. 내부는 바닥을 평평하게 하여 침대나 책상 등 가재도구를 따로 놓을 수도 있으며 난방이나 취사용 화덕을 설치할 수도 있다. 황토 지반에 설치되는 야오동은 지지력이 낮아 실내 활동이 제한되기는 하지만 앞으로 생태주택으로 발전할 가능성을 갖추고 있다. 황토의 부족한 강도는 시멘트나 목재 등의 다른 재료로 보강할 수 있기 때문이다.

이탈리아의 사씨

사씨sassi는 이탈리아 남부 마테라에 있는 동굴가옥이다. '사씨'는 바위라는 뜻으로, 응회암으로 된 언덕에 빼곡하게 동굴집이 들어차 있는 이곳이 언제부터 주거지가 되었는지 정확히는 알 수 없지만 최소한 선사시대 이전인 것만은 확실하다. 마테라 인근 평야지대에 자리 잡고 있는 발카모니카에 약 8000년 전의 것으로 추정되는 암각화[43]가 분포되어 있는 점으로 미루어 마테라의 동굴주거도 그만큼 오래되었음을 유추할 수 있다. 그라비나 협곡의 경사지나 골짜기를 중심으로 분포되어 있는 사씨는 모두 사람의 손으로 지은 동굴집이다. 그중에서도 중세시대 종교의 중심지였던 마테라에는 돌을 깎아 만든 대규모 건축물이 지어지기도 했다. 13세기 무렵 지어진 산 피에트로 카베오소 교회나 아폴리아 대성당은 자연지형을 이용하여 성벽이나 요새 형태로 축성한 것이다.

사씨는 여러 모로 터키의 괴레메 동굴 주거지역과 비교된다. 만들어진 시기도 유사하지만 석산 언덕을 이용하여 동굴을 만들고 동굴 주변에 가옥을 지

마테라의 사씨

괴레메의 동굴 주거지역

어나간 것도 비슷하다. 그러나 마테라 사씨가 지하공간을 이용한 새로운 생태주택으로 거듭나고 있는 것과는 달리 괴레메의 동굴 주거지역은 아직도 열악한 환경에서 벗어나지 못하고 있다.

선사시대부터 만들어진 사씨가 대규모 주거용 동굴집으로 형성되기 시작한 것은 8세기 전후 마테라 동쪽 언덕에 든든한 성벽과 돈대가 만들어진 다음부터였다. 처음에는 기존의 동굴 입구를 천으로 가리는 수준이었으나 점차 아래쪽으로 계단과 통행로가 나기 시작하면서 위쪽으로 더 많이 지어져 동굴집은 3300개 정도로 늘어났다. 사람들이 많이 모여 살 때는 2만여 명이 넘었다고 전해지는데 하수도와 같은 위생시설도 미비하고 먹을 물조차 구하기가 어려워 생활환경은 열악했을 것으로 보인다. 20세기 초에 카를로 레비가 쓴 소설 『예수는 에블리에서 멈추었다』를 보면 사씨의 삶이 어떠했을지 상상할 수 있다.

여인의 손에 이끌려 들어선 동굴 안에서는 악취가 진동했다. 조금씩 어둠에 익숙해지자 여기저기 누워 있는 아이들과 초라한 가구들이 눈에 들어왔다. 아이들은 이질에 걸린 듯 떨고 있었고 그 곁에는 남루한 의복과 가사도구와 찢어진 헝겊이 널려 있었다. 한쪽에서는 염소나 돼지, 개의 울음소리가 들리기도 했다. 여인이 말했다. "예수는 에블리에서 멈추어 이곳에는 오지도 않았어요. 우리는 기독교인도 인간도 아닌 거지요. 동물과 다를 바 없는……."

레비가 소설에서 표현한 동굴주거는 비참한 수준이었다. 그러나 현재 그러한 모습은 말끔히 사라졌다. 집 안쪽에는 상하수도와 같은 위생설비가 잘 갖추어져 있으며 외부 역시 계단과 통로가 잘 정비되었다. 울퉁불퉁했던 동굴의 내부 구조도 잘 다듬어지고 욕실까지 갖추어 관광객을 위한 숙박시설로 이용될 정도다. 사씨가 이렇게 바뀌게 된 것은 1952년 이탈리아가 '마테라 동굴주거지 보호조례'를 세우면서부터다. 정부와 민간 합동으로 시작된 마테라 정비사업은 1986년에 이곳 일대를 국립공원으로 조성하는 조례를 이끌어냈고, 그 덕분에 사씨도 현대적인 주거공간으로 변신했다. 현재 사씨 주거지역은 이탈리아에서 손꼽히는 관광지가 되었으며 동굴을 개조한 호텔은 아늑한 휴식처로 손색이 없다. 이러한 변화는 중국의 야오동이나 터키의 괴레메 동굴 발전에 좋은 사례가 될 것으로 보인다.

튀니지의 마트마타 혈거주택

영화 「스타워즈」에서 주인공 루크 스카이워커가 사는 행성 타투인Tatooin은 두 개의 태양이 빛나는 뜨거운 행성으로, 주민들은 태양의 열기를 피해 지표면 아래에서 생활한다. 영화 속에 나오는 집은 튀니지 마트마타에 실재하는 혈거주택이다. 지중해 연안의 아프리카 국가인 튀니지는 기원전 3세기경 포에니 전쟁44이 발발하기 전까지 카르타고의 중심지로서 한때 지중해 무역으로 번영을 누렸다. 그러나 100여 년에 걸친 전쟁에서 이긴 로마는 카르타고의 모든 주거지를 불태우고 경작지에는 소금을 뿌려 폐허로 만들었다. 그 잔혹한 학살을 피해 거친 광야로 달아난 사람들이 만든 주거지가 바로 마트마타 혈거주택이다.

이 혈거주택이 세상에 알려지게 된 것은 20세기에 들어서였다. 1967년 튀니지 일대에 발생한 대규모 홍수45로 인해 혈거주택이 침수되어 그곳에 살던 사람들이 구조를 요청하면서 그 존재가 알려지게 된 것이다. 이들이 살던 집은 개별 가옥이 아니라 동굴 안쪽의 복도로 연결된 집단가옥으로, 마을 전체가 공동체를 이루고 있었다. 건조한 사막생활에 적응하는 과정에서 이러한 연대구조가 형성된 것으로 보인다.

혈거주택을 고안하게 만든 가장 큰 요인은 바로 기후였을 것이다. 일교차가 큰 이 지역은 낮에는 40도까지 치솟으며 강렬한 햇볕이 대지를 달구지만 밤에는 10도 안팎까지 떨어지는 곳이기 때문에 온도 변화가 상대적으로 적은 지하를 주거공간으로 삼은 것이다. 이 동굴가옥은 1967년의 대홍수 이후 문화재로 지정되어 관리되고 있으며, 일부는 관광객의 숙소로 이용되고 있다.

이 지역의 위성사진을 보면 군데군데 분화구처럼 생긴 혈거주택이 폭넓게 분포되어 있는 것을 볼 수 있다. 이것은 경사지나 골짜기에 형성된 사씨나 괴레메의 동굴 주거지역과는 달리 평평한 지형에 땅을 파서 지었기 때문이다. 즉 직경 10미터 내외로 땅을 파내려간 다음 주거용 동굴을 뚫는 식으로, 파

마트마타 혈거주택과 내부 공간

낸 흙은 주변에 넓게 둔덕을 쌓아 짐승과 외부인의 침입을 막았다. 지반은 지지력이 충분하지 않은 황토여서 집과 집 사이는 일정한 간격으로 떨어져 있고 위층과 아래층도 적정한 두께를 유지하고 있다. 중앙의 넓은 마당을 끼고 여러 채의 출입문이 나 있으며, 안으로 들어가면 다용도실로 사용되는 방과 동굴을 관통하는 연결통로가 보인다. 내부에는 환기나 통풍을 위한 배기구가 갖춰져 있고 비상시에 밖으로 빠져나갈 수 있는 별도의 출구도 있다.

혈거주택의 단점은 웅덩이와 같은 구조이기 때문에 비가 오면 물이 고인다는 것이다. 1967년 대홍수 때 많은 혈거주택이 붕괴된 것도 이 때문이다. 물론 오랜 세월 동안 조금씩 내부 공간을 넓혀온 탓에 지지력이 약해졌다는 점도 붕괴의 원인 중 하나일 것이다.

마트마타 혈거주택의 지하공간은 현대 도시설계나 건축물 설계의 신선한 모델로 주목받고 있다. 비에 취약한 구조적 단점은 얼마든지 보완할 수 있을 것으로 보인다. 최근 우리나라에서도 혈거주택과 유사한 형태의 건축물을 찾아볼 수 있는데, 가천대학교 지하광장이나 이화여자대학교 ECC 지하캠퍼스가 그 예다. 상부에 녹지를 조성하고 측면으로 햇볕을 들이는 구조로 설계된 이 건축물들은 기본적으로 마트마타 혈거주택의 공간 배치를 연상케 한다.

영국 볼튼의 생태주택

메이크 아키텍처사에서 설계한 영국 볼튼의 생태주택은 신석기시대부터 전해진 지하 주거공간을 현대적으로 변용했다는 점에서 참신하다. 앞서 살펴본 마트마타 혈거주택과 유사한 점도 보이지만 이러한 지하가옥의 형태는 세계 각지에서 발견되는 수렵채취인의 움집만큼이나 오래된 것이다. 이 생태주택의 건축 규모는 8000제곱미터 정도로, 우선 땅을 파서 주거공간을 조성한

이화여대 ECC 지하캠퍼스

뒤 그 위에 잔디를 덮은 형식인데 테라스나 입구 등의 노출 공간을 꽃잎 형태로 구성한 조형미도 뛰어나다. 이 건축물이 생태주택인 이유는 탄소배출량을 획기적으로 줄이도록 설계되었기 때문이다. 건물 전체가 지하에 배치되어 있어 그 자체만으로도 에너지 효율이 높지만 이외에도 지열, 태양열, 풍력 등의 자연 에너지를 생산하여 사용하도록 만들었다. 특히 땅속에 지열순환 파이프를 설치하는 지열의 활용방법은 최근 한국에서도 많이 적용되고 있다.

대지가 건물의 지붕 역할을 하고 있는 이 건축물의 거주공간은 당연히 지하에 배치되어 있다. 그러나 마트마타 혈거주택처럼 전면이 노출되어 있어 충분한 자연 조명을 받을 수 있으며 천장에도 채광을 위한 창이 설치되어 지하 공간이라는 느낌을 받을 수 없다. 건물 주변을 둘러싼 둔덕과 녹지가 경관을

볼튼 생태주택의 배치와 그 내부 공간

더하는 것도 큰 장점이다. 지하공간의 미래를 엿볼 수 있는 이 독특한 건축물
은 기본적으로 선사시대 스카라 브레 유적을 모델로 삼고 있다.

7. 신도시와 지하공간

이라크의 비스야마, 베트남의 스타레이크시티와 냐베, 알제리의 하시메사우드, 카자흐스탄의 게이트시티, 사우디아라비아의 리야드…… 한국형 신도시는 이제 세계도시의 모델이 되고 있다.

도시계획의 패러다임 변화

사람과 마찬가지로 도시도 생로병사의 라이프 사이클이 있다. 건설되어 성장하다가 슬럼화가 진행되면서 기능이 마비되는 과정이 반복되는 것이다. 그러나 대도시의 경우 이러한 변화는 지엽적으로 이루어지기 때문에 도시 전체의 변화가 가시적으로 드러나지는 않는다. 예컨대 로마나 파리, 런던과 같이 중세 이전부터 형성되어 오랜 역사를 지닌 도시들은 그 변화가 느껴지지 않을 정도로 느리게 진행된다. 특히 이런 도시들은 주거는 물론 도시 기반시설을 설치할 공간이 부족하여 많은 어려움을 겪고 있으면서도 기존의 패러다임을 고수하려는 저항을 지니고 있다. 보존해야 할 유적이나 옛 건축물이 많은 탓도 있겠지만 근본적으로 오랜 세월에 걸친 삶의 형태를 고수하려는 관성 때문이다. 최근 지어진 베를린의 신도시 포츠다머 플라츠Potsdamer Platz에서 이러한 갈등을 엿볼 수 있다. 미래도시의 새로운 패러다임을 받아들이려는 의지의 반대급부로서 베를린이라는 유서 깊은 도시의 관성이 의사결정에 영향을 끼치고 있는 것이다.

국내외를 막론하고 최근 도시형태의 변화에서 가장 눈에 띄는 점은 자급자족적 기능이 향상된 소규모 생태도시다. 생태도시는 일정한 공간 안에 업무, 주거, 쇼핑, 위락시설을 갖추되 공원 녹지를 비롯한 수변공간까지 함께 있는 도시를 말한다. 지금까지의 도시계획 메커니즘은 경제적인 효과와 함께 토지 효율성을 높이기 위해 공간의 용도를 구분하는 쪽이었다. 이를테면 도시공간을 상업, 주거, 녹지, 농림지역 등으로 구분하고 용도에 맞게 토지를 이용하도록 하는 방식이다. 덕분에 도심은 효율성이 높은 고밀도 상업지역으로 발전했지만 녹지나 농림지역은 보존이라는 명목 아래 점점 도시와 괴리될 수밖에 없었다. 도시에 인구가 집중되면서 많은 문제가 발생하게 된 것도 결국은 이러한 현상 때문으로 판단된다.[46] 즉 도심의 인구 집중, 야간 공동화, 주거지역의 베드타운bed town화, 출퇴근 시간의 극심한 교통 정체, 토지 수요와 공급의 불균형 등 직접적인 문제뿐만 아니라 개발 이익에서 소외된 녹지, 농림지역의 상대적인 박탈감도 큰 문제로 대두되었다. 한국의 빈부 격차가 극심해진 배경에는 도시계획에 의한 토지가치의 불균형이 크게 작용했을 것이다. 최근 소규모 생태도시나 지역 단위의 재개발 계획은 이러한 문제를 완화하는 쪽으로 진행되어야 할 것이다.

변화를 유도하는 또 하나의 동인은 지하공간이라 할 수 있다. 앞으로 지하공간은 도시의 보조적 기능을 담당하는 공간이 아니라 교통과 물류의 주요기능을 수행하면서 휴게와 상업 공간으로 변화해갈 것이다. 이러한 경향은 최근 신도시 계획에서 찾아볼 수 있는데, 지상공간은 호수, 녹지, 산책로 등의 공간으로 조성되는 반면 지하공간은 쇼핑, 위락, 연구, 공연 등이 밀집된 형태로 계획되고 있다. 지하공간은 조명과 냉난방 조절로 상시 쾌적한 공간으로 바뀌고 있는데 이러한 점이 공간에 대한 패러다임 변화를 유도하는 것이다.

포츠다머 플라츠

독일의 포츠다머 플라츠는 자급자족 기능이 강화된 소규모 신도시다. 베를린 장벽이 철거된 후 주변 공간을 개발하기 위해 시작된 이 사업은 '20세기 이후 도시설계의 방향성 고찰'이라는 포럼에서 논의되었다. 도시와 건축에 관한 커다란 변화의 물결을 베를린에 적용하는 관점으로 개최된 이 포럼에서는 '쇼핑과 휴식, 문화와 업무, 주거와 사무공간이 복합적으로 연계되어 늘 생동감을 유지하는 도시공간'이라는 주제를 핵심으로 다루었다. 이는 자급자족이 가능한 소규모 생태도시를 의미한다. 이러한 슬로건은 포츠다머 플라츠 설

포츠다머 플라츠 모형도

포츠다머 플라츠의 중심가 모습

계에 적절히 반영되었는데, 문제는 변화를 추구하기보다는 유럽형 중세도시의 면모가 유지되기를 바라는 이들의 저항이었다. 더욱이 고층빌딩이 주도하는 현대도시의 위압적인 분위기를 거부하는 유럽인의 정서가 불협화음을 낳게 한 것이다.[47]

포츠다머 플라츠의 중심 권역[48]은 과거의 빌딩숲 형태와는 달리 업무공간을 절반 정도로 제한하고 나머지는 주거 환경으로 배정하고 있다. 이를테면 걸어서 출퇴근이 가능한 거리에 주택을 들이는 것으로, 낮에는 인파가 몰리고 밤에는 텅 비어버리는 기존 도시의 풍경을 개선했다. 이는 중심 권역에서 업무와 여가생활을 소화함으로써 24시간 생동감 넘치는 도시를 만들자는 슬로건에 부합한다. 이에 따라 지상과 지하공간을 입체적으로 연계시킨 영화관, 뮤지컬 극장, 입체극장, 공연장 등이 설계되었는데 이러한 시설은 시민의 여가생활을 풍요롭게 할뿐더러 외부 유입 인구를 늘려 단지 내의 쇼핑몰이나 소규모 점포들을 활성화시킬 수 있는 시스템이다.

일본 소니사가 조성한 구역[49]도 이러한 형태를 도입한 것으로, 사무공간은 일정 면적으로 제한하고 나머지를 주거공간, 레스토랑, 상점, 필름하우스, 입체영화관 등으로 구성했다. 포츠다머 프라츠의 설계는 자급자족 능력을 갖춘 소규모 복합도시의 미래를 선언한 것이라 봐도 무방할 듯하다.

한국형 신도시

세계에서 신도시 모델을 가장 많이 수출하는 나라는 어디일까? 바로 한국이다. 한국의 건설회사는 세계 여러 나라에 진출하여 건축현장을 지휘하고 있는데, 베트남에만 해도 하노이의 스타레이크 시티를 비롯하여 북앙카인, 호치민의 냐베에 신도시를 구축하고 있다. 또한 사우디아라비아 리야드(SK건

이라크의 비스마야 신도시

설), 알제리 하시메사우드(LH공사), 이라크 비스마야(한화건설)도 이미 계약을 끝내고 공사에 돌입한 상태로 한국의 신도시 구축 능력을 세계에 과시하고 있다.

한국형 신도시가 이렇게 세계적으로 각광받게 된 이유는 무엇일까? 물론 다양한 요소가 있겠지만 국내 신도시 건설과정에서 겪은 시행착오도 하나의 계기가 되었다고 볼 수 있다. 1980년대 정부는 아파트 200만 호 건설이라는 목표를 세운 뒤 철근이나 시멘트 같은 자재 파동과 함께 사회적 파장도 일으켰다. 그러나 그 와중에 분당이나 일산 등의 대규모 신도시 건설이 추진되었으며 전국적으로 신도시 붐이 퍼져나갔다. 이렇게 지어진 신도시를 도시의 모든 기능을 완비한 자급자족형 도시로 볼 수는 없다. 업무시설이나 위락시설에 비해 주거용 건물의 비중이 너무 높아서 도시의 베드타운 현상이 나타났기 때문이다. 이에 따라 출퇴근 시의 교통 혼잡, 생산 및 업무공간의 부족과 더불어 부동산 경기가 불안정해지는 등 여러 문제로 몸살을 앓았다. 그러나 결과적으로 이를 극복하는 과정에서 한국형 신도시가 세계적으로 수출되는 노하우를 얻을 수 있게 된 것이다.

한국은 공학적으로든 생태적으로든 도시계획을 빠르게 흡수하는 경향이 있다. 심지어 주거 환경에 대한 인식의 변화도 매우 능동적이어서 도시 전반의 흐름이 특정한 양식에 주도되지도 않으며 이로 인해 다양한 실험이 주저없이 수용된다. 비교해보자면, 1950년대에 시작된 프랑스의 신도시 라데팡스 La Defense는 현재까지도 진행 중이지만 1980년대 말에 시작된 일산이나 분당 신도시는 10여 년 만에 빠르게 구축되었다. 물론 이 두 모델은 도시 규모나 배경에 많은 차이가 있다. 또한 국내 신도시의 경우 성급하게 추진되어 많은 문제가 발생했고 도시문제 역시 해결되었다기보다는 잠재되어 있을 뿐이라는 비판적인 시각도 있다. 그렇긴 해도 지나치게 겸손할 필요는 없어 보인다. 주택 200만 호 건설이라는 무모한 계획에 의해 시작되긴 했지만 결국 이 프로젝트가 신도시를 만들어냈고 주택난에 시달리는 많은 사람에게 정주 환경을 마련해주지 않았는가. 자연 생태계가 그러하듯이 우리 사회에 해결해야 할 문제들도 자기 치유력을 통해 극복할 수 있기를 기대해본다.

스타레이크 시티

베트남 하노이의 떠이호떠이西湖에 지어지는 스타레이크 시티Starlake city[50]는 한국형 신도시를 세계에 알리는 계기가 되었다. 이 도시는 100층 높이의 랜드마크 빌딩을 중심으로 호텔, 정부기관, 오페라하우스, 종합병원, 국제학교 등이 중심축을 이루고 있다. 외곽에는 주거용 빌딩이 배치되어 있어 업무와 주거가 자연스럽게 연계되도록 했다. 여의도보다 조금 작은 규모의 도시지만 자급자족형 도시가 갖추어야 할 모든 기능을 갖추고 있다. 도시의 중심부에는 녹지, 호수, 생태공간이 조성되었으며 지상과 지하는 고층빌딩들과 생활 위락 공간이 들어섰다.

스타레이크 시티보다 조금 늦게 시작되었지만 부지가 넓은 냐베 신도시도 한국형 신도시의 전범이 될 만한 대규모 프로젝트다. 총 350만 제곱미터 부지에 조성되는 이 도시는 중심지에 초고층 오피스 빌딩이 지어지고 대형 쇼핑몰, 컨벤션 센터, 병원, 학교

하노이의 스타레이크시티 신도시

호치민의 냐베 신도시

등이 중앙의 호수공원 주변에 적절하게 배치된다. 그리고 이러한 시설들은 지하공간과 편리하게 연계되어 있다. 이와 같은 신도시 설계들을 보면 한국이 세계적인 변화 추세에 기민하게 발맞추고 있음을 알 수 있다.

한국형 신도시가 주목받는 이유 중 하나는 지상과 지하공간을 연계하는 뛰어난 공간 계획력 때문이 아닐까 싶다. 이는 도시공간을 효율적으로 활용하기 위해 끊임없이 노력하는 과정에서 축적된 노하우라고 할 수 있다. 물론 단순히 그러한 능력만으로 베트남의 신도시 계획이 한국의 엔지니어에게 주어진 것은 아닐 것이다. 도시국가로 빠르게 진입하고자 개발도상국이 원하는 것은 시민들의 삶이 지속될 수 있도록 일자리를 제공해주는 공간이며, 그것을 뒷받침해주는 편리한 거주시설이다. 라데팡스와 같이 철학과 예술이 접목된 도시를 유치할 만한 시간적 여유가 없는 국가에게는 한국이 지닌 신속한 추진력이 훨씬 유리한 셈이다. 거시적으로 볼 때 이러한 한국의 추진력은 전쟁 직후 폐허더미에서 일어나 고도성장을 일궈낸 저력의 일부라고 할 수 있다.

용산 드림허브 프로젝트

베트남에서 시작된 '한국형 신도시Korean New Town'는 그 이름값을 얻어 이라크, 알제리, 사우디아라비아 등으로 빠르게 진출하고 있다. 물론 도시국가로 막 진입하는 국가를 대상으로 하는 한국형 신도시가 세계적인 비전을 갖추었다고 보기는 어려울 것이다. 더욱이 이 수출 모델들은 도시가 필요로 하는 모든 요건을 포함하는 자급자족형 도시가 아니다. 용산의 드림허브 역시

대도시 중심 권역의 프로젝트이기 때문에 굳이 자급자족의 요건을 필요로 하지 않는다. 그러나 권역 안에 포함되는 도시계획 시설이나 시설물의 기능성을 살펴보면 기존의 신도시 모델에서 한 차원 진보한 개념의 신도시인 것만은 확실하며, 이는 한국에서 수출하는 신도시의 수준을 한 차원 높여줄 것이다.

용산 드림허브[51]는 랜드마크인 620미터의 드림타워를 비롯하여 UNICEF(국제아동기구) 등 국제기구와 금융, 병원, 교육, 주거, 쇼핑, 위락 등 다양한 시설을 포함하는 복합 도시계획지구다. 그러나 주거공간에 비해 업무, 쇼핑, 레저, 공간의 비율이 월등히 높아 포츠다머 플라츠처럼 거주민 위주의 도시계획과는 차이가 있다. 이는 인근에 주거 전용 아파트 단지가 대규모로 분포되어 있다는 점을 감안한 계획이다. 조감도에서 보는 것처럼 지상은 대부분 호수와 산책로 등의 녹지 공간으로 조성된다. 지하공간을 이용해 드림허브로 연결되는 버스, 도시철도, 신공항철도 등의 대중교통시설은 서울시의 미래 비전인 한강 르네상스[52] 계획과 자연스럽게 연계되어 시너지 효과를 유발한다.

용산 드림허브 조감도

프랑스의 라데팡스

프랑스에서는 라데팡스[53]를 미래 도시의 전범으로 평가하고 있다. 이것은 라데팡스의 대표적인 건물인 대개선문 그랑 아쉬가 에투알 개선문과 카루젤 개선문을 일직선으로 잇는 선상에 세워진 것과 관련이 있다. 16세기말 헨리 4세 때부터 구축된 이 일직선은 파리의 '역사적 중심축Great Axis'으로서 루브르 박물관, 콩코드 광장, 샹젤리제 거리가 이 가로를 따라 배치되어 있다. 세 개의 개선문, 즉 과거를 상징하는 카루젤과 현재를 상징하는 에투알에 이어서 미래를 상징하는 그랑아쉬 개선문을 세움으로써 라데팡스는 저절로 미래의 상징이 된다.

라데팡스는 1956년 설계에 착수하여 업무, 공원, 주거, 기타지구 등 4개 권역으로 구성된 마스터플랜을 완성한 뒤 업무지구부터 순차적으로 사업을 추진하고 있다. 지하공간의 관점에서 주의 깊게 살펴볼 부분은 인공지반이라는 개념이다. 이것은 층간 개념을 전도시킨 것으로, 지상의 기존 도로나 도시철도 등의 기반시설을 그대로 두고 그 위층에 새로운 지상층을 조성한 것이다. 여러 층으로 이루어진 빌딩처럼 사람들이 거니는 가로도 여러 층위를 가진 구조로 이해하면 된다. 이러한 개념이 자연스럽게 받아들여지도록 라데팡스는 인공지반의 아래인 교통공간에도 채광이 잘 들도록 설계했다.

도시공간을 지하와 지상으로 구분하지 않고 두 개 층의 지상으로 꾸민 계획은 라데팡스의 가장 큰 특징이다. 2층에 새로 만든 지상이 자동차에서 해방된 사람 중심의 가로라면 그 아래층은 대중교통망과 도시 유지관리를 위한 각종 시설물이 갖추어진 가로인 셈이다. 따라서 버스, 도시철도, 고속철도 등의 대중교통이 얼마든지 파리를 경유할 수 있게 되어 있다.[54] 대중교통을 이용해 라데팡스에 접근하는 시간은 파리 중심에서 15분, 공항에서 40분 정도

밖에 소요되지 않으며 새로운 교통수요가 있을 때 도로를 확충할 수 있는 여건도 갖추고 있다. '차량의 위험에서 해방된 가로' 또는 '인간 중심의 도시'라는 슬로건 아래 설계된 라데팡스의 복층 도시구조는 도시환경의 새로운 미래를 잘 보여주고 있다.

라데팡스의 복층 지반구성

　최근 신도시의 경향은 소규모 자급자족형이라고 말했지만 라데팡스의 독특한 콘셉트는 이와는 거리가 있다. 도시계획이 1950년대에 처음 계획되었기 때문이기도 하지만 교외의 신도시가 아니라 파리라는 도심권역이기 때문에 상호 연계성을 중시한 결과일 것이다. 외부지역에서 쉽게 접근할 수 있도록 충분한 대중교통시설을 연계해놓은 것도 이러한 맥락에서다. 그러나 업무권역을 중심으로 공원, 주거, 기타 생활 지구가 고르게 배치되어 있기 때문에 어느 정도의 자립성은 가지고 있는 것으로 보인다. 라데팡스에는 프랑스를 대표하는 기업은 물론 세계 유수의 기업들이 본사를 두고 있으며 대학,[55] 쇼핑센터도 잘 갖추어져 있다. 라데팡스가 현재형 미래도시, 유럽의 파크 시티로 명성을 얻게 된 것은 바로 이러한 복합도시로서의 기능을 고루 갖추었다는 점과 더불어 가로를 복층 구조로 설계한 덕분일 것이다.

8. 미래도시의 비전

비가 오거나 추운 날씨에 구애받지 않는 환경을 만들어보려는 생각은 언제 시작되었을까. 파리의 아케이드, 아시모프의 미래도시, 미르니 에코시티…… 앞으로 인류가 살게 될 도시는 이렇게 모든 환경을 통제하는 자급자족형 도시가 되지 않을까.

돔 코뮤나, 미르니 에코시티

돔 코뮤나[56]로 대표되는 러시아의 공동 주거공간은 1917년의 10월 혁명 이후 사회주의 체제에 맞는 주거공간으로 새롭게 태어났다. 돔 코뮤나는 부부 중심의 사적인 공간을 최소화하고 주방, 탁아, 교육, 세탁, 휴식을 위해 필요한 모든 공간을 공동으로 사용한다. 여기에 주민이 함께 일하는 농장과 작업장까지 연결되면서 생산, 소비, 주거가 하나의 단위공간에서 이루어지는 시스템이다. 이러한 자급자족형의 주거 공동체 건물은 1930년 M. Y. 긴즈부르크[57]가 설계한 나르콤핀Narkomfin 공동 주택에서도 볼 수 있다.

돔 코뮤나의 탄생에는 '실용적이지 않은 예술을 거부한다'는 러시아 구성주의의 이념이 뿌리 깊이 박혀 있다. 시베리아 미르니Mirnyi의 다이아몬드 폐광을 에코시티로 만들겠다는 AB 엘리스사의 구상을 보면 돔 코뮤나와 구성주의의 이념이 현대적인 감각으로 재탄생한 듯하다. 1955년부터 다이아몬드를 채굴해왔으나 지금은 폐광된 미르니 광산은 그 공동의 직경만 해도 1336미터나 되고 깊이는 665미터에 달한다. 마치 거대한 운석이 떨어져 만들어진 분화구처럼 보인다. 그 거대한 공동의 벽면을 이용해 10만여 명이 살 수 있는 주거공간을 세우는 지하도시 계획이 바로 '에코시티 2020'이다. 이 도시 전체에 투명한 반구형 돔을 씌워 외부의 기후환경을 차단하고 도시 내부의 기온, 습도, 조명을 완전히 통제하는 생활공간을 조성하는 것이다.

우리가 지금 살고 있는 도시에 필요한 기념물, 그것은 온실Jardin dhiver이다. 도시 중심에 콜로세움과 같은 구조물을 세우고 조명이 부착된 거대한 반구를 씌우는 것이다. 뼈대는 주철로 만들면 되고 지붕은 유리로 만든다. 이 안에서 살게 되는 신유토피아의 시민들은 얼마나 편리할 것인가.

—F. A. 쿠튀리에[58]

미르니의 에코시티는 이미 한 세기전에 쿠튀리에가 말한 신유토피아를 떠올리게 한다. 지하 공동에 원형으로 빼곡히 들어찬 주거공간은 바로 원형경기장 콜로세움의 내부 모습이며 에코시티의 돔은 쿠튀리에가 그린 바로 그 모습 아닌가. 땅 위에 세워진 콜로세움이 아니라 땅 아래에 묻힌 콜로세움인 것이다. 투명한 돔 천장은 1822년 파리에 만들어진 아케이드로부터 영감을 얻은 것으로 보인다. 오늘날 경기장과 관중석을 덮는 거대한 돔 구장은 일상적인 풍경이겠지만 19세기에는 터무니없는 공상이었다. 예컨대 아이작 아시모프[59]의 소설 『강철도시The Caves of Steel』[60]에는 지구를 벗어나 다른 행성에 정착한 미

미르니 광산

에코시티의 공간 구성

래 인간들이 인공의 지하도시에서 살아가는 모습이 그려져 있다. 사람들은 삶의 세세한 부분까지 완전히 통제되고 조정되는 이 자급자족 도시에 완전히 길들여진 나머지 감히 도시를 벗어날 엄두를 내지 못한다. 에코시티 역시 기온이나 조명 그리고 공기의 질까지 미세하게 통제되는 지하도시지만『강철도시』의 분위기보다는 SF영화「트론Tron」의 수정도시를 연상케 한다. 영롱한 수정의 빛이 구조물에 반사되어 도시 전체가 몽환적인 분위기를 자아내는 그런 도시 말이다.

에코시티는 공간을 주거, 녹지, 농장, 휴식을 위한 4개의 권역으로 나누었다. 중앙에 만들어지는 코어는 돔을 지지하는 기둥 역할을 하면서 동시에 각 권역을 서로 연계시키는 통로가 된다. 주거공간은 콜로세움의 계단처럼 벽면을 따라 올라가며 조성되고, 주변의 녹지는 시각적인 효과뿐만 아니라 산소 및 이산화탄소의 변화까지 미세하게 고려하여 조성된다. 10만여 명의 주거민에게 식량을 제공하는 농장은 코어 주변에 만들어진다. 도시를 덮고 있는 돔은 시베리아의 혹독한 날씨로부터 도시의 온도를 조절하는 데 큰 역할을 한다. 애초에 에코시티의 설계는 기후 문제의 해결이 우선과제였다. 돔의 또 다른 역할은 도시에서 필요로 하는 에너지를 생산하는 것이다. 태양광을 전기에너지로 바꿔주는 폴리실리콘 판넬은 빛 자체를 차단하기 때문에 태양을 도시조명에 활용하는 에코시티에서는 다른 방법을 마련해야 할 것이다.[61]

10만여 명에게 제공할 식량과 에너지를 완전히 자급자족하는 부분 또한 미르니 에코시티가 해결해야 할 커다란 과제로 보인다. 그러나 미르니 AB 엘리스사의 꿈은 실현될 것이다. 완성 시기가 언제일지는 알 수 없지만. 에코시티의 꿈은 지하공간 또는 지하도시에 대한 신선한 영감을 안겨줄 것이다.

위성도시 아스테로모

좀 더 미래로 나가보자. 일반적으로 '터널'이라 하면 지하에 만들어진 긴 통로가 떠오른다. 여기서 '지하'라는 개념을 제거한다면 어떤 이미지가 그려질까? 아마도 SF영화의 고전 「스페이스 오디세이」에서 보았던 긴 튜브형의 통로를 떠올리지 않을까. 영화 속 우주선의 내부는 복잡한 터널로 연결되어 있어 우주인들이 이곳에서 조깅을 즐기는 장면을 볼 수 있다.

지구를 벗어나 우주에 정주 환경을 만들어보려는 인간의 상상은 댄드리지 콜[62]과 같은 미래학자의 주된 관심사였으며, 철학자이자 공학자인 파울로 솔레리[63]는 자신이 계획한 미래도시 아르콜로지를 우주로 확대하여 아스테로모 Asteromo라는 우주도시를 선보였다. 아스테로모는 긴 튜브형의 터널로 지구와 연결된 직경 10킬로미터의 소행성 도시다. 직경이 10킬로미터라면 6500만 년 전 공룡을 절멸시킨 소행성과 맞먹는 규모다. 이 설계를 파울로가 처음 공개했을 당시는 기껏해야 강철이나 알루미늄 소재밖에 없던 1960년대였다. 그러나 최근 NASA에서는 첨단소재를 활용한 우주 엘리베이터를 연구하고 있으며 2020년쯤이면 구체적인 결과를 내놓을 것이라고 한다. 우주 엘리베이터란 지상 3만 6000킬로미터에 띄워놓은 위성도시를 가늘고 긴 튜브로 연결한 것이다. 아직은 자전하는 지구의 코리올리 힘이나 중력 대기변화에 대비해야 하는 기술적인 문제가 많이 남아 있지만 아스테로모의 꿈이 한낱 공허한 공상에 그칠 것 같지는 않다.

최근 다양한 분야에 이용되는 탄소섬유Carbon Fiber는 이러한 계획을 긍정적으로 바라보게 한다. 탄소섬유의 무게[64]는 알루미늄이나 철에 비해 훨씬 가볍지만 강도는 10배가 넘고 진동이나 휨에 저항하는 유연성도 탁월하다. 최근에는 기존의 탄소섬유를 대체할 그래핀Graphene 소재가 개발되어 실용화 단계

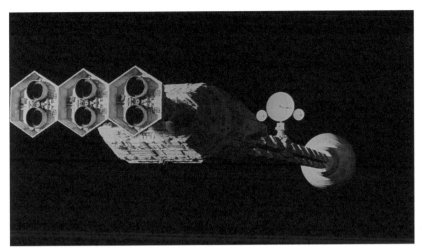

「스페이스 오디세이」의 우주선

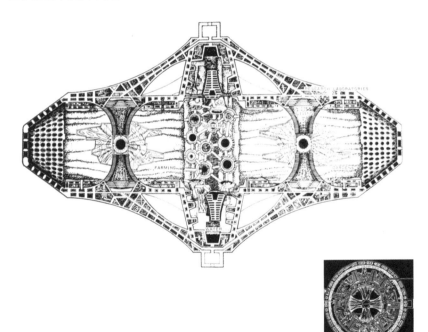

아스테로모

에 있다. 그래핀은 원자 크기에 해당하는 0.5나노미터[65]까지 얇게 만들 수 있으며 강철의 200배가 넘는 강도를 가지고 있다.

아스테로모가 너무 먼 미래의 이야기라면 가장 가까운 미래에 실현될 것으로 보이는 튜브형 공중터널을 상상해볼 수도 있다. 도심의 빌딩은 현재 지하나 지상교통을 통해 접근할 수 있도록 되어 있다. 그러나 가볍고 강한 탄소섬유를 활용한 신소재가 개발되면 도심의 빌딩을 연결하는 튜브형 공중터널도 가능하다. 그래핀처럼 가볍고 강한 소재를 이용하면 현재 고가도로와 같은 교각을 사용하지 않고도 긴 튜브를 이용하여 건물 간 네트워크를 만들 수 있기 때문이다. 예를 들어 현재 서울 명동의 한 호텔에 투숙한 여행자는 백화점에서 쇼핑을 하고 남산을 산책하고자 할 때 엘리베이터와 에스컬레이터를 몇 번씩 갈아타야 한다. 그러나 빌딩과 빌딩을 연결하는 튜브형 공중터널이 설치된다면 엘리베이터를 오르내리는 수고 없이 쉽고 빠르게 이동할 수 있게 된다.

최근 도심의 오피스텔 빌딩은 상층은 주거, 하층은 다양한 복합 공간으로 만들어지고 있다. 이러한 공간 역시 어느 정도의 높이에서 튜브형 터널과 연계된다면 공간의 효율성과 거주자의 생활환경이 더 좋아질 것이다. 파울로는 도시공간 디자인에 대하여 "개인과 집단의 존엄성과 행복을 가장 위협하는 것은 격리다. 지구에서 성장한 생명체는 격리를 거부하는 구조와 본성이 있다"고 말한다. 사람들 간의 소통이 원활히 이루어질 때 소외와 갈등 같은 정신적 문제에서 벗어날 수 있듯이 튜브형 공중터널을 통해 빌딩이 서로 연결된다면 문화, 물류, 교통 및 정주 환경의 소통을 원활히 할 수 있고 다양한 시너지 효과까지 기대

튜브형 공중터널로 연결된 빌딩

할 수 있을 것이다.

해상도시, 수중도시, 지하도시

해상도시는 그다지 먼 미래의 이야기가 아니다. 한·중 해저터널처럼 바다를 가로지르는 장대터널에는 공사과정 혹은 그 운영상 인공 섬이 반드시 필요하기 마련인데, 이 인공 섬을 이용하여 해상도시를 만들 경우 국제법상의 자유무역지대나 해양 과학기지 또는 기상 관측기지 등으로 활용될 수 있기 때문이다.

최근 두바이를 비롯해 세계 많은 나라에서는 이러한 수중도시를 점점 구체화시키고 있다. 스위스의 빅인베스트사가 설계한 '워터 디스커스'는 두바이 해상에 인공도시를 만들고 그 아래 수중 호텔을 건설하는 내용이다. 아직 계획단계에 머물러 있기는 하지만 워터 디스커스의 계획이 해저터널로 인해 형성될 인공 섬과 연계된다면 충분히 경제성이 있지 않을까 생각된다.

이러한 아이디어는 앞으로 공간의 개념이 어떻게 변화할 것인지를 전망하는 데 도움이 된다. 실제로 21세기에 들어 미래에 대한 상상력은 기존의 사고방식에서 크게 벗어나고 있으며, 이러한 경향은 지하공간의 미래에도 고무적이다. 비용과 시간 제약이 따르긴 하지만 현대의 공학기술은 웬만한 아이디어를 실현시킬 수 있는 수준에 이르렀다. 우주공간에 도시를 만들고 엘리베이터로 지구와 연결시켜보자는 이야기도 나오고 있으니 말이다.

워터 디스커스 수중·해상도시 조감도

「잃어버린 세계를 찾아서」라는 영화는 지구 안에 거대한 도시가 있다는 쥘 베른[66]의 소설을 원작으로 한다. 지금은 땅 아래로

30킬로미터만 들어가도 바위가 녹을 정도로 뜨겁다는 상식 덕분에 이 소설이 공상의 산물임을 판단할 수 있지만 소설이 발표될 당시에는 엄청난 반향을 불러일으켰다고 한다. 물론 상상이 꼭 과학적 사실에 근거할 필요는 없다. 인류가 만들어낸 신선한 아이디어나 발명품 중에는 기존 상식을 초월하는 경우가 얼마나 많은가. 지하세계에 대한 상상도 그런 점에서 유효하다. 가령 유전지대를 생각해보자. 중동에는 석유를 채취하면서 생긴 대규모의 지하공간이 있다. 인류가 석유를 파내기 시작한 지가 벌써 한 세기가 넘었으니 현재 그 지

영화 「잃어버린 세계를 찾아서」의 한 장면

하공간의 규모는 엄청날 것이다. 중동의 산유국들은 유전 시추 장비들이 뚫어놓은 구멍 때문에 지진이 발생하거나 도시지반이 함몰되지 않을까 우려하고 있다고 한다. 그래서 지금은 석유를 파낸 만큼 바닷물을 채운다고 하는데 앞으로 위성의 충돌이나 범지구적인 환경재앙에 대비하여 이 공간을 지하도시로 개발하는 상상을 해본다.

동굴에서 벗어나 평원으로 나간 인간은
도시를 건설함으로써 자연인에서
문명인으로 거듭났다. 도시에 없어서는
안 되는 것 두 가지는 도로와 수로다.
고대도시 우르나 모헨조다로 그리고
로마의 유적에서는 물과 사람을
소통시키기 위한 다양한 형태의
지하공간과 터널을 볼 수 있다.

제3부

길,
소통을 위한
터널

1. 바빌론, 최초의 강 밑 터널

히브리인 모세가 지팡이로 바다를 가르기 전, 이미 유프라테스 강 밑에 터널이 만들어져 있었다는 헤로도토스의 기록은 우리를 놀라게 한다. 누가 어떻게 이런 터널을 만들었을까. 인간은 언제부터 배 없이 강을 건너고자 했던 것일까.

다리는 강으로 나뉜 두 지역의 소통에 기여하지만 때로는 세력 간의 충돌이나 침략의 길목이 되기도 한다. 예컨대 이보 안드리치의 소설 『드리나 강의 다리』는 강을 사이에 둔 사람들의 다양한 문화충돌과 비극을 다루고 있다. 보스니아의 드리나 강에 놓인 다리도 평화로운 시절에는 갈등을 다독이고 이웃을 가깝게 연결해주는 매개체였지만 제2차 세계대전과 보스니아 전쟁 중에는 종교와 이념의 갈등이 폭력으로 분화되는 현장이었다. 다리뿐만 아니라 강도 여러 형태로 인간의 역사에 관여한다. 강은 외부 침입을 방어하는 천혜의 자연조건이지만 평상시에는 양안兩岸의 교류를 막는 장애물이기 때문이다. 바빌로니아인이 유프라테스 강에 만들었다는 다리와 강 밑 터널에는 강을 배경으로 벌어진 애증의 역사가 간직되어 있을 것이다.

기록으로 볼 수 있는 터널의 흔적

인간이 만든 가장 오래된 터널은 어떤 것일까? 신전이나 왕릉에서 보이는 거대한 지하공간, 광물 채취, 주거, 저장고 등 실용적인 목적을 위하여 만든 지하공간도 적지 않지만 누가 만들었으며 작업과정이 어떠했는지에 대한 기록은 거의 없다. 그나마 기록으로 전하는 가장 오래된 것은 헤로도토스의 저서 『역사』에 나오는 강 밑 터널일 것이다. 이로부터 400여 년 뒤에 디오도루스 시켈로스[1]가 쓴 『세계사』에도 이 터널에 대한 기록이 나온다. 실물은 이미 사라졌고 건설 시기도 기록에 따라 조금씩 차이가 있는데, 아치볼드 블랙[2]은 디오도루스 입장에서 아시리아의 전설적인 여왕 세미라미스 시대에 터널이 지어진 것으로 추측한다. 그러나 터널이 위치한 바빌론은 지금의 바그다드 남쪽 유프라테스 강 유역인 반면 당시 아시리아 세력은 티그리스 강 상류에 있었기 때문에 의문이 생긴다. 다시 말해 아시리아 왕국의 아수르는 터널이 있는 곳으로부터 800킬로미터나 떨어져 있는데, 당시 아시리아 왕국의 규모로 보아 그 정도 먼 거리에 터널을 만들고 관리할 수는 없었을 테니 말이다.[3] 재료나 기술 면에서도 세미라미스 시대 건축물로 보기에는 어려울 듯하다. 당시 이집트나 그리스 지역에서는 석재를 이용해 많은 건축물을 지었지만 메소포타미아 일대의 일반적인 건축 재료는 흙으로 구워 만든 벽돌이었고, 바빌론 고대도시를 대표하는 우르 또는 라가시 유적에서 볼 수 있듯이 당시의 신전이나 성곽 재료는 대부분 흙벽돌이었다. 결국 강 밑 터널의 건설 시기는 조금 더 뒤인 함무라비 시대나[4] 네브카드네자르 2세 때로 보는 것이 적절해 보인다.

누가 만들었을까

강 밑 터널은 기원전 486년 페르시아의 바빌론 침공 당시에 파괴되어 흔적

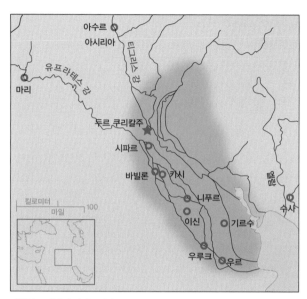

기원전 13세기의 바빌로니아

조차 남아 있지 않지만, 구조물의 구체적인 치수까지 기록된 것으로 보아 실물이 있었던 것은 확실해 보인다. 헤로도토스의 기록과 당시 제국의 판도와 문화적 배경을 살펴볼 때 건설자나 건설시기 또는 축조과정에 대해서도 추측해볼 수 있다. 강 밑 터널이 있었다는 바빌론 유역은 기원전 6000년경부터 문명이 싹트기 시작한 지역으로, 수메르인들은 기원전 2800~기원전 2340년경까지 규모가 크고 정교한 도시를 만들어 나갔다. 이 도시들은 북방에서 내려온 아카드의 사르곤 왕기원전 2334~기원전 2279에 의해 부분적으로 파괴되긴 했지만 기원전 2200년경 우르를 중심으로 다시 부흥하며 고대문명의 중심이 되었다. 이 무렵이 바로 아시리아의 전설적인 여왕 세미라미스 시대다.

세미라미스는 반인반수半人半獸인 아타르가티스의 딸로 전쟁과 사랑의 여신

「반란을 보고받는 세미라미스」, 구에르치노Guercino, 이탈리아, 1624

이다. 그녀는 태어나자마자 숲에 버려져 비둘기가 물어다주는 음식을 먹고 자랐다. 아름답고 영리한 그녀는 니노스 왕의 아내가 되어 여왕의 자리에 오르게 된다. 세미라미스는 그녀의 생애를 소재로 한 그림이나 가극[5] 등으로 인해 유명해졌으나 신화적 아우라가 강렬해서 역사적 사실로 받아들이기에는 부적절하다. 이보다는 삼시 아다드 5세[6]와 그의 왕비[7]를 강 밑 터널 건설자로 보는 쪽이 타당해 보인다. 당시 그녀는 수도를 님루드에서 바빌론으로 옮기고 유프라테스 강 양안에 왕궁과 성곽을 건설했다. 이때 만들어진 공중정원[8]은 세계 7대 불가사의라 불릴 만큼 거대했는데 왕궁과 성곽을 연결하는 교량을 지으면서 터널도 함께 만든 게 아닐까 싶다.

어떻게 만들었을까

헤로도토스가 기록한 왕궁의 규모는 상상 이상으로 크고 두껍다.[9] 성곽으

공중정원 상상도

로 들어가는 교량의 폭은 9미터이며 기둥이 3.6미터 간격으로 놓여 있었다.
이 정도 폭이면 사두마차가 서로 마주보며 지나갈 수 있다. 터널은 교량을 건
설하기 위해 강바닥을 파고 교각 기초를 놓을 때 함께 진행되었을 것이다. 이
를테면 터널과 교량의 복층 구조물을 만든 셈이다. 기록에 의하면 터널은 구
운 벽돌을 쌓아 만들었으며 벽돌 틈에는 강물이 새어들지 않도록 역청을 칠
했다. 그러나 복층 구조물과 터널을 덮은 흙의 무게와 통행하는 사람이나 마
차를 고려할 때 교량과 터널은 석재를 사용했을 것이다. 터널 단면은 말발굽
모양의 아치형이고, 터널의 전체 길이는 900미터로 기록되어 있는데[10] 완만한

경사로 지상과 연결되어야 하는 터널의 특성상 교량보다 훨씬 길었을 것이다. 사실 당시에 사용되었던 석회암의 강도를 고려할 때 교량의 폭과 터널의 규모를 기록 그대로 받아들이기는 어렵다.[11] 따라서 기록의 치수를 떠나 당시 석재를 다루는 기술 수준과 사용되던 재료를 고려하여 추정해보는 것이 합리적일 듯하다.

공사를 위해서는 먼저 흙댐을 쌓아 물을 막아야 했을 것이다. 상류에 흙댐을 쌓거나 강을 반씩 나누어 물을 돌리는 방식은 현재에도 일반적으로 쓰인다. 물이 새는 문제로 어려움이 많았겠지만 건기와 우기가 분명한 기후조건에서는 충분히 가능한 방법이다. 물을 막은 뒤에는 강바닥을 파내고 다져서 든든한 기초를 다지고 그 위에 흙벽돌을 아치 형태로 쌓아 터널을 만들었을 것이다. 교량은 두 가지 형태가 가능하다. 3.6미터마다 기둥을 두었다는 기록으로 볼 때 상부 구조가 석조 구조물이었음을 알 수 있다. 그러나 그 지역의 석회암이나 사암의 강도가 약해 먼저 흙벽돌로 아치 형태의 수문을 만든 뒤 그 위에 석재를 덧씌우는 방법을 사용했을 수도 있다. 어느 쪽이든 기술적으로는 충분히 가능하지만 재료 사정으로 보면 흙벽돌 교량이 더 그럴듯해 보인다.

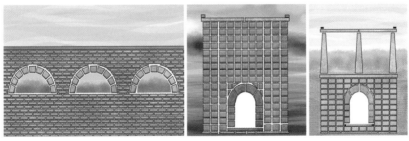

흙벽돌 아치교 측면   흙벽돌 교량 단면   석조교량 단면

강 밑 터널의 의미

헤로도토스의 기록에는 교량을 만드는 데 석재를 사용했다고 하나 바빌론 유적지에서는 석재의 잔재를 거의 볼 수 없으며, 대부분 흙벽돌로 이루어진 구조물 흔적만 남아 있다. 석재를 사용한 것이 사실이라면 작업과정이 녹록 치 않았을 것이다. 구조물 상판에 사용되는 석재를 깨고 다듬는 일도 힘들지 만 멀리 떨어진 곳으로부터 바빌론까지 석재를 실어 나르는 번거로운 과정을 거쳐야 하기 때문이다. 모든 작업을 인마人馬에 의존했던 당시에 그 작업은 가 장 어려운 부분이었을 것이다.

이후 바빌론의 패권은 계속 바뀌었지만 대부분의 도시 건축물은 아리안계 의 카시드 왕조[12]를 거쳐 아시리아 제국[13]에 이를 때까지 사용되었다. 기원전 605년 신바빌로니아의 네브카드네자르 2세는 바빌론을 다시 수도로 삼았는 데 당시에 지어진 건축물을 보면 규모나 구조적으로 한층 발전된 양상을 나타 낸다. 성경에 나오는 바벨탑, 정교하게 건축된 이슈타르문, 그리고 정밀한 측 량과 시설물의 배치가 돋보이는 공중정원이 모두 이 당시에 지어진 건축물로, 당시의 구조물 축조기술의 높은 수준을 짐작해볼 수 있다.

그러나 안타깝게도 터널을 비롯한 바빌로니아의 화려한 유적은 현재 거의 찾아볼 수 없다. 기원전 539년 신바빌로니아마저 페르시아에 의해 멸망한 뒤 기원전 486년 크세르크세스 1세에 의해 도시가 완전히 약탈되고 파괴되면서 화려했던 바빌로니아의 유적은 대부분 모래 속으로 사라져버리고 말았다. 바 빌론의 폐허에는 구운 벽돌과 석재로 건축된 유물들이 지금도 그대로 방치되 어 있다. 이라크는 유네스코의 지원으로 바빌론 고대 성곽과 공중정원이 있 던 '왕의 언덕Tel-Amuran-ibn-Ali'[14]을 복원해왔으나 정치적 불안으로 작업이 더 디게 이루어지던 터에 최근에는 전쟁까지 발발하여 복원한 유적마저 다시 파

괴되기도 했다. 수많은 예술가에
게 영감을 불러일으켰던 바벨탑
과 도시의 유적 그리고 왕비의
사랑 이야기가 깃든 공중정원은
얼마나 더 기다려야 볼 수 있을
까. 그 복원 사업이 계속된다면
언젠가 강 밑 터널도 발견될지도

복원 중인 '왕의 언덕'

모르겠다. 지상의 시설물은 전쟁 중에 파괴되곤 하지만 땅속에 묻힌 터널은
어지간해서는 파괴될 수 없기 때문이다. 온전한 형태는 아니어도 유적의 작은
흔적이라도 발견된다면 인류 최초의 강 밑 터널은 문명사에 일대 기록으로 남
을 것이다.

바빌로니아 강 밑 터널에 대한 이견들

_고아시리아의 세미라미스(기원전 2160년경)

세미라미스가 왕이 되기까지의 이야기는 신화에 가깝지만 그 이후 바빌론의 하수도와 도로를 정비하고 성곽을 건설하는 과정에 대한 기록은 꽤 신빙성이 있다. 이러한 근거로 아치발드 블랙은 디오도루스의 기록에 근거하여 터널의 건설자를 세미라미스 여왕으로 추정했을 것이다. 세미라미스가 다스리던 바빌론은 기원전 2000년경 구바빌로니아를 세운 아모리인에게 멸망하고 구바빌로니아는 기원전 1550년경 카시트인에 의해 멸망한다. 이 혼돈의 와중에도 터널에 대한 기록이 그리스 시대까지 전한 것을 보면 강 밑 터널은 오랫동안 존속했던 것으로 보인다.

_고바빌로니아의 함무라비 대왕(기원전 1776~기원전 1750)

유프라테스 강 일대를 평정하고 도시를 재정비하는 과정에서 함무라비 대왕은 대규모 도시 기반시설을 갖추어 나갔다. 실제로 옛 바빌로니아의 건축물은 함무라비 대왕 시대의 것이 가장 많은데 강 밑 터널이 이때 건설되었을 것으로 보는 시각이 있다. 함무라비 대왕의 사후, 제국은 점점 쇠퇴해졌으며 기원전 1550년경 카시트인의 침략으로 멸망했다.

_아시리아의 삼시 아다드 5세(기원전 820년경)

전설적인 여왕 세미라미스가 도시를 정비하고 화려한 궁전을 지었다는 사실은 성경(구약 나훔서 3장)에도 나올 만큼 여러 기록에 나타나며 신화적인 이야기까지 보태져 있다. 그러나 학자들은 바빌론 도시를 재정비하고 교량과 터널 및 공중정원을 건설한 것은 이보다 뒤인 아다드 5세 때일 것으로 본다. 수도를 님루드에서 바빌론으로 옮긴 아다드 5세는 고대도시와는 비교할 수 없을 정도의 거대한 성곽을 지은 인물이기 때문이다. 그러나 이러한 시설은 기원전 539년 페르시아 키루스 왕의 바빌론 정복과 기원전 485년 크세르크세스 1세 침공 시 대부분 파괴되었다.

_신바빌로니아의 네브카드네자르 2세(기원전 605년경)

네브카드네자르 2세는 메디아 왕국 키약사레스 왕의 딸 아미티스를 왕비로 맞았다. 산과 숲이 많은 메디아에서 자란 왕비는 평탄하고 비가 잘 오지 않는 바빌론에 정을 붙이지 못한 채 항상 고향의 푸른 언덕을 그리워했다. 이를 안타깝게 여긴 왕은 왕비를 위해 아름다운 정원을 성안에 만들었는데 이것이 바로 공중정원이다. 헤로도토스의 기록에 따르면 이 정원은 유프라테스 강 건너편에 있는 성곽에 만들어졌으며 이때 교량도 함께 건설되었다고 한다.

_아시리아의 센나케리브*(기원전 680년경)

공중정원이 바빌로니아가 아니라 아시리아의 유물이라는 설이 있다. 영국의 스테파니 댈리 (옥스포드대학교) 교수는 공중정원의 실제 위치는 바빌론이 아닌 니네베이며, 이를 만든 것도 네브카드네자르 2세가 아니라 서로 경쟁관계에 있던 센나케리브라고 주장한다. 우리가 알고 있는 신바빌로니아는 재건된 바빌론이 아니라 니네베를 지칭한다는 것이다. 스테파니 교수는 주장을 뒷받침하는 많은 증거를 제시하고 있는데 이것이 사실이라면 그동안 정설로 여겨왔던 바빌로니아에 대한 학설들은 상당 부분 수정될 것이다. 니네베는 지금의 이라크 북부 지역으로, 바그다드 남부 90킬로미터 지점에 있는 바빌론 유적지대와는 상당히 떨어져 있다.

---

* 센나케리브(기원전 704~기원전 681). 아시리아의 왕으로 사르곤 2세에 이어 아시리아를 제국으로 확장시켰다. 유대의 라기스, 이스라엘 왕국을 멸망시켰다. 성서에는 산헤립 왕으로 기록되어 있는데 예루살렘 성 앞에서 벌인 포로 학살은 잔악하기로 유명했다.

2. 사모스 에우팔리노스 터널

사모스 섬 북쪽 숲에는 아이에테스라는 샘이 있었다. 물이 차고 맑아 피타고라스와 현자들은 그 곁에서 수의 신비와 철학에 빠져들었으며 음유시인은 노래를 멈추지 않았다. 샘은 내를 이룰 정도로 풍족했지만 사람들이 모여 사는 남쪽 도시는 늘 물이 부족했다. 결국 이들은 암페로스 산을 뚫어 도시까지 샘을 끌어왔는데, 2600여 년이 지난 지금까지도 물이 흐르고 있다.

신화와 샘, 인간과 샘

오랜 세월 동안 숲속의 샘은 신화의 무대가 되거나 음악과 문학의 소재가 되어왔다. 숲속의 샘은 나뉘어 있는 세계, 즉 숲과 인간, 지하와 지상, 삶과 죽음을 연결하는 상징으로 기능했다. 고대인들은 계절의 변화 또는 달의 변화와 마찬가지로 지상에서 그 쓰임을 다하고 땅속으로 스며들었던 물이 다시 솟아나는 현상을 통해 순환하는 자연의 질서를 깨우쳤을 것이다. 이러한 깨우침은 재생의 신화로 변주되거나 지하세계의 정화를 거쳐 부활되기를 바라는 '신앙'으로 변주되기도 했다. 오늘날 우리가 숲속의 샘을 신비롭게 느끼는 이유는 아마도 이러한 상징적 의미 때문일 것이다. 따라서 샘물을 마실 때 우리가 느끼는 쾌감은 육체적 갈증의 해소만은 아니다. 샘물을 마시는 것은 오랜 세월 반복되어온 정화의식이며 시원으로의 회귀이고, 죽음과 재생의 신화를 이끌어온 신성한 제의를 추체험하는 것이기 때문이다.

신과 인간이 공존했던 고대 신화의 중심에 샘이 있는 것도 우연은 아니다. 샘물이 몸속의 미세한 혈관을 따라 흐를 때 그것은 인류가 오래 반복해 온 씻김의식과도 같은 것이다. 어쩌면 올림푸스 산정에서 신들이 마셨다는 음료 넥타르는 정결한 샘물이 아니었을까. 에우팔리노스 터널에서 신화적 상징을 떠올리는 것은 이 때문이다.

언덕 위에 거대한 헤라 신전을 만든 사모스인들이 암페로스 산에 터널을 뚫기 시작한 것은 자연과 문명, 신과 인간을 연결하는 샘을 도시로 끌어와 신국神國을 세우려던 의도는 아니었을까.

현자의 샘, 아이에테스

그리스의 오랜 유적이 살아 숨쉬는 섬 사모스에는 아이에테스Aeëtes[15]라는 샘이 있다. 샘물은 차갑고 맑아서 신화적 상상력을 불러일으키기에 손색이 없었고 수원이 풍부하여 내를 이루며 흘러내렸다. 그리스 문화의 절정기였던 기원전 7세기 무렵 아이에테스 샘은 음유시인들의 휴식처였으며 훗날에는 피타고라스와 제자들이 수數의 신비와 기하에 심취한 곳이기도 했다. 그러나 사람들이 사는 마을은 터키 해협이 바라다보이는 암페로스 산 남쪽 바닷가에 있었다. 이들은 무역을 통해 막대한 부를 축적했지만 늘 물이 부족하여 어려움을 겪었다. 이를 해결하기 위해 암페로스 산을 관통하는 수로를 만들었는데 2600여 년이 지난 지금까지 물이 흐르고 있다. 그것이 바로 에우팔리노스 터널이다. 헤로도토스는 이 터널에 대단히 감명을 받은 듯하다. 그가 쓴 『역사』에는 터널의 규모와 사모스인에 대하여 다음과 같이 기록되어 있다.

사모스 섬의 항구도시 피타고리온

내가 사모스인에 대하여 지나칠 정도로 상세히 설명하는 이유는 그들이 그리스 전역에 걸쳐 무엇과도 비교할 수 없는 훌륭한 대사업을 완성한 사람들이기 때문이다. 그 업적 중 가장 첫 번째는 물길을 내기 위해서 암페로스 산에 뚫은 터널이다. 이 터널은 길이가 7스타디온, 폭과 높이가 각각 8푸스에 이른다. 터널 바닥에는 깊이 20페키스, 폭 3푸스의 도랑을 파서 물이 흐르도록 했는데 이 물로 도시에 사는 사람들이 모두 풍족하게 쓸 수 있었다.[16]

사모스 섬은 그리스는 물론 근동지역으로 나아가는 항구이자 중요한 교역지였다. 헤라 신전을 비롯하여 섬 곳곳에 산재해 있는 유적과 역사 자료를 보면 그리스의 문화적·정치적 영향도 적지 않았던 듯싶다. 이 섬에 언제부터 사람이 살기 시작했는지는 알 수 없지만 기원전 3000년경의 농경 흔적과 유물이 발견되고 있어 최소한 선사시대부터 살았던 것만은 분명하다. 기원전 11세기에는 이오니아인들이 거주했으며 기원전 7세기부터는 그리스가 이집트, 키레네, 코린트, 칼키스 등과 교역을 이루는 거점으로 변모했다.

이 무렵 암페로스 산 남쪽 바닷가에 사는 사람들은 헤라 신전을 비롯하여 도로와 성곽 등을 건설하여 도시를 세우기 시작했는데 이 도시가 바로 피타고리온Pythagoreion[17]이다. 교역으로 부를 쌓고 잘 정비된 군대까지 갖추면서 피타고리온은 부러울 게 없는 도시가 되었다. 그러나 많은 사람이 몰리게 되면서 식수가 부족해졌는데, 이것은 외부의 침략이 닥칠 경우 치명적인 약점이었다. 해변에서 떨어진 고지대에 건설된 성곽은 적의 침입을 방어할 수 있지만 물이 없다면 전쟁을 지속할 수 없기 때문이다. 과두정 귀족들이 무모해 보이는 터널을 건설하기로 결정한 것은 이 때문이었을 것이다.

어떻게 만들었을까

건설자의 이름을 따서 에우팔리노스Eupalinos라고 불리는 이 터널은 기원전 687년 만들어졌다.[18] 에우팔리노스는 메가라 Megara[19]에서 온 건축가이며 나우스트로포스Naustrophos의 아들로만 알려져 있을 뿐 다른 기록은 없다. 터널이 만들어진 암

에우팔리노스 터널

페로스 산은 비교적 암질이 단단한 석회암 지대에 있으며 높이 225미터 정도의 나지막한 산이다. 아이에테스 샘은 산허리쯤의 완만한 구릉지대에 있다.[20] 샘물이 끊임없이 솟는 이유는 아무래도 암페로스 산 가까이에 케르케테우스 산을 포함한 수목지대가 넓게 분포되어 있어 지하수가 풍부한 덕분인 듯하다. 또한 석회암 지대의 특성상 지반에 물이 스며들어 지하공동이 많이 형성되었기 때문일 것이다. 에우팔리노스는 샘이 있는 곳에서 터널 입구까지 그리고 터널에서 도시까지 정교하게 도랑을 파고 물이 흙 속으로 스며들지 않도록 석회로 처리했다.[21] 암페로스 산을 관통한 터널의 길이는 1036미터이고, 터널 폭과 높이는 위치별로 조금씩 차이가 있지만 180센티미터 내외다. 바닥에는 폭과 깊이가 70센티미터 정도인 수로가 설치되어 있다. 수로의 깊이가 위치별로 조금씩 다른 이유는 물이 흐르는 경사를 맞추기 위한 것이다.

피라미드나 거대 신전에서 볼 수 있는 것처럼 돌을 다듬는 기술은 당시에도 상당히 발전해 있었다. 모암에서 거대한 원석을 채취한 방식을 살펴보면 물의 온도변화에 따른 팽창압을 이용하거나 불로 달구어 다루는 기술을 터득했던 것으로 보인다. 특히 암석을 연마하는 기술은 오늘날 못지않았다. 그러나 터널을 뚫는 것은 이런 기술과는 별개 문제였다. 밀폐공간에서는 망치와 정으로 일일이 쪼아 나가는 방법 외에 다른 도리가 없기 때문이다. 막장 규모에 따라 투입 인력도 제한될 수밖에 없었을 테니 시간도 꽤 오래 걸렸을 것이다.

그나마 터널 입구에서 얼마 떨어지지 않은 곳까지는 불을 이용한 방법이 가능했을 것이다. 모든 물질은 온도가 올라가면 부피가 늘어나고 내려가면 줄어든다. 이러한 성질을 이용하여 암석을 깨는 방법은 동서양을 막론하고 고대로부터 많이 사용하던 방법이다. 바위를 뜨겁게 달구어 팽창시킨 뒤 물을 뿌려 빠르게 식히면 온도가 낮아진 표면에는 수축하려는 힘이 작용하는 반면 바위의 안쪽은 팽창 상태를 유지한다. 이 불균형으로 바위 표면이 툭툭 터지면서 균열이 생기면 망치와 정으로 쉽게 쪼아낼 수 있게 된다. 이 방법은 비교적 간단하지만 터널이 어느 정도 깊어지면 연기와 열기 때문에 적용하기 힘들어진다. 따라서 입구를 제외한 대부분의 구간은 망치와 정으로 암반을 쪼아내는 원시적인 방법을 썼을 것으로 보인다.

① 바위 주변에 불을 지펴 속까지 뜨겁게 달군다.　② 바위가 충분히 뜨거워지면 차가운 물을 뿌린다.　③ 표면이 수축하면서 균열이 생긴다.

경사와 방향 맞추기

손으로 터널을 뚫는 것만큼이나 어려운 것은 높이가 고작 57센티미터밖에 차이 나지 않는 양쪽 터널의 경사와 위치를 정밀하게 계산하는 것이다.[22] 터널의 입구와 출구의 위치를 정하는 방법에는 여러 가지가 있는데, 당시 많이 쓰이던 방법은 나무홈통법이다. 이 방법은 터널 입구에서 산을 옆으로 돌며 나무홈통을 설치하고 물을 직접 흘려보내면서 출구의 높이를 정하는 방식이다. 지형 조건상 산을 옆으로 돌기가 어렵다면 구간을 몇 개로 나누면 된다. 그러나 터널 길이를 고려할 때 이 방법은 오차가 클 수밖에 없다. 에우팔리노스 터널의 경우 현대적인 장비로 측량해도 쉽지 않은 높낮이로, 1800분의 1이라는 정밀도[23]를 유지해야 했다. 그러나 에우팔리노스는 터널과 수로를 분리함으로써 측량의 한계를 현명하게 극복해냈다. 먼저 가능한 한 정밀하게 터널공사를 완료한 다음 터널 바닥에 다시 도랑을 설치한다. 이렇게 하면 터널 경사에 어느 정도 오차가 있다 해도 내부 수로의 높낮이를 조정하여 물이 흐르게 할 수 있다.

높낮이를 재는 것 못지않게 터널 방향을 잡는 것도 쉽지 않았을 것이다. 특히 공사 기간을 줄이려고 양쪽에서 동시에 파들어갔다면 방향이 미세하게 틀어져도 중간쯤에서는 큰 차이가 벌어지게 된다. 측량에 대한 기록은 없지만 당시의 기술 수준으로 볼 때 몇 가지 방법을 생각해볼 수 있다. 첫 번째 방법은 직각삼각형의 닮은꼴을 이용한 방법이다. 경사가 완만한 산허리를 옆으로 돌면서 직각으로 거리를 재고 터널을 빗변으로 하는 직각삼각형을 만드는 것인데 간단히 설명하면 다음과 같다.[24]

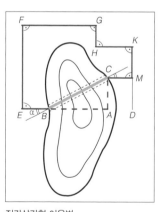

직각삼각형 이용법

•EF = GH+KM+AC 여기서 AC를 구한다.

•FG+HK = CM+BE+AB 여기서 AB를 구한다.

이렇게 직각삼각형 ABC의 두 변 AB와 AC가 구해지면 피타고라스 정리에 따라 빗변 BC에 해당하는 터널 길이와 뚫고 가야 할 방향 α를 구할 수 있게 된다.

두 번째 방법은 터널 입구에서 종점까지 산 위로 줄을 끌어서 방향을 잡는 것이다. 터널이 지나가는 곳은 암페로스 산 정상부 밑이 아니라 산허리의 능선이고[25] 경사가 완만한 편이기 때문에 길게 줄을 끌어서 방향을 잡는 방법도 충분히 가능했을 것이다. 터널의 시점부만 경사가 있을 뿐 그 뒤부터는 완만하므로 중간 중간 나무기둥을 세우고 끈을 당겨서 터널의 선을 바로잡은 뒤 줄이 터널 입구와 출구를 지나가게 하면 뚫어야 할 방향이 잡힌다. 아무튼 당시 측량 기술을 최대한 활용하여 위치와 방향을 잡았겠지만 결과적으로 북쪽 터널 입구로부터 425미터 지점에서 얼마간의 오차가 발생하여 어긋난 부분을 조정한 흔적이 나타나 있다.

물의 도시 사모스

긴 수로와 터널을 통해 흘러든 아이에테스 샘물이 수조를 가득 채우자 사모스는 더 이상 부족할 게 없는 섬이 되었다. 오리엔트와 지중해 도시국가의 무역을 통해 부를 계속 축적할 수 있었고 도시 인구는 점점 늘어났다. 돈으로 군인을 모집하여 군대를 유지하던 당시의 관습으로 볼 때 재력은 곧 강력한 군사력이기도 했다. 해안에는 140미터에 이르는 방파제와 배가 정박할 수 있는 시설이 만들어졌고 언덕 위에는 그리스 최고의 여신 헤라를 위한 거대한 신전이 세워졌다. 사모스 섬의 참주였던 폴리카르테스는 도시를 지키기 위하여 더 크고 견고한 성곽을 축조했는데 이 성곽은 전체 길이가 6.5킬로미터에 이르며 12개의 문과 35개의 탑을 갖추었다.

눈부신 성장의 결과로 문화예술도 화려한 부흥기를 맞았다. 기원전 580년 이곳에서 태어난 피타고라스는 만년에 제자들과 더불어 수비학과 기하학을 연구하면서 인류의 지성을 한 단계 올려놓았다. 또한 당시의 조각, 건축, 공예

피타고리온의 목욕탕 유적

등의 유물에 나타난 그림을 통해 음악과 춤 문화가 유행했음을 짐작할 수 있다. 도시로 흘러든 아이에테스 샘물이 일궈낸 또 하나의 문화는 목욕 문화다. 사모스 중심부에 건축된 목욕탕에는 아직도 화려한 부조가 기둥이나 벽면에 남아 있다. 사슴이 조각된 화관花冠이나 섬세하고 부드럽게 흘러내리는 기둥 머리, 물고기를 낚아채는 독수리 상은 당시 아이에테스 샘물이 가져다준 생활문화의 풍요로움을 짐작할 수 있게 해준다.

3. 히스기야, 예루살렘을 구한 물길

예루살렘은 아브라함을 조상으로 하는 유대교, 기독교, 이슬람교의 공동 성지다. 그래서 세력의 판도가 바뀔 때마다 영화와 박해가 거듭되어왔으며 중세 이후 오늘날까지 종교 갈등을 상징하는 장소로 여겨진다. 예루살렘 땅 밑에 숨겨진 수많은 통로나 저장공간은 그 수난의 흔적이다.

아시리아와 유대의 전쟁

예루살렘에는 많은 지하공간이 있다. 새로운 지하공간이 발견되었다는 소식도 심심찮게 흘러나온다. 그중에서도 기혼 샘과 실로암 못을 연결하는 히스기야Hezekiah 수로터널은 특히 신성시되고 있다. 아시리아의 침략으로 멸망 직전에 있던 유대왕국[26]을 구하고 히브리교의 명맥을 잇게 한 중심에 바로 이 유적이 있었기 때문이다.

예나 지금이나 물은 생명 유지에 필수적인 자원이지만 고대에는 성채를 공격하거나 방어하는 데 없어서는 안 될 무기이기도 했다. 성곽은 적을 방어하기에 유리한 고지대에 세워졌는데 지대가 높을수록 물을 장기간 확보하기 어려웠다. 그래서 침략자들은 높은 성을 공격하는 대신 성 내부의 물이 동날 때

예루살렘과 성벽

까지 밖에서 진을 치고 기다리는 전략을 짜기도 했다.

아시리아는 기원전 750년경부터 약 140년간 전성기[27]를 맞아 강력한 제국
으로 성장했으며, 특히 센나케리브Sennacherib 왕은 열정적으로 제국을 확장해
나갔다. 그는 기원전 722년에 유대 왕국의 형제인 이스라엘 왕국을 정복했으
며 기원전 701년에는 유대 왕국의 주요한 거점이었던 라기스[28]마저 함락했다.
이 무렵 아시리아가 예루살렘의 항복을 받기 위해 성 앞에서 벌인 포로 학살
은 역사상 가장 잔악한 행위로 알려져 있다.[29] 예루살렘은 자연적인 지형과
전면의 든든한 석벽으로 침략을 방어하는 데는 문제가 없었으나 물을 확보
하기 어렵다는 큰 난제를 안고 있었다. 라기스를 함락시킨 아시리아가 여세를

몰아 예루살렘을 공격할 때 바로 이 약점을 이용한 전술을 폈다. 그러나 물이 떨어지기를 기다리던 센나케리브 왕은 결국 공격을 포기한 채 발길을 돌려야 했다.

아시리아의 침략을 막아낼 수 있었던 것은 예루살렘 성 내부에 설치된 히스기야 수로터널 덕분이었다. 이 터널은 라기스가 함락된 직후, 즉 기원전 701년에 유대왕 히스기야가 만든 터널로서 고립된 성내에 장기간 물을 공급해주었다. 아시리아의 침략이 심

히스기야 터널 진입부

각해지기 전까지는 성곽 동쪽의 키드론 계곡에 있는 기혼 샘으로부터 두로베온 계곡을 거쳐 성안의 실로암[30] 못으로 연결된 수로에 의지하고 있었다. 그러나 이 수로는 지표면에 노출되어 있어 아시리아인이 쳐들어온다면 이 수로부터 파괴할 것은 자명한 일이었다. 이 점을 고민한 히스기야 왕은 미리 지표의 수로를 파괴하고 흙 속에 매립하여 흔적을 완전히 지워버렸다. 그런 뒤 기혼 샘에 수원지를 만들고 이 물이 지하로 성안까지 흘러들도록 터널을 만든 것이다. 히스기야 터널의 공사과정은 성서[31]와 실로암 비문[32]에 기록되어 있다.

미스터리한 히스기야 터널

이 터널은 사모스 섬의 에우팔리노스 터널과 여러 모로 비교된다. 공사 시기[33]도 거의 비슷하며 샘물을 성안으로 끌어오기 위해 뚫은 터널이라는 점에서 그러하다. 물론 터널 규모나 정밀성 또는 난이도 측면에서는 차이가 있다. 에우팔리노스 터널은 단단한 암반을 거의 직선으로 뚫었으며 단면적도 3.7제

곱미터 정도로 거의 일정하다. 그러나 히스기야 터널은 비교적 무른 퇴적암을 정밀한 측량없이 뚫어 긴 S자 형태를 이룬다. 기혼 샘으로부터 실로암까지 직선거리는 269미터에 불과하지만 터널의 길이는 533미터에 이르며 단면적은 0.7~1.5제곱미터 사이여서 들쭉날쭉하다. 의문스러운 점은 좁은 공간의 터널을 단 7개월 만에 533미터나 뚫었다는 것이다. 도대체 유대인들은 무슨 수로 그 짧은 기간에 터널을 완성한 것일까?

이 공사에 직접 참여했던 석공이 터널 공사를 완료한 뒤 공사과정을 기록해놓은 실로암 비문碑文이 1880년 발견되었다. 이전의 고대 건축물 중에는 왕의 치적을 알리기 위한 '모압의 비석Moabite stone' 등 히브리어 기록물들이 있긴 하지만 순수하게 공사과정을 기록한 비문은 거의 없었기에 실로암 비문은 그 의의가 크다. 오늘날의 건설지建設誌나 준공 표지판이라 할 수 있는 이 비문은 아마 역사적으로도 가장 오래된 공사기록일 것이다. 그러나 공사 기간이나 터널의 형태 등을 살펴볼 때 히스기야 터널을 순전히 인력으로 뚫었다고 보기에는 석연찮은 점들이 있다.

실로암 석판. 기록된 내용은 다음과 같다. "보라, 관통된 터널 기록을. 곡괭이를 들고 석공들은 서로 마주 향하여 파나갔다. 세 큐빗을 더 파야 했을 때 오른쪽 바위틈으로 맞은편에서 서로 부르는 소리가 들렸다. 석공들은 곡괭이를 휘둘러 마침내 관통했고 1200큐빗 떨어진 수원에서 흘러온 물이 못에 이르렀다. 석공의 머리 위 바위 두께는 100큐빗이었다."

우선은 공사 기간이다. 533미터에 달하는 터널을 불과 7개월 만에 뚫었다는 건 현실적으로 불가능하다. 양쪽에서 동시에 뚫어 나갔다고 해도 하루에 1미터 이상을 뚫어야 하는데, 바위가 무른 석회암이고 터널 단면도 1제곱미터 내외의 소규모이긴 하지만 순수한 인력으로 그토록 빨리 진행하기는 어렵다. 비슷한 시기에 만들어진 사모스 섬의 수로터널은 단면과 연장에서 차이가 있지만 15년이나 걸렸다는 점을 고려하면 더욱 불가사의하다.

두 번째 의문은 측량이다. 양 방향에서 동시에 뚫어 나갈 경우 터널 중간에서 서로 만나려면 매우 정밀한 측량이 필요하다. 고도의 정밀성을 갖춘 측량 장비를 사용하는 현대에도 측량 오차로 인해 진로를 변경하거나 터널 내부를 확장하여 중심선을 맞추는 일이 허다하다. 하지만 아예 측량이 생략된 상태에서 정확히 한 지점을 향해 양쪽에서 굴착해 들어간다는 건 불가능한 일이다. 또한 터널 양쪽의 고저차는 2.18미터밖에 안 되는데 경사를 측량도 하지 않고 물이 잘 흐르도록 기울기를 맞출 수는 없다.

세 번째 의문은 불규칙한 터널의 단면이다. 다음의 그림에서 보는 것처럼 터널 폭은 위치에 따라 큰 차이가 있다. 터널의 크기와 높이도 제각각이어서 구간에 따라서는 자연 동굴처럼 보일 정도다. 대개는 터널을 뚫다가 측량이나 대피공간 등의 필요한 공간을 따로 만들기도 하지만 히스기야 터널의 단면 변화는 그와는 관계가 없는 형태다.

네 번째 의문은 곡선 터널에 관한 것이다. 터널의 시점과 종점을 이으면 269미터의 거리가 나온다. 다시 말해 직선으로 뚫으면 269미터에 불과한 거리를 왜 곡선으로 533미터나 돌아갔을까 하는 점이다. 더욱이 곡선 터널은 당시 측량 기술로는 불가능한 작업이었다.

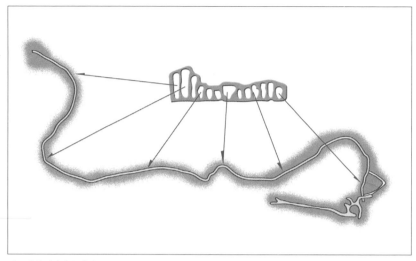

히스기야 터널의 종단면도

터널 기술의 비밀

이러한 의문점을 해결하기 위해 그동안 많은 학자가 연구해왔고 나름대로 합리적인 해석을 내놓기도 했다. 특히 터널을 S자로 뚫은 이유에 대해서는 직상부에 있는 왕릉을 피하기 위해서였다는 해석도 있었다. 또한 신전이나 건축물에서 볼 수 있듯이 당시의 측량 기술이 상당히 정밀한 수준이었기 때문에 불가능한 일이 아니었을 것이라는 의견도 있었다. 터널 단면은 공사가 끝나면 특별히 유지관리가 불필요하기 때문에 작업을 하기 위한 최소공간을 마련하기 위한 것이었다고 볼 수도 있다.

이러한 해석은 개별적으로는 수긍이 되지만 문제를 종합해보면 납득하기 어려운 점이 많다. 하지만 이 지역의 지반 특성과 실로암 비문을 토대로 공학적으로 살펴보면 그다지 미스터리할 것도 없다. 바로 이 터널이 석회암 지대에 있다는 사실이다. 석회암 지대는 우리나라 영동지방에서 흔히 볼 수 있는 것처럼 오랜 세월 물에 의해서 침식될 경우 땅속에 자연 수로를 형성한다.[34] 국내 터널의 경우 지질적인 변화가 심하여 석회암 동굴의 변화가 매우 심하지만 예루살렘의 석회암 지대는 지상 융기 이후 큰 변화가 없어 침식의 규모도 작고 일정한 폭과 방향을 유지했을 것이다. 실로암 비문 셋째 줄에는 터널이 관통되기 직전에 바위 틈에서 반대편 작업자의 소리가 들렸다고 되어 있는데, 이는 자연 수로가 이미 형성되어 있었다는 증거일 수도 있다. 또한 히스기야 터널 이전부터 실로암 연못에 물이 흘렀다는 점을 미루어볼 때 기혼 샘물은 자연적인 물길에 따라 실로암 연못까지 흘러든 게 아닐까 싶다.[35]

석회암 지대의 침식된 틈으로 흐르던 물길이 이전부터 존재하고 있었고 이 물길을 확장하여 터널을 만들었다는 가설을 세워보면 앞에 열거한 의문들이 쉽게 이해된다. 수로가 S자로 굽어진 점이나 터널 단면이 들쑥날쑥한 것도 자연적으로 생긴 바위 틈을 이용하다 보니 그렇게 된 것으로 추측된다. 다만 울퉁불퉁한 자연터널의 바닥면을 고르게 하는 작업에 신경을 썼을 것이다. 이렇듯 기존의 자연 동굴을 다듬어서 수로를 만든 것이라면 7개월이라는 공사 기간에 대한 의문은 저절로 해소된다. 물론 환기와 조명이 제대로 갖추어지지 않은 좁은 공간에서 완성했다는 점에서 이 터널은 매우 의미 있는 지하 유적임에 틀림없다.

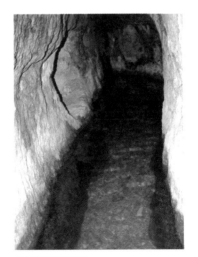

히스기야 터널 내부

4. 숨겨진 세계, 로마의 지하공간

로마의 지반은 처음 도시가 세워졌던 기원전 9세기보다 약 15미터 위로 솟아 있다. 테베레 강이 범람할 때마다 기존 도로와 건축물 위에 흙을 채우다 보니 도시 전체가 높아진 것이다. 이는 3000년간 지어진 건축물이 지표면 아래 그대로 존치되어 있음을 뜻한다.

테베레 강과 로마의 싸움

로마에는 두 개의 도시가 있다. 현재 사람들이 살아가고 있는 지상의 도시와 3000년이라는 세월 속에 묻혀버린 지하의 도시다. 서로 다른 시간대의 두 도시가 지표면을 경계로 상하부 공간을 점하고 있는 것이다. 지상의 로마에 살고 있는 사람들은 오래전에 지어진 건물에서 밥을 먹고 잠을 자며 미사를 드린다. 그 건물들은 오래전에 만들어진 것이 틀림없지만 그 안을 채우고 있는 집기와 물건들은 현대의 것이다. 그런 점으로 볼 때 건물은 그저 오래전에 지어진 현대의 건물일 뿐이다.

한편 지표면 아래에 있는 또 하나의 도시에도 많은 건물이 있고 삶을 받쳐주던 목욕탕, 공중화장실, 가로시설들이 있다. 이곳에는 과거에 살던 사람들이 사용하던 집기와 가구, 쓰다가 버린 물건들이 어지럽게 흩어져 있다. 이 지하도시는 오늘날까지도 여전히 과거의 공간을 유지하고 있는 것이다.

왜 이런 일이 벌어졌을까? 보통은 낡은 건물을 헐어낸 뒤 그 자리에 새 집을 짓는다. 더욱이 돌은 중요한 건축재이므로 쓸 만한 돌을 골라놓았다가 건물을 지을 때 다시 사용되었고, 길이나 수로를 거둬낸 자재들도 대부분 재사용되었다. 그러나 로마는 그렇게 하지 않았다. 폐허 위에 흙을 채워 묻어버리고 그 위에 새로운 도로와 건물을 지은 것이다. 그럴 수밖에 없었던 건 테베레 강의 범람 때문이다. 로마는 테베레 강의 만곡부에 자리 잡고 있어 홍수에 취약한 도시였다. 직선부로 빠르게 흐르던 강물은 곡선부로 접어들면서 제방을 넘어 도시를 침수시키기 일쑤였던 것이다. 더욱이 지반이 낮아 홍수가 한번 닥치면 오랫동안 물이 빠지지 않아 곤욕을 치러야 했고, 이로 인해 늘 전염병과 악취에 시달려야 했다. 그래서 대화재가 있었던 기원전 64년 도시를 재건할 때는 로마의 지반을 전체적으로 2미터 이상 높이는 계획을 세웠다. 이러한 과정은 이후에도 계속 반복되어 도로 위에는 흙이 채워졌고 건물을 부순 그 자리에는 새 건물을 올렸다. 이러한 과정이 반복되면서 에트루리아인이 처음 정착했던 기원전 9세기부터 현재까지 로마의 지반은 15미터나 상승했으며 3000년간의 도시 유적이 지하에 켜켜이 쌓이게 된 것이다. 게다가 지하공간도 지상 건축만큼이나 자연스럽게 형성되었기 때문에 애초에 지하구조물로 계획된 시설도 적지 않다.

지반을 높이는 과정에서 묻혀버린 것은 도로와 건물만이 아니었다. 환경이 바뀌면서 삶의 방식과 종교 문화가 서서히 바뀌었고, 사고방식도 변화의 바람을 맞았다. 아름다운 모자이크로 유명한 산 클레멘타 성당을 보면 고대도시 위에 신도시가 건설되는 과정에서 건축물의 용도와 형식이 어떻게 변했

는지를 확인할 수 있다. 처음 건축될 당시 이 성당은 미트라 신전이었다. 황제를 비롯하여 로마의 많은 귀족은 기원전 1세기경 로마에 들어온 미트라교 Mithraism를 신봉했는데, 교리에 따라 지하에 신전을 지었다. 그러나 4세기 무렵 기독교가 로마를 장악하자 미트라 신전 위에 산 클레멘타 성당을 지었다. 그 후 12세기에는 다시 새로운 성당이 지어졌다. 이렇게 각기 다른 시대에 만들어진 성당의 층위를 비교해보면 건축양식의 변화는 물론 로마의 지반이 서서히 높아지는 과정도 함께 살펴볼 수 있다.

미트라 신전(지하)　　　　　　　　산 클레멘타 성당(지상)

팍스 로마나

인류 문명사에서 로마는 어떻게 설명되어야 할까? 유럽·아시아·아프리카에 이르기까지 영토를 확장했던 국가, 수천 년 동안 현대문명에 영향을 주고 있는 정치·종교·제도의 신기원을 연 국가, 인문학·철학·과학의 깊은 세계를 개척한 국가, 2000년 전에 지은 건물이 아직도 사용되고 있는 국가…… 현대인은 언제 어디서나 로마의 흔적을 만나곤 한다. 그래서인지 '모든 길은 로마로 통한다'는 표현이 과장으로 들리지 않는다.

로마 아우렐리아누스 성곽

　　로마는 로물루스 형제에 의해 창건된 기원전 750년부터 고트족의 침입으로
멸망한 476년까지 1177년간[36] 세계의 중심이었고, 당시까지 집적된 첨단의 기
술과 지식과 문화를 흡수함으로써 서구문명의 근간을 형성했다. 그러나 그러
한 위업에도 불구하고 로마는 멸망의 길로 들어섰다.

　　로마 쇠락의 시작은 어디서부터였을까? 그와 관련하여 우선 아우렐리아누
스 성곽을 주목할 필요가 있다. 철옹성 같은 이 성곽에서는 정복국가로서의
진취적인 성향이 점차 수구적으로 바뀌어가는 모습이 엿보이기 때문이다. 기
원전 52년 갈리아를 정복하고 폼페이우스와의 내전을 승리로 이끈 케사르는
로마를 둘러싸고 있던 세르비우스 성곽[37]을 모두 부숴버렸다. 로마의 경계를
소멸시키고 안과 밖이 없는 로마, 즉 세계국가를 선언한 것이다. 이후 황제가

된 케사르는 유럽과 아시아, 아프리카를 잇는 도로망을 확장 정비하고 엄청난 규모의 수로를 건설했다. 이 시기가 바로 실질적인 팍스 로마나Pax Romana**38**의 시작이다.

훈족과 게르만족의 침입 그리고 전염병으로 인구가 급감한 273년, 아우렐리아누스**39**는 이민족 침입에 대비해 성을 쌓기 시작했다. 베네치아 광장을 중심으로 로마의 구 시가지까지를 포함하는 46킬로미터의 대성곽이 완성됨으로써 로마는 난공불락의 철옹성이

폼페이 도로

되었으나 그것은 로마 멸망의 서곡이었다. 정복국가인 로마가 창을 놓고 방패를 들었을 때, 즉 정복의 꿈을 버리고 안위를 추구하기 시작하면서 로마네스크의 꿈도 함께 무너진 것이 아닐까.

어찌되었든 로마시대에 만들어진 터널이나 지하공간은 규모나 기술면에서 그 어떤 문명과도 비교할 수 없는 경지에 있다. 처음 로물루스가 고랑을 파서 로마의 경계를 만들었다는 팔라티노 언덕과 테베레 강 주변의 지질은 화산 석회암이 넓게 분포해 있다. 석회암을 잘게 부수고 화산재를 섞어 물과 반죽하면 단단하게 굳어지는데, 이러한 시멘트 제조기법은 로마의 건축을 발전시키는 데 중요한 역할을 했다. 시멘트는 돌과 돌을 연결하고 수로에서 물이 새어나가지 않도록 하거나 굴착한 지하공간을 매끄럽게 다듬는 데도 요긴하게 쓰일 수 있었다. 건축물의 내부 공간을 프레스코화로 아름답게 채색할 수 있었던 것도 바로 시멘트가 있었기 때문이다.

대표적인 로마의 지하공간으로는 산악을 통과하기 위한 도로터널, 테베레 강 유역의 늪지에서 물을 배출하기 위해 만들어진 배수로, 100만 명에게 공급되는 수로터널, 죽은 자를 위한 카타콤베 등을 들 수 있다. 이외에도 성당이나 신전 등 어떤 건축물에서든 의미 있게 살펴볼 만한 터널이나 지하공간이 산재하고 있다.

로마 지하공간의 탄생 배경

로마시대에 도로나 수로 또는 카타콤베를 짓는 작업은 지상 건축물을 짓는 것만큼이나 자연스러운 일이었다. 지하공간이나 터널의 수를 조사한 자료는 없지만 현재 사용되고 있는 시설만 해도 일일이 열거하기 어려울 정도다. 당시 국경이 없는 나라로 일컬어졌던 만큼 로마의 지배 아래 있던 유럽, 아프리카, 소아시아 지역의 유적까지도 로마의 것으로 간주하는 시각도 무리는 아닐 것이다. 어떤 학자는 로마의 지하갱도를 다 합치면 1000킬로미터가 넘을 것으로 추산한다. 당시 세계 최대의 도시라는 명성에 걸맞게 로마는 46킬로미터가 넘는 성곽을 두르고 있었는데, 전성기의 성내 인구는 100만 명이 넘었다. 도시의 기반시설은 잘 갖추어져 있으나 포화 상태의 시민들로서는 적지 않은 생활고를 겪었을 것이다. 지하공간은 그러한 문제들을 해결하기 위한 방책으로서 활용되었을 것이다. 로마의 지하공간이 탄생한 배경과 조건 그리고 매우 뛰어난 공학적 수준을 지니게 된 배경에 대해 구체적으로 짚어보면 다음과 같다.

첫째, 지하공간에 유리한 로마의 지반조건이다. 공학적으로 볼 때 로마의 지반은 지하공간을 구축하고 활용하기에 매우 유리하다. 화산 석회암 지대로 구성되어 있는 지반은 그리 단단하지 않아 굴착하는 데 어려움이 없고 굴착 후에는 노출된 면이 공기 중의 수분을 빨아들이면서 굳어지는 수화반응이 일어난다. 그 덕분에 무너질 걱정 없이 굴착이 가능했고 지하공간이 만들어진

후에도 안정을 유지할 수 있었다.

둘째, 전쟁포로와 노예제도를 통해 장기간 대규모 공사를 진행할 수 있는 인력을 확보할 수 있었다. 로마시대의 노예는 귀족의 가내작업이나 라티푼디움이라 불리는 농장에서 일하기도 했지만 도로나 수로를 비롯한 도시 기반시설물을 만드는 데 가장 많이 배치되었다.[40]

셋째, 당시 로마는 여러 지역의 다양한 건조물 축조기술과 이론을 쉽게 전수받았다. 로마는 전 세계로 영토를 확장해나감으로써 자연스럽게 발전된 기술들을 받아들였고, 그 내용을 실제에 적용하여 새로운 발전을 이루어낼 수 있었다. 그리스의 기하학을 계승함으로써 정밀한 측량과 건설에 응용한 것도 한 예다. 당시 유클리드가 집대성한 기하학 원론이 보편적으로 건축 기술에 적용되었으며 건축, 도로, 수로 건설에 활용될 수 있는 다양한 공학기술 책자도 발간되었다.

넷째, 로마는 다양한 재료와 자재를 충분히 공급받을 수 있었다. 양질의 대리석 외의 다른 지하자원은 이탈리아 반도 내에서 구할 수 없었으나 시내로 수송하기 위한 해운과 육로가 잘 정비되어 있어 주변 지역으로부터 다양한 건축 재료를 공급받을 수 있었다.

다섯째, 로마인들은 이미 인프라에 대한 뚜렷한 가치관을 지니고 있었다. 당시 로마 시민들은 기반시설에 대해 사람다운 생활을 위해 꼭 필요한 사업이며, 세금을 받는 국가의 의무라고 인식했다. 당시 인프라의 의미를 지닌 '몰레스 네케사리에moles necessarie'라는 용어가 사용되었던 것만 봐도 이 사실을 짐작할 수 있다. 인프라를 국가의 흥망 조건으로 보았던 로마인의 생각은 오늘날 현대 도시공학의 근간이기도 하다. 기술이나 공학을 천시했던 우리의 옛 모습과는 차이가 있다.

세계로 뻗은 도로

도로는 로마를 상징하는 시설물이다. 기원전 3세기부터 로마는 정복사업을 위해 도로정비에 총력을 기울였고 이를 끊임없이 확장해나갔다.[41] 로마가 113개나 되는 속주를 효율적으로 통제할 수 있었던 것도 바로 도로 덕분이었다. 군사병력

플루로 터널

이 신속하게 이동하려면 가장 중요한 무기인 마차가 교행할 수 있도록 폭이 넓어야 했고 도로면이 잘 다져져 있어야 했다.[42] 따라서 평지 또는 경사가 완만한 지역을 택하여 도로를 개설했지만 골짜기나 강을 만나면 다리를 만들었고 산을 만나면 터널을 뚫었다.

기원전 220년 건설된 플라미니우스 가도Via Flaminius는 험준한 아펜니노 산맥을 넘어가는 구간인데 이곳에는 약 38미터의 플루로Furlo 터널[43]이 포함되어 있다. 아치 형태의 이 터널은 말을 타고 지나가는 데 어려움이 없는 규모로, 현재는 차량이 다니는 도로터널로 이용되고 있다.

도로터널에서 가장 곤란한 점은 빛을 확보하는 것과 환기였다. 수로터널과는 달리 사람이 통행하기 때문에 항상 조명을 밝혀두어야 했는데 이에 공기가 탁해지는 문제가 뒤따랐다. 보통 플루로 터널과 같이 짧은 경우는 이런 시설이 필요치 않았지만 자연채광이 어려운 긴 터널은 천장부에 일정한 간격으로 수직터널을 뚫어 빛이 들어오도록 했다. 그러나 수직터널로 빛을 끌어오는 것도 한계가 있었기 때문에 가급적 도로터널 공사는 피하려 했다.

지하무덤이 된 카타콤베

소포클레스의 비극 『안티고네』는 오이디푸스가 비극적인 삶을 마친 뒤 그의 딸이 겪는 이야기다. 안티고네는 아버지에 이어 왕위에 오른 크레온에게 항거하다가 '죽은 자의 도시' 네크로폴리스에 갇히게 되고, 결국 이곳에서 죽음을 택한다. 그녀를 죽음에 이르게 한 '죽은 자의 도시'란 어떤 곳이었을까.

로마의 네크로폴리스, 카타콤베에는 기독교의 성인을 비롯한 많은 사람이 매장되어 있다. 그러나 발레리아누스 황제 때는 종교적 박해를 피해 몰려든 기독교인들의 은신처이기도 했다. 그래서 카타콤베는 오랜 세월 '언더시티 Undercity'라는 별명으로 불려왔다. 위아래 그리고 방사형으로 복잡하게 뻗어

카타콤베 입구

있는 터널 구조와 예배 공간을 갖춘 이 지하도시는 지상과는 다르지만 엄연히 하나의 세계로 인식되었고, 그것은 어쩌면 당연해 보인다.

카타콤베는 기원전 1세기에 만들어지기 시작했지만 현재와 같이 대규모로 확장된 것은 3~4세기 무렵이다. 로마 후반기 또는 쇠퇴기에 해당하는 이 시기에는 주기적으로 발생된 전염병으로 인해 많은 시신이 불가피하게 카타콤베에 안장되었다. 인구가 밀집되어 있는 로마는 묘지로 이용할 땅이 턱없이 부족했기 때문에 많은 시신을 안치하기에는 복층식 구조의 카타콤베가 적합했던 것이다. 즉 한 개 층의 굴들에 시체가 모두 들어차면 그 아래층에 터널을 뚫어 공간을 확장할 수 있었다.

로마에 이렇게 많은 카타콤베가 만들어지게 된 배경은 종교 갈등이나 묘지의 부족 때문이지만 실제적으로는 이 지역의 토질 특성과도 연관된다. 앞에서 말했듯 화산 석회암 성분은 굴을 파기에도 용이하고 한번 형성되면 무너질 염려가 거의 없었다.

일반인이 만든 시설과 달리 에트루리아 시대부터 내려온 거대한 카타콤베는 매장 후 수시로 접근해 제의를 올릴 수 있도록 터널식 통로와 내부 지하공간을 갖추고 있다. 카타콤베는 313년 밀라노 칙령으로 기독교가 공인되면서 점차 줄어들었지만 이후 이 지역을 성소화하는 과정에서 새로운 접근 터널이나 교회시설이 추가되었다. 잘 알려진 카타콤베는 초기에 만들어진 산 세바스티아노San Sebastiano, 지하 5층 규모의 도미틸라Domitilla, 역대 교황이 묻혀 있는 산 칼리스토San Callisto 등이 있다.

콜로세움의 히포게움

로마의 지하공간에 대해서 빠트릴 수 없는 것 가운데 하나가 콜로세움이다. 콜로세움의 규모와 경기장 안에서 벌어졌던 잔혹한 경기에 대해서는 많은 사람이 알지만 경기장 밑에 만들어진 엄청난 규모의 지하공간에 대해서는 모르는 사람이 많다. 콜로세움은 크게 3개 영역으로 나뉜다. 객석인 카베아Cavea, 검투사가 경기를 벌이는 아레나Arena, 그리고 경기장 밑의 지하공간 히포게움hypogeum이다. 검투사가 대기하는 공간 또는 맹수를 가두어두는 우리로 사용되었던 히포게움은 정교한 공학기술과 설계를 자랑하고 있다. 지하 2층으로 만들어진 히포게움에는 다양한 크기의 방이 볼트bolt로 이어져 있고,

콜로세움의 히포게움

각 층은 다시 승강기로 지상층과 연결되어 있어 사자나 코끼리가 이 승강기를 타고 경기장에 등장하도록 했다. 콜로세움에서 떨어진 곳에는 검투사 훈련소 인 마그누스Magnus가 있었는데 이 공간에서 히포게움으로 연결된 긴 터널이 있었다.

아치·볼트·돔

로마시대에는 고가수로, 성벽, 교량, 터널과 같은 대규모 토목구조물을 비롯하여 신전, 경기장, 원형극장 등 건축물이 제한 없이 만들어졌다. 석재와 원시적인 시멘트 기술만으로 어떻게 이러한 건축물이 가능했을까. 그 비밀은 아치Arch, 볼트Vault, 돔Dome에 있다. 이러한 기술이 없었다면 토목구조물은 물론이고 콜로세움이나 판테온 신전과 같은 건축물은 존재하지 못했을 것이다. 볼트와 돔은 아치의 변형된 형태로, 근본적인 원리는 모두 같지만 모양에 따라 다음과 같은 차이가 있다.

_아치Arch

성벽의 문, 다리, 창문 윗부분을 둥글게 만들어 무게를 잘 받칠 수 있도록 고안된 구조를 말한다. 돌은 압축력에는 강하지만 인장력에는 약한 재료다. 긴 돌을 걸쳐놓고 위에서 누르면 쉽게 부러지는 이유는 돌 아래쪽에 인장력이 작용하기 때문이다. 그러나 돌을 짧게 잘라 둥글게 배치하면 누르는 힘이 곡선을 따라 계속 압축력으로 작용하므로 그만큼 저항력이 커지게 된다. 아치는 이러한 원리를 이용한 구조로서 주로 석재를 이용한 구조물에 쓰였다.

_볼트Vault

아치를 발전시켜 나열한 형식으로, 아치를 3차원 선형 구조로 변형시킨 것이다. 지하통로와 같은 터널에도 적용되지만 볼트의 대표적인 사례는 콜로세움 경기장이다. 원형을 이루는 벽면은 아치 형태를 이루고 있지만 경기장 지하공간에 만들어진 이동통로, 집무실, 감옥은 대부분 볼트 구조로 되어 있다.

_돔Dome

아치를 길이 방향으로 늘어놓은 것이 볼트라면 돔은 원형으로 둥글게 쌓은 형태를 말한다. 로마시대 건축물 가운데 돔의 형태를 가장 잘 보여주는 것은 판테온 신전이다. 원형으로 만들어진 이 신전의 기둥에는 거대한 화강암이 사용됐지만 천장은 콘크리트를 써서 돔 형태로 만들었다. 이 콘크리트는 소석회와 화산재를 반죽한 뒤에 주먹만 한 돌을 섞어 만든 것이다.

대표적인 카타콤베

_성 세바스티아노 카타콤베

디오클레티아누스 황제 때 기독교로 개종한 로마 근위병 세바스티아누스가 순교한 후 묻힌 곳으로 4층 깊이의 지하통로로 만들어져 있으며 세바스티아누스는 2층에 안치되었다. 세바스티아누스는 화살형에 처해져 숨이 끊어질 때까지 부당한 종교탄압을 중지하라고 황제에게 호소했는데, 이를 소재로 한 훌륭한 작품들이 많이 남아 있다. 불교의 약사여래처럼 교인들의 건강을 보호하는 수호신으로 알려져 있다.

_도미틸라 카타콤베

가장 규모가 큰 카타콤베로 지하 5층까지 지어졌으며 아우렐리아누스 성벽에서 아르데아티나 가도를 따라 계속 확장되어 층별로 2킬로미터가 넘는 지하터널을 형성하고 있다. 도미틸라는 베스파시아누스 황제의 조카딸이다. 기독교도인 그녀는 남편 플라비우스 클레멘스와 함께 체포되었는데 도미틸라는 유배형에 처해지고 남편은 처형되어 이곳에 묻혔다. 도미틸라 안에는 성 아킬레우스 교회와 플라비우스 가문의 히포게움Hypogeum, 유해 안치실. 상류층의 히포게움은 궁륭형 천장을 갖춘 공간에 안치됨이 만들어져 있다.

_성 칼리스토 카타콤베

교황의 매장지로 유명한 이 카타콤베는 지금까지 확인된 터널만 20킬로미터가 넘으며 아직 발굴 중이다. 아피아 가도와 아르데아티나 가도가 만나는 지점에 있으며 235년 폰티아누스 교황을 시작으로 3세기에 모든 교황 그리고 크리스트교 공인 직후의 멜키아데스까지 모두 13명의 교황이 매장되어 있다. 이곳에는 밀라노 칙령으로 기독교가 공인되기 직전에 순교한 세실리아의 납골당이 있다. 터널 벽면에는 요나의 생애, 이삭의 희생, 그리스도의 세례, 오병이어의 기적 등 성서를 소재로 한 다양한 벽화가 그려져 있다.

_산타네제 카타콤베

비교적 작은 규모에 속하는 카타콤베로 1.6킬로미터 정도의 지하터널에 만들어져 있다. 갱도 양측에 구멍을 뚫어 시신을 매장했으며 점차 좌우 또는 아래쪽으로 확대되어 지하 5층까지 만들어졌다.

5. 물의 도시 로마

로마는 왜 무너졌을까. 도덕적 타락, 고트족의 침략, 전염병 등 많은 원인이 있었겠지만 숨겨진 또 다른 원인이라면 그것은 '물'일 것이다. 아우렐리아누스는 고트족을 방어하기 위해 높고 튼튼한 철옹성을 쌓았다. 그러나 고트족에 의해 성안으로 물을 공급하던 수로가 파괴되자 로마는 스스로 무너져 내리기 시작했다.

로마 멸망의 이유

로마 제국은 믿기지 않을 정도로 빠르게 쇠락했다. 물론 서로마 멸망 이후에도 콘스탄티노플로 옮겨간 동로마는 1000년을 더 지속했지만 옛 로마의 영화를 되찾지는 못했다. 로마 멸망에 대해서는 다양한 의견이 제시되었다. 『로마인 이야기』의 저자 시오노 나나미는 타민족의 종교에 너그러웠던 로마가 기독교를 받아들이는 과정에서 포용력을 잃었기 때문이라고 말한다. 『로마제국 쇠망사』를 집필한 에드워드 기번은 도덕적 타락을 첫 번째 이유로 꼽는다. 세계의 부를 끌어모은 로마의 사치와 탐욕, 이민족 간의 혼혈로 인한 인종적 타락이 그 원인이라는 것이다. 최근 『로마 멸망사』를 쓴 에드리언 골즈워디는 로마 제국이라는 거대한 몸집을 원인으로 지적하면서 잘 정비된 교통망에도 불구하고 넓은 제국을 유지하는 데는 한계가 있었다고 보았다.

분명 이 모든 문제들은 로마를 몰락으로 몰아간 원인이었겠지만 간과된 또 하나의 이유가 있다. 2세기경부터 로마를 침략하기 시작한 고트족[44]은 아우렐리아누스 황제가 지배하던 시기에 발칸 반도와 다키아[45]를 차지하고 급기야 로마 본토까지 공격하기에 이르렀다. 이때부터 로마는 성벽을 쌓기 시작했는데 273년에는 로마 전역을 둘러싼 철옹성을 완성할 수 있었다. 그러나 문제는 성안에 너무 많은 인구가 살고 있었다는 점이다. 고트족이 침입하면 시민들은 재빨리 성안으로 피할 수 있었지만 식량과 물자 그리고 물을 지속적으로 공급받기 어려웠다.

성안으로 연결된 수로가 차단되는 순간 로마의 멸망은 예고된 것이었다. 고트족은 수로와 물자 공급망을 차단했고 기본적인 식수마저 구할 수 없게 된 로마인들은 불결한 환경에서 전염병과 굶주림에 시달리며 자멸의 길로 들어섰다. 실제로 로마인을 죽음에 이르게 한 것은 고트족의 칼보다 그들이 옮겨온 전염병 때문이었을 가능성이 크다.[46] 이렇게 쇠약해진 로마는 378년 아드리아노플 전투에서 고트족에게 완패한 뒤 고트족 군인인 오도아케르와 그의 아들 로물루스에게 황제 자리까지 넘겨줄 수밖에 없었다.

정교한 수로 시설

도로는 로마 제국을 상징하는 거대한 토목 구조물이다. 그러나 정교함에 있어서는 수로 시설을 꼽아야 한다.[47] 수로는 측량이나 수리는 물론 모든 건축 기술이 총동원된 시설물로, 미적으로도 탁월한 균형과 조형성을 갖추고 있다. 로마로 연결되는 수로는 모두 11개 축으로 구성되어 있으며 이를 통해 공급되는 물은 하루에 9억8000만 리터나 되었다. 이 물은 1000개 이상의 목

로마시대의 수로(프랑스 가르 강)

욕탕을 가득 채웠으며 남은 물은 분수를 통하여 배수로로 흘러나갔다.

로마의 수로 형식은 고가식, 지상식, 터널식으로 구분된다. 가장 일반적인 형식은 고가수로와 지상수로였지만 구배를 일정하게 유지해야 하는 수로의 특성상 터널 구조도 피할 수는 없었다. 로마에서 가장 이른 시기에 건설된 수로는 기원전 312년 아피우스 클라우디우스가 건설한 아피아Appia 수로다. 아이네 강물을 16킬로미터 떨어진 로마 중심부까지 끌어온 이 수로의 규모와 기술은 비교적 단순한 편이다. 이후 기원전 272년 마니우스 쿠리우스가 건설한 아니오 베투스Anio Vetus 수로는 63킬로미터나 되는데 거의 전 구간을 지하에 구축할 만큼 기술이 발전했다. 기원전 144년 퀸투스 마르키우스가 건설한 아쿠아 마르키아Aqua Marcia 수로는 아치교 형식으로 만들어졌는데 연장이 91킬로미터에 이른다. 이후 따뜻한 물이 흐르는 테프라tephra 수로를 비롯한 수많은 수로가 차례로 건설되어 로마를 물의 도시로 바꾸어놓았다.[48]

로마를 대표하는 수로, 베르지네와 가르

11개의 수로는 모두 나름대로의 특징을 가지고 있지만 가장 뛰어난 수로를 꼽는다면 단연 베르지네Vergine 수로일 것이다. 처녀라는 뜻의 베르지네 수로는 물에 석회분이 거의 없고 투명하여 아직까지도 트레비 분수의 수원으로 공급되고 있다. 이 수로는 로마 시내에서 15킬로미터 정도 떨어진 루쿨라누스 샘물로부터 끌어온 것으로, 흥미롭게도 이 구간의 둔덕이나 계곡 등의 장

트레비 분수

애 지형을 극복하기 위해 터널이나 고가교는 물론 사이펀 시설까지 설치되어 있어 당시의 화려한 토목 기술을 한눈에 살펴볼 수 있다. 사이펀은 물의 위치 에너지와 중력을 이용하여 저부를 통과하는 기술로, 수로를 밀봉 상태로 유 지해야 하는 어려움이 따른다. 강관이나 PVC 등 파이프 기술이 발달한 현대 에는 어려움이 없지만 당시 석재와 시멘트만으로 이러한 공사를 진행했다는 데 감탄하지 않을 수 없다. 일반적인 구간에서는 구거溝渠[49]를 적용했고 석재 의 틈을 시멘트로 메워 물이 새어나가지 않도록 했다. 수로의 평균 폭은 1.5미 터가 넘어서 작은 배가 지나다닐 수 있을 정도였다. 로마 외곽의 언덕 구간은

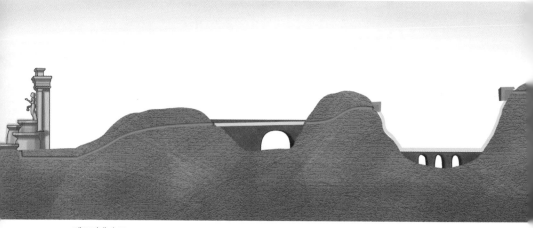

베르지네 수로

지하 30미터 밑에 터널을 뚫어 물을 수송했다.

　가르Gard 수로는 로마 시내에 만들어진 것은 아니지만 수로 기술이 절정에 올랐던 기원전 12년에 만들어진 것으로, 아치교의 아름다움을 자랑한다. 전체 길이는 무려 40킬로미터에 이르며 지금의 프랑스 지역에 있던 고대도시 네마우스를 위해 만들어진 것이다. 수원지는 외르 강이었는데 시내까지의 표고

가르강의 수로교

차는 17미터에 불과해 경사 관리가 쉽지 않았을 것이다.[50] 수로 구간 중에서 가르 강을 건너는 아치교는 로마의 건축 기술과 예술적 수준을 한껏 뽐내고 있다.[51] 다리의 길이는 275미터이며 전체 구조물의 높이는 49미터에 이른다. 아래 두 개 층의 아치는 급류의 영향을 적게 받도록 교각 사이를 25미터로 크게 만들었다.

클로아카 막시마

로마가 인구 100만의 도시로 성장한 배경에는 클로아카 막시마Cloaca maxima, 즉 잘 갖추어진 배수로가 있었다. 로마 전역에서 사용된 물을 신속하게 강으로 배출하는 배수로가 없었다면 로마의 화려한 물 문화는 불가능했을 것이다. 그 배수로의 덮개는 오늘날 로마의 코스메딘 성당에 유명한 유물로 전시되고 있다. 영화 「로마의 휴일」에 등장하는 '진실의 입'이라는 원형 석판이 바로 그것이다. 기원전 4세기경 만들어진 이 맨홀 뚜껑의 표면에는 물을 다스리는 신 트리톤의 얼굴이 정교하게 조각되어 있는데, 입과 눈의 구멍은 자연스럽게 환기구의 기능을 한다.

배수로의 역사는 로마 건국 이전인 에트루리아[52] 시기로 거슬러 올라간다. 현재의 로마 광장은 팔라티노와 캄피돌리오 언덕 사이로 흘러든 물이 테베레 강과 만나는 곳으로 하천 범람이나 홍수 피해가 심한 늪지였다. 기원전 6세기부터 범람하는 강물을 막기 위해 배수로 정비에 특별한 노력을 기울였고, 이로 인해 불모지였던 이 지역에 거주민들이 모여들기 시작했다. 인구가 늘어남에 따라 석조 가옥들이 들어섰고 자연스럽게 도시화가 진행되어 오늘날 로마의 중심 광장이 형성된 것이다.[53] 지금도 당시의 배수로를 살펴볼 수 있는데, 로마 광장을 가로지르는 카부르 가도의 클로아카 막시마 배수로는 아직 기능

「로마의 휴일」의 한 장면

클로아카 막시마의 출구

을 유지하고 있다. 이 배수로에는 광장 주변의 수부라와 팔라티노에서 나오는 모든 하수관이 연결되어 있어 로마가 물의 도시로 발전하는 데 필수적인 기반 시설이 되었다.

폼페이나 에페수스 등 당시 지중해 주변의 도시에서도 잘 정비된 배수시설을 볼 수 있다. 하지만 모든 배수로가 처음부터 터널로 만들어진 것은 아니다. 앞에서 살펴본 것처럼 원래는 개천이나 도랑 형태로 만들어졌던 것이 로마 지반이 점점 높아지면서 지하에 묻히게 된 것이다. 이 과정에서 배수로의 높낮이는 다시 정밀하게 조정되었으며 측벽과 아치를 갖춘 든든한 터널로 바뀌었다. 사용한 물을 지하로 처리하면서 로마는 한결 쾌적하고 위생적인 도시로 거듭날 수 있었다. 물론 배수 터널이 로마에만 있었던 것은 아니다. 당시의 성곽이나 도시에는 하수를 강이나 바다로 내보내기 위한 많은 배수시설을 만들었는데 지금까지 남아 있는 것들을 살펴보면 다음과 같다.

_예루살렘 배수터널 히스기야 수로터널에서 살펴볼 수 있듯이 유대인의 요새

였던 예루살렘은 물을 사용하고 배수하는 데 로마 못지않은 기술을 지니고 있었다. 예루살렘 제1성전인 솔로몬 성전은 기원전 586년 파괴되었지만 약 70년 후 유대인은 그 자리에 다시 제2성전을 구축했다. 하수터널은 제2성전의 기반석 아래에서 시작되어 간선도로 끝까지 이어져 있다. 이 터널은 건축물과 도로를 축조할 때 함께 계획된 것으로, 잘 다듬어진 석재를 사용하여 바닥면과 벽면을 만들고 큰 판석을 덮개로 설치했다. 터널 연장은 약 800미터에 이르며 높이는 3미터, 폭은 1미터다. 이 터널은 예루살렘 남문을 통해 사해死海까지 연결되어 있는데 기원전 70년 로마 침공으로 예루살렘이 함락되었을 때 유대인의 탈출로로 이용되었다고 한다.[54]

_헤르쿨라네움 배수터널 로마 고대도시인 헤르쿨라네움Herculaneum[55]은 서기 79년 베수비오 화산 폭발 당시 폼페이와 함께 잿더미에 묻힌 도시다. 도시 대부분이 화산재로 완전히 덮였지만 땅의 건습조건이 특이하여 당시 로마인들이 사용하던 목재가구는 물론 파피루스 문서, 그릇 조각, 옷감들까지 그대로 보존되어 있다. 최근 발굴과정에서 약 86미터에 이르는 터널이 발견되었는데 단

로마시대 배수터널

가정 하수관

순한 배수로뿐만 아니라 정화조 기능까지 갖춰져 있었고 다른 하수도와도 연결되어 있었다. 정화조에서 고화된 인분, 도자기 장식품, 동전, 램프 등이 발견된 것으로 보아 이물질이 배수로로 빠져나가지 못하도록 거름망이 설치된 것으로 짐작된다. 이렇게 배수로와 정화조 그리고 하수관이 서로 연결된 시스템은 현대 하수시설과 비교해도 손색이 없을 정도다. 헤르쿨라네움에서는 현재까지 간선도로망, 목욕탕, 팔라이스트라(신체단련장), 피스키나(수영장), 공연장 등이 발굴된 상태이며 시설물 하부에는 잘 정비된 배수로 터널이 설치되어 있다.

_티투스 베스파시아누스 배수터널 티그리스 강 하구의 항구도시 셀레우키아[56]에 있는 1380미터의 배수터널로, 바위산을 깎아 만든 것이다. 베스파시아누스 황제 때 만들기 시작해서 그의 아들 티투스 황제 때 완성된 이 터널의 중요한 목적은 생활하수를 배출하는 기능보다도 홍수 때 물을 신속하게 배출함으로써 도시가 범람하지 못하게 하는 것이었다.

구거식 배수터널을 만드는 과정

초기에 만들어진 수로는 단순하게 도랑을 파고 석재로 바닥과 벽면을 설치하는 형태였다. 그러나 차츰 도로를 놓으면서 수로 또는 배수로를 함께 계획하여 만들어 나갔다. 도로의 경우 산을 뚫어서 길을 내는 형식이지만 수로는 위에서 아래로 일정 깊이로 파내려간 다음 토관을 묻거나 터널을 설치하는 경우가 많았다. 일반적으로 도로와 수로터널은 다음과 같은 방법으로 만들어졌을 것이다.

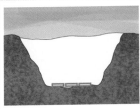

1. 땅 파기

물이 흐를 경사를 고려하여 깊이를 정하고 흙을 파낸다. 다음에 바닥을 고르고 석재를 깐다. 이 석재 표면이 물이 흐르는 측량의 기준이 된다.

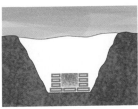

2. 벽 쌓기

미리 다듬어놓은 석재로 벽을 쌓는다. 이때 안쪽은 석회와 화산재로 섞어 만든 시멘트를 바르고 바깥쪽은 역청을 발라 물이 새지 않도록 한다.

3. 지붕 덮기

수로 내부에 흙을 채우고 아치형 석재로 지붕을 만든다. 벽체 작업과 마찬가지로 내부와 외부를 방수처리 한다.

4. 되메움 및 후속 작업

배수로 주변을 흙으로 다시 되메우고 필요에 따라 그 위에 맨홀이나 도로를 설치한다.

6. 세계의 도시철도

"라비린토스에 사는 미노타우로스에게는 7년에 한 번 아테네의 처녀를 던져주면 되지만 지하철은
매일 아침 잠에서 덜 깬 수천 명의 소녀를 던져주어야 한다."
발터 벤야민은 지하철에 대한 불편한 심기를 이렇게 드러낸 바 있지만 다양한 콘텐츠와 편의시설
을 갖추고 유비쿼터스 공간으로 진화한 오늘날의 도시철도를 보았다면 아마도 생각을 바꾸지 않
았을까.

도시철도의 역사

'지하철Subway'은 지하공간에 만들어진 철도라는 뜻에서 붙여진 이름이다.
한국 역시 처음 도입된 도시철도 1호선이 지하공간에 구축되었기 때문에 '지
하철'이라는 명칭으로 불리고 있다.[57] 그러나 세계 여러 나라에서 보편적으로
사용되는 명칭은 '도시철도Metro'다.

도시철도가 건설되기 전에 빌딩의 지하공간은 기계실이나 창고 또는 주차
장으로 활용되는 게 고작이었다. 그러나 지금은 건물의 지하층이 도시철도 정
거장과 직접 연결됨으로써 음식점, 상가, 위락시설 등 고효율의 생활공간으로
탈바꿈하게 되었다.

도시철도로 인해 바뀐 것은 비단 도시의 교통환경만이 아니다. 도시철도와

함께 만들어진 공동구共同溝 덕분에 가로변에 거미줄처럼 얽혀 있던 전선도 거의 사라지게 되었다. 도시철도의 가장 큰 이점은 아무래도 정시성正時性일 것이다. 일정한 시간 간격으로 운행되어 이동시간 예측이 가능

개착식 공사 중인 런던 도시철도

하다는 것은 도시민에게 안정된 삶을 제공하기 때문이다. 이에 더 나아가 최근에는 삶의 질을 향상시키는 휴게 공간으로, 전시회나 콘서트가 열리는 문화공간으로 빠르게 자리매김하고 있다.

도시철도는 1863년 영국 런던에서 처음 시작된 이후 1875년에 터키 이스탄불, 1896년 헝가리 부다페스트에서 개통되었다. 그러나 초기에는 석탄을 원료로 하는 증기기관차가 운행되었는데, 당시『런던타임즈』에 석탄 매연을 뒤집어쓰는 시민들의 불만이 기사화될 정도로 불편한 교통수단이었다. 그럼에도 불구하고 런던 도시철도는 개통하자마자 하루에 2만6000명이 이용하는 교통수단이 되었다.

초기 도시철도는 땅을 파고 콘크리트로 구조물을 만든 후 다시 덮는 개착식 공법이 주로 적용되었다. 현재는 토류판과 버팀보로 흙막이를 하고 땅을 파내려가지만 이러한 기술이 없던 당시에는 공사과정에서 건물이 붕괴되는 등의 많은 문제가 발생했다. 열차가 석탄을 사용하는 증기기관차라는 것도 문제였다. 재료강도의 한계와 비용절감을 위해 터널은 거의 튜브[58]라고 표현될 정도로 좁게 만들어졌는데 이로 인해 승객들은 폐쇄된 공간에서 느끼는 심리적

불안과 석탄 분진에 시달렸다. 더욱이 터널 안에서 기차가 멈추면 바로 재난으로 이어질 수도 있었다.

20세기에 들어서면서 도시철도 기술은 크게 발전하여 터널이나 하천은 물론 지반조건에 크게 구애받지 않고 노선계획을 수립할 수 있었다. 브루넬이 개발한 쉴드 공법과 더 정밀해진 설계기술 그리고 화약을 다루는 기술이 발전하여 암반층을 뚫는 작업도 훨씬 안전하고 수월해졌다. 이어서 전기가 발명되자 연기를 내뿜는 증기기관차 대신 전동차로 바뀌게 됨으로써 지하공간은 한결 쾌적해졌다.

파리

에펠탑은 자타가 공인하는 파리의 랜드마크이지만 만들어질 당시에는 환영받지 못했다. 소설가 모파상은 매일 에펠탑 안에 있는 식당을 찾았는데 그 이유는 파리 시내 어디에서나 보이는 에펠탑을 보지 않기 위해서였다고 한다. 석조문화에 익숙한 서양인들에게, 더욱이 선사시대 이후 돌은 건축, 철은 무기라는 이분법적인 인식이 유지되어 온 사회에서 하늘을 찌를 듯 솟은 철골 구조물은 위화감을 주기에 충분했을 것이다.

1900년 파리 지하에 처음 만들어진 도시철도 역시 에펠탑과 같은 푸대접을 받았다. 발터 벤야민이 『아케이드 프로젝트』에서 묘사하는 도시철도의 모습은 인류가 오래 형성해온 지하공간에 대한 부정적 인식에서 크게 벗어나지 않는다. 그는 도시철도를 미노타우로스 신화에 나오는 황소의 모습으로 그리고 있는데 아마도 산업혁명 이후 거침없이 질주하는 기계문명에 대한 우려가 깊었던 듯하다.

또 다른 갤러리가 파리의 지하로 뻗어나가고 있다. 여기서는 밤이면 불빛이 환하게 켜지면서 황천으로 내려가는 길을 가르쳐준다. 전차의 라이트가 켜지면 지하철역은 클로아카 막시마의 신이나 카타콤베의 요정으로 바뀐다. 이 미궁은 한 마리가 아니라 수없이 많은 맹목적이고 광폭한 황소를 키우고 있다. 미노타우로스에게는 아테네의 처녀를 7년에 한 번 던져주면 되었으나 지하철에 사는 황소에게는 매일 아침마다 수천 명을 던져주어야 한다. 창백한 안색으로 바느질하던 소녀나 잠이 덜 깬 점원들을.

그러나 벤야민의 우려에도 불구하고 도시철도는 파리에서 가장 편리한 대중교통으로 자리 잡았으며 이후로도 계속 망을 늘려갔다. 에우로페를 태우고 바다를 건너는 흰 소는 아니었겠지만 마차 외에 변변한 교통수단이 없던 파리 시민에게 도시철도는 적어도 처녀를 잡아먹는 미노타우로스는 아니었다.

현대에 들어오면서 도시철도는 그 자체로 하나의 문화가 되어가고 있다. 이미 세계 대도시에서 가장 중심적이면서도 편리한 교통수단으로 자리 잡은 것은 물론 다양한 공연과 커뮤니케이션이 이루어지는 공간이 되었으니 말이다. 서울을 비롯하여 런던, 뉴욕, 동경 등 세계 대도시들이 300킬로미터 이상의 도시철도망을 구축하고 있으며 지금도 빠르게 늘어나고 있다. 도시철도는 교통의 중요한 축이기도 하지만 한편으로는 도시발전의 촉매제가 되기도 한다.

런던

런던은 도시철도를 처음 시작한 도시답게 가장 오랜 전통을 가지고 있다. 1863년 처음 도시철도가 개설될 당시 영국에는 런던과 다른 도시를 연결하는 6개 철도 노선이 운행되고 있었다. 그러나 오래된 유적과 좁은 가로 때문에 철도 역사[63]는 런던 중심지에서 꽤 떨어진 외곽에 위치할 수밖에 없었다. 이에 따라 시내에서 이동하려면 마냥 걷거나 마차를 타야 했다. 한마디로 런던의 교통은 2000년 전 로마와 다를 바 없었던 것이다.

이러한 사정에 기인하여 메트로폴리탄 철도는 1830년부터 외곽 6개 정거장을 연결하는 도시철도망을 구상하게 되었다. 메트로폴리탄의 계획은 기술적인 한계와 재정 문제로 30년간 표류하다가 1861년에 착수되었으며, 3년의 공사를 거쳐 처음 도시철도를 운행하게 되었다. 이 도시철도는 패딩턴역에서 비숍로를 따라 런던 중심부로 이어지는 구간으로 1863년 첫 개통 이후 해머스미스1864년, 켄싱턴1868년, 런던타워1882년로 연장되어 총 26.5킬로미터에 이르렀다. 그러나 당시 만들어진 도시철도의 기능은 지금과는 차이가 있었다. 도시철도는 영국 전체에 잘 갖추어져 있는 간선철도를 서로 연계시키는 기능에 그 초점이 맞추어져 있었던 것이다.

메트로폴리탄과 디스트릭트는 이후에도 계속 도시철도 건설을 추진하여 1884년 런던 시내를 순환하는 내부순환선을 완성하게 되었다. 그중에서 템스강 하부를 터널로 통과하는 와핑, 뉴크로스 정거장 구간은 터널의 역사에서 중요한 의미를 지닌다. 지반이 연약하고 큰 수압이 작용하는 강 하부에 터널을 뚫는다는 것은 당시 기술로는 상상할 수 없는 일이었기 때문이다. 이때 브루넬이 개발한 쉴드 공법을 적용하여 터널을 굴착할 수 있었다. 이 터널은 건설 당시인 1843년 보도용으로 만들어진 뒤 도시철도로 쓰기 위해 다시 확장되었다.

도시철도 터널은 제2차 세계대전 독일의 런던 블리츠Blitz[60] 공격 당시에 방공호로 사용되기도 했다. 전쟁기간 중에는 도시철도 밑으로 대심도 방공호[61]가 만들어졌는데 현재는 정부기관 시설이나 연구기관으로 활용되고 있다. 당시

블리츠를 피하기 위해 지하로 대피한 사람들의 사진을 보면 터널 형태가 현대 지하공간과 별 차이가 없어 보인다.

독일 대공습 당시의 런던 도시철도

기술력과 선진화된 철도 시스템을 바탕으로 이미 19세기에 내부순환선을 완성한 런던은 20세기에는 런던 외곽순환선을 비롯해 시내를 거미줄처럼 엮는 도시철도망을 구축해나가고 있었다. 그러나 도시철도 역사에 첫 페이지를 장식한 런던의 도시철도는 현재 협소한 공간으로 인해 많은 문제를 겪고 있다. 서울처럼 뒤늦게 도시철도를 만든 도시는 넓은 공간에 통신, 전기, 신호 등 최첨단 설비를 어렵지 않게 설치했으나 터널이 비좁은 런던 도시철도는 공간적 한계에 봉착한 것이다. 시설을 개량하기 위해서는 한동안 운행을 중단해야 하는데 대중교통의 혼란을 감안하면 이는 그리 만만한 일이 아니다. 현재 스크린도어, ATO,[62] ATC[63] 등의 최첨단 안전 시스템을 들이고 에스컬레이터, 엘리베이터, 냉난방 시스템으로 편리하고 쾌적한 지하공간을 조성한 우리나라에 비해 영국의 도시철도는 열악한 상황이다. 노선의 길이는 짧지만 서울 도시철도의 수송인원[64]이 런던의 세 배에 이르는 것은 이러한 사정을 잘 말해준다.

미국

미국은 넓은 국토를 연결하기 위해 일찍부터 철도 시스템을 구축하기 시작했다. 1869년 동부와 서부, 대서양에서 태평양으로 연결되는 2826킬로미터의 대륙 횡단철도가 완성되었으며 이후 주요한 도시들을 연결하는 철도가 개설되었다. 이렇듯 평활한 땅 위의 도시들을 중심으로 지상 철도가 조성되다 보니 도심의 지하공간을 달리는 도시철도에 대한 관심은 늦은 편이었다. 뉴욕, 시카고, 워싱턴 등 대도시에 지하공간에 만들어진 것은 20세기 후반으로, 다만 시카고 도시 중심을 관통하는 도시철도가 1892년 완공되었는데 대부분의 구간은 고가철도였다. 이후 시카고에는 도시순환철도Loop Line를 비롯하여 총 360킬로미터의 8개 노선이 운영되고 있지만 지하공간을 활용한 구간은 별로 많지 않다.

미국의 수도인 워싱턴 D.C.의 도시철도는 서울과 비슷한 시기인 1976년에 시작되었다. 중심부를 관통하는 도시철도가 처음 만들어지고 주변지역으로 노선을 확대해나가는 과정 역시 한국과 유사하다. 워싱턴 D.C.는 현재 171킬로미터의 6개 노선을 갖추고 있다. 미국에서 도시철도가 가장 잘 갖추어진 곳은 뉴욕이다. 뉴욕에는 대륙 횡단철도가 완공되기 이전인 1868년에 이미 고가철도를 운행하기 시작했으며 1904년에는 뉴욕 시 중심부를 가로지르는 도시철도를 개통했다. 뉴욕 도시철도N.Y. City-Subway는 규모와 기간으로 볼 때 미국을 대표하는 대중교통 시설이다. 도시철도 구간만 따지면 337킬로미터이지만 주변지역과 연계되는 도시철도 전체를 포함하면 468개의 역사에 총 1355킬로미터를 운행하고 있다. 면적과 인구[65]는 서울과 비슷하며 연간 수송

뉴욕 도시철도 MUNY 공연

인원은 16억 명으로 서울의 절반 수준이다.

뉴욕 도시철도는 미국의 서민문화를 대표하는 공간으로 잘 알려져 있다. 개통 역사가 100년이 훌쩍 넘은 만큼 서울 도시철도처럼 밝고 쾌적하진 않지만 문학이나 미술의 소재로 이용되어왔으며 무명 음악인의 연주와 각종 퍼포먼스 등의 문화행사가 언제나 펼쳐진다. 1987년 시작된 이래 도시철도에서 매년 열리고 있는 MUNYMusic Under New York 음악회는 대부분 거리 음악가들의 연주로 진행되지만 사전 심사와 콘테스트를 거쳐 정례화됨으로써 브로드웨이의 색다른 볼거리를 제공한다.

도쿄

19세기부터 영국과 긴밀한 협력관계를 유지해온 일본은 이른 시기에 철도를 도입하여 대중교통을 발달시켰다. 현재 대부분의 도시에 도시철도가 구축되어 있는 것도 그 덕분이다. 특히 동경은 민영 도시철도9 Line와 시영 노선4 Line이 긴밀하게 얽혀 있어 대중교통의 중심역할을 하고 있다. 가장 먼저 개통된 긴자선도시철도 3호선은 동양 최초의 도시철도로 1927년에 처음 운행되기 시작하여 1934년까지 총연장 14.3킬로미터가 건설되었다.

동경 도시철도의 특징은 지진 영향을 완화하기 위해 구조물을 최소화했다는 점이다. 이에 따라 레일 간격도 케이프 궤간[66]을

동경 도시철도(긴자선)

적용했는데, 레일 간격이 좁은 이 방식은 정거장과 터널을 좁게 만들 수 있지만 수송능력과 운영속도[67]는 현저히 떨어진다. 이처럼 도시철도의 역사가 오래된 도시일수록 시설 노후와 관계된 문제가 나타나지만 지하공간의 특성상 한번 만들어지면 확장하거나 보수하기가 쉽지 않다는 어려움이 있다. 서울의 경우 1970~1980년대 만들어진 도시철도1호선~4호선는 시설 확장이 요구되는 구간이 많지만 터널 공간 자체의 문제라기보다는 인구 증가에 따른 정거장 편의시설의 문제라고 봐야 할 것이다. 철도 선진국인 일본이 앞으로 노후시설을 어떻게 해결할지 눈여겨볼 필요가 있다.

스톡홀름

스웨덴은 북구의 다른 나라와 마찬가지로 터널이나 지하공간 구축기술이 발달된 나라다. 수도 스톡홀름은 스칸디나비아 반도에서 가장 규모가 큰 도시이지만 인구가 75만 명에 불과하고 도시공간의 여유가 많아 도시철도의 비중은 그다지 크지 않다.[68] 1933년 스톡홀름에 처음 도시철도가 구축될 당시에는 트램Tram 형태로 만들어졌고 지금처럼 지하공간에 도시철도가 만들어진

스톡홀름 도시철도(10, 11호선)

것은 1950년대 이후다.

스톡홀름의 도시철도가 세계적으로 유명세를 타게 된 이유는 바로 지하공간을 아름다운 전시공간으로 활용했기 때문이다. 이에 따라 스톡홀름 도시철도는 '세계에서 가장 긴 화랑'이라는 찬사를 받고 있는데, 특히 도시철도 10호선과 11호선은 공사과정에서 노출된 암반이 그 자체로 정거장 벽체가 되도록 하여 지하 동굴이 주는 아늑함과 자연스러움을 드러냈고 여기에 색채감과 조형미까지 더해 독특한 분위기의 화랑을 자랑한다. 스톡홀름대학교역에는 과학의 발전을 상징하는 12개의 도자기 전시공간이 마련되어 있고, 리스네 정거장 벽면에는 동굴에서 시작된 인류의 삶이 현재에 이르기까지 어떻게 흘러왔는지 살펴볼 수 있는 대작의 프레스코화가 장식되어 있다. 스톡홀름의 도시철도를 보면 지하공간의 밝은 미래가 기대된다.

마드리드

스페인 마드리드의 도시철도는 시 전체가 중앙에서 하나로 이어지는 교통체계로 계획되었다. 런던, 파리에 이어 유럽에서 세 번째로 도시철도망이 잘 갖추어진 도시라고 할 수 있다. 마드리드는 면적이 서울과 비슷한 편이지만 거주 인구는 330만 정도로, 관광객이 많다고 해도 그리 혼잡한 도시는 아니다. 그럼에도 도시철도 연장은 282킬로미터에 이르며 지금도 계속 건설 중에 있다.

스페인의 도시철도는 1919년 마드리드에 처음 만들어졌으며 이후 1936년까지 3개의 노선이 완성되었다.[69] 현재는 12개 노선에 316개 정

마드리드 도시철도(2호선)

거장이 있으며 그중 약 90퍼센트 이상이 지하공간에 만들어져 있다. 정거장은 조성 시기에 따라 건축양식이나 규모가 조금씩 변화되어 지하공간 축조기술의 변천사를 확인할 수 있다. 초기에 만들어진 정거장은 길이가 60미터 정도로 노면전차와 유사한 형태이지만 후기에 지어진 것일수록 점점 규모가 커지고 색감이나 조형미가 돋보인다. 2000년대 들어 건설된 도시철도는 대량수송능력을 갖춘 현대적인 시설과 교통약자의 편의를 배려한 기능을 잘 갖추고 있다. 특히 선라이트를 이용하여 자연광을 지하정거장까지 끌어들이거나 출입구의 개방감을 확장시켜 지상과 지하공간이 자연스럽게 연결되도록 한 것은 마드리드 도시철도의 장점으로 손꼽힌다.

두바이

아랍에서 가장 인구가 많은 도시,[70] 가장 빠르게 변화하는 도시, 아랍의 미래를 담보하는 도시 등 두바이를 묘사하는 표현을 보면 매우 진취적인 도시임을 알 수 있다. 국토 대부분이 건조지대 또는 사막인 중동지역의 국가들은 그

두바이 도시철도

동안 도시철도의 필요성을 느끼지 못했다. 그래서인지 2009년 두바이에서 개통된 도시철도 '999'[71]가 아랍권 최초의 도시철도가 되었다. 선진국보다 늦게 만들어지긴 했지만 두바이의 도시철도는 세계 어느 나라보다 현대화된 시설을 갖추고 있다. 현재 레드와 옐로우 2개 노선이 운행되고 있으며 그린 노선이 건설 중에 있는데, 전 자동화 시스템을 갖추고 있으며 편의시설도 최고 수준이다.[72] 열차의 운행과 출입문, 스크린도어 등 모든 시설은 중앙사령실에서 자동으로 통제되는 무인 시스템이다.

두바이의 외곽부는 고가철도 형식으로 만들어져 있다. 모든 열차와 정거장에는 냉난방 시스템이 잘 갖추어져 있어 40도를 웃도는 외부에서 도시철도 안으로 들어오는 순간 쾌적한 휴식공간을 즐길 수 있다. 두바이 도시철도의 특징 중 하나는 아랍 유목민의 역사와 삶 그리고 지역환경을 시설물에 반영하여 문화적 콘텐츠로 활용한 것이다. 정거장 실내 디자인은 고대로부터 우주의 4원소라 여겨온 땅yellow, 물blue, 불red, 공기green를 상징적으로 도식화하여 사막도시의 특징과 혁신적인 두바이의 이미지를 잘 나타내고 있다. 고가 정거장의 외관은 사막의 아름다움을 상징화한 디자인으로 주변 환경과 멋지게 조화를 이루고 있다. 실내 시설물과 사무시설 또한 기하학적 구성을 통하여 이슬람의 독특한 무늬와 도형을 잘 표현하고 있다.

베이징, 상하이

중국의 근대화는 철도와 함께 시작되었다고 해도 과언이 아니다. 1950년 이후 활발하게 추진된 철도산업으로 인해 현재 중국의 철도 연장은 8만 6000킬로미터에 이른다. 그러나 국토가 광대한 만큼 도시를 연결하는 철도건설은 활발히 추진된 반면 시내 교통을 위한 도시철도 도입은 상대적으로 늦게

베이징 도시철도(15호선)

상하이 관광터널 조명

이루어져, 1969년 베이징에 처음으로 도시철도가 개통되었다. 게다가 이것도 대중교통 시설이 아니라 옛 소련과의 전쟁을 대비하기 위한 시설이었다. 한동안 군사용으로 사용되던 베이징의 도시철도 1호선은 1977년에 비로소 일반 시민들의 발이 되었다. 이후 베이징의 도시철도는 눈부신 발전을 이루어 2008년 베이징올림픽 이전에 이미 8개 노선142킬로미터을 갖추었으며, 2015년 목표로 추진 중인 16호선까지 완공되면 총 561킬로미터로 세계 최대 규모의 도시철도망을 갖춘 도시가 될 것이다.

상하이 역시 비교적 늦은 1995년에 1호선이 개통되었지만 2008년 베이징

올림픽과 2010년 상하이 무역박람회를 거치면서 도시 전체를 도시철도망으로 연결하는 사업을 추진했다. 2012년을 기준으로 10개 노선에 424킬로미터의 도시철도가 운영되고 있으며 이후에도 노선이 빠르게 증가하고 있다. 최근 건설된 노선은 서울 도시철도 못지않은 편의시설과 안전 시스템이 갖추어져 있다. 정거장 대합실도 국제도시의 면모를 과시하기 위해 전시나 공연장으로 활용할 수 있을 정도의 환경을 갖추고 있다. 황푸 강 밑으로 푸둥과 와이탄을 연결하는 하저터널은 관광객들이 주로 이용하는데 터널 내부가 화려한 조명으로 장식되어 있다. 서울 도시철도에도 터널구간에 다양한 조명을 이용하여 탑승객들의 눈을 즐겁게 한다면 지하공간이 좀 더 친숙하고 편안한 공간이 될 것이다.

서울

도시철도가 우리나라에 도입된 것은 종로선[73]이 착공된 1973년이다. 1903년 한성전기회사[74]에서 서대문-청량리 간 8킬로미터의 전차를 건설한 이후 70년 만에 도시철도가 건설된 것이다. 비록 시작은 늦었지만 현재는 서울뿐 아니라 부산, 대구, 인천, 대전, 광주에도 도시철도가 구축되어 있으며 규모 면에서도 지하공간을 대표하는 시설이 되었다.

서울에는 11개의 도시철도 노선[75]이 운행되고 있으며, 한강 밑 또는 일부 고가 구간을 제외하면 대부분 지하공간을 지난다. 서울 도시철도의 역사는 40년밖에 안 되지만 100여 년의 역사를 자랑하는 런던이나 뉴욕, 파리에 견주어 손색이 없을 만큼 세계적 수준의 시설과 규모를 갖추고 있다.

서울 도시철도 건설과정은 크게 3기로 나눈다. 이는 건설계획이 이루어진 시기를 기준으로 나눈 것이지만 대체적으로 건설 방식의 변화와도 잘 맞아떨어진다. 1기는 도시철도 1호선이 시작된 1971년부터 4호선이 완공된 1985년까지로, 이때 만들어진 도시철도는 대부분 개착식 터널로 만들어졌으며 한강을 통과하는 동작·동호·잠실·당산 구간은 모두 교량 형식으로 건설되었다. 2기는 5~8호선이 건설된 1990~2001년까지의 시기로, 새로운 터널 공사기법인 NATM을 도입하여 많은 구간이 터널로 계획되었으며 한강을 통과하는 천호~광진, 마포~여의도 구간도 교량 대신 하저터널로 건설할 수 있었다. 3기 도시철도는 9호선이 착공된 2001년부터 지속되고 있는 사업으로, 12호선까지 4개 노선이 계획되어 있으나 현재 9호선만 진행 중이고 다른 구간은 경전철로 바뀌어 추진되고 있다.[76]

도시철도는 곡선반경이 제한되는 조건 때문에 노선 선정이 매우 까다로운 데다 건물 하부나 연약지반 또는 하천 밑을 통과할 수 있는 기술이 뒷받침되어야 했다. 그러나 빠르게 성장한 공학기술을 이용하여 한국은 놀라운 도시철도 시스템을 구축했다. 1970년대 초반까지만 해도 우리의 토목 건설기술은 낮은 수준이어서 1호선을 건설할 때에는 일본의 설계나 시공기술을 그대로 베껴올 수밖에 없었다. 그러나 1호선 건설 이후 해외 사례를 조사하고 한국 실정에 맞는 건설기술을 개발하면서부터는 어떤 난공사 구간도 돌파할 수 있는 실력을 갖추게 되었다. 여기에 잘 훈련된 기능공과 엔지니어 그리고 중동 건설에서 얻은 경험이 뒷받침되기도 했다.

변화하는 도시철도

우리의 도시철도 기술이 세계 최고수준이라는 평가는 결코 과장이 아니다. 건설기술에 있어서도 뒤지지 않지만 세계 최고의 정보 통신 기술을 접목하여 도시철도를 만능의 유비쿼터스 공간으로 변화시켰기 때문이다. 승객은 정거장뿐 아니라 달리는 열차 안에서도 아무런 장애 없이 전화나 인터넷을 이용할 수 있고 블루투스를 통해 정보를 교환할 수 있다. 열차 내에 설치된 디스플레이어로 다양한 콘텐츠를 감상할 수 있으며 정거장에 설치된 모니터는 길 안내, 관광, 독서, 영

도시철도 7호선의 모습

화 등의 다양한 정보를 제공한다. 특히 최근에 건설되는 도시철도는 좀 더 안전하고 편리한 첨단 시스템 서비스를 제공하고 있는데, 다음과 같은 것들은 도시철도를 한층 돋보이게 한다.

_**파우더룸** 파우더룸은 화장실을 업그레이드한 휴식공간으로, 여성 전용시설이다. 아이와 함께 외출한 여성들은 이곳에서 수유를 하거나 기저귀를 갈아줄 수 있다. 파우더룸은 서울시의 '여행' 프로젝트[77]와 함께 여성의 안전과 편리를 도모하기 위한 시설이다.

_**스크린 도어** 열차가 플랫폼에 진입할 때 소음과 먼지를 동반하는데, 열차 운행구간과 승객 대기공간을 차단한 스크린도어가 이러한 불편을 해결해준다. 사실 스크린 도어의 가장 중요한 기능은 추락 사고를 막는 것이다.

_**운행안내 시스템** 도시철도나 버스와 같은 서울의 대중교통을 이용하면서 외국인들이 놀라는 시설 중의 하나는 GPS 또는 CTC[78]와 연계하여 운행 상황을 정확하게 알려주는 안내시스템이다. 승객들은 플랫폼에서 대기하거나 외부에서도 열차가 언제 도착하는지, 다음 열차가 어디를 지나고 있는지 알 수 있다.

_**시설물 디자인** 쾌적하고 아늑한 지하공간을 조성하기 위하여 시설물 디자인은 설계시점에서 구조물을 설치할 때까지 지속적으로 관리된다. 디자인은 건

축, 환경, 미술 등 관계 분야의 전문가와 도시철도 이용 시민으로 구성된 심의 위원회에서 단계별로 검토한다. 의사를 결정할 때는 실제 모형과 시뮬레이션을 통해 최적의 방안을 도출하게 된다.

_열차 내부 공간 열차는 정거장 못지않게 유비쿼터스 기능이 잘 갖추어져 있어 이동하는 가운데 불편 없이 인터넷, 모바일, 기타 전자기기를 이용할 수 있다. 이러한 첨단 시스템뿐만 아니라 승객의 편의를 위해 의자, 손잡이, 통로, 안전시설을 세심하게 배치했고 열차간 연결부는 휠체어가 통행하는 데 불편이 없도록 넓게 개방했다.

_자연채광 조명과 환기시설이 잘 갖추어져 있어도 지하공간의 특성상 심리가 저조해지는 문제가 생길 수 있다. 선라이트나 솔라드림Solar dream[79]은 이러한 문제를 해소하기 위해 자연의 햇빛을 지하공간으로 끌어들이는 시설이다.

이외에도 에스컬레이터나 수평이동 엘리베이터가 잘 구비되어 있어 일반 승객은 물론 노약자의 불편을 줄이고 있으며 플랫폼, 대합실, 연결통로 등에 설치된 디스플레이어는 공공 광고나 운행 안내를 비롯한 다양한 볼거리를 제공하고 있다. 최근에는 건설 중의 사고를 방지하고 구조물 완성도를 높이기 위해 설계 단계부터 입체 설계기법3D을 도입하고 있다. 최근에는 도시철도 구간에서 나오는 지하수를 공원 식생 또는 가로환경에 활용하거나 실개천을 만들어 도시의 미관에 기여하고 있다.

파우더룸

스크린 도어

운행안내 표시판

시설물 디자인

열차 내부 공간

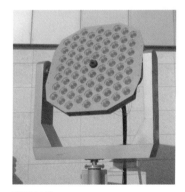
채광시스템

7. 해저터널과 수중터널

터널은 더 이상 땅속의 길만을 뜻하지 않는다. 물속의 터널, 건물과 건물을 잇는 공중터널 그리고 미래에는 파이프라인 형태의 터널도 만들어질 것이다. 기술의 진보는 이렇듯 어떤 개념을 변화시키거나 새로운 개념을 만들어낸다. 지금까지 우리가 알고 있는 터널은 그중 한 부분이 될 것이다.

새로운 개념의 터널

수중으로 강을 건너려는 시도는 20세기에 실현되었다. 물론 저 고대의 바빌론에서 축조된 바 있다는 기록이 있으나 그 흔적은 남아 있지 않다. 최근까지 터널 굴착은 기계나 화약을 이용하여 일일이 암석을 깨는 방법뿐이었다. 유로터널이나 서울에 처음 만들어진 하저터널[80]도 이렇게 시공되었는데 예상치 못한 사고로 공사가 중단되는 일이 빈번했다. 그러나 현재 기술적인 문제는 대부분 해결되어 돌발사고의 위험은 현저하게 줄어들었고, 다만 공사 기간의 단축이나 경제성을 확보하는 과제만 남았다고 해도 과언이 아니다.

이에 따라 그동안 널리 통용되어 왔던 터널의 개념도 수정되어야 할 것으로 생각된다. 터널은 땅속을 관통하는 통로형의 길을 의미해왔지만 앞으로는 수중이나 공중 등 다양한 공간에 터널이 형성될 수 있기 때문이다. 산과 골짜기를 통과하는 도로에 터널과 교량이 교대로 배치되듯이 해저터널 역시 골짜기에 해당하는 해구를 통과한다. 이 경우 지상과 같은 교량 형식의 수중터널을 생각해볼 수 있고, 아예 처음부터 전 구간을 땅이나 해수면으로부터 어느 정도 띄우는 계획도 구상되고 있다. 이러한 수중터널은 한일해협과 같이 단층대나 지진 빈도가 높은 지역을 통과할 때 고려할 만한 형식이다.

수중터널이 처음 구상된 것은 1999년 노르웨이 오슬로에서 열린 25차 세계터널학회ITA 총회에서다. 노르웨이 혹스 해협은 깊이가 350미터나 되어 해저암반지대에 터널을 만들면 이를 연결하는 지상구간 터널도 매우 길어지게 된다. 그렇다고 해협의 양측을 현수교로 만들면 이곳을 통과하는 선박에 영향을 주기 때문에 교각의 높이가 꽤 높아져야 한다. 수중터널은 이러한 고민을 해결하기 위해 구상되었다.[81]

수중터널의 개념을 간략히 정리하자면 지상에서 만든 대형 구조물을 물속에서 연결시켜나가면서 일정한 깊이에 띄워 고정시키는 공법이다. 부산과 거제를 연결하는 가덕도 터널은 거대한 콘크리트 함체를 해저지반에 묻어나가는 방식이었다. 그러나 앞으로 단단하면서도 더 가볍고 휘는 능력이 뛰어난 재료가 개발된다면 평범한 튜브 형식의 수중터널이 만들어질 수도 있다. 이와

관련하여 최근 구상되고 있는 초고속 튜브 열차는 꽤 고무적이다. 이 계획은 터널 내부를 진공 상태로 만들어 시속 1만 킬로미터 단위로 질

보령태안 해저터널 조감도

주한다는 아이디어로, 이론적으로는 수중공간이 가장 실현 가능하다.

현대의 터널 기술

최근에 가장 일반적으로 적용되는 해저터널 기술은 쉴드 TBMShield Tunnel Borning Machine이다. 이 공법이 처음 사용된 1960년대에는 터널 규모나 암반에 따라 제한이 많고 속도도 느렸지만 이제는 문제가 거의 해결되어 직경 16미터의 대형 터널이 만들어진 사례도 있다. 물론 필요하다면 그 이상의 직경도 얼마든지 가능하다. 바닥면이 비교적 고르거나 수심이 깊지 않을 때는 침매沈埋

쉴드 TBM으로 만든 해저터널

공법을 적용하기도 한다. 이 방법은 해상, 육상, 수중작업으로 나누어지는데, 우선 해저면을 고르게 하는 수중작업부터 시작된다. 지상과 마찬가지로 해저 지형도 경사가 심하거나 바위가 돌출되어 있어 바다 고르기는 생각보다 까다로운 일이다. 육상작업은 콘크리트 함체를 제작하는 것이다. 이 작업은 배를 만들 때처럼 거대한 도크에서 함체를 건조한 후 물에 띄워 옮긴다. 해상작업은 콘크리트 함체를 해저면에 정확히 옮긴 다음 하나씩 붙여나가는 작업이다. 가덕도 거가터널이 바로 이 방법으로 만들어졌다.[82]

앞으로 만들어질 해저터널도 얼마간은 이러한 공법이 이용되겠지만 기술의 진보가 획기적인 전환을 보여줄 수도 있을 것이다. 그런 차원에서 미래의 해저 터널 기술로 떠오르는 수중터널을 주목할 필요가 있다. 정확히 말하자면 수중 부유식 터널Submerged Floating Tunnel이라 하는데, 지금까지 바다 아래쪽 암반을 굴착하거나 바닥면을 평평하게 고른 후 터널을 설치하는 식이었다면 이 부유식 터널은 구조물을 물속 중간쯤에 띄우는 공법이다. 터널 구조물을 부유시키는 방법이나 바닥면에서 일정한 높이에 안정적으로 고정시키는 방법에 대해서는 연구해야 할 부분이 많지만 머지않은 장래에 실현될 것으로 보인다.

해저터널의 운행

해저터널을 운행할 교통수단에 대해서도 생각해볼 필요가 있다. 도로터널은 아무 때나 자동차를 이용할 수 있고 접근성과 편이성이 좋지만 가솔린을 이용하는 차량의 특성상[83] 터널을 유지관리하기 어렵다. 또한 단조로운 장거리 터널을 운행하는 운전자의 피로와 부담감 등의 인체공학적 측면도 살펴야 할 것이다. 사람에 따라 차이는 있겠지만 장대터널을 2~3시간 주행할 때 폐쇄된 공간에서 느낄 심리적 부담은 사소한 문제가 아니다. 이 때문에 일본의 도로용 해저터널인 아쿠아라인[84]은 9.5킬로미터의 비교적 짧은 구간임에도 인공섬을 설치하여 재해 대피나 환기, 유지관리를 위한 서비스 터널을 별도로 만들었다. 그러나 인공 섬이나 휴게공간과 같은 시설 보완만으로는 해결하기 어려운 문제도 있다. 유로터널연장 50킬로미터, 해저구간 38킬로미터은 이에 따른 대안을 적용 중인데, 개인이 차를 운전해서 셔틀에 올라간 뒤 터널을 통과한 다음 일반도로로 내려와 주행하는 셔틀 방식Car Train Shuttle이다. 유로터널의 경우 운전자가 차량에서 대기하는 시간은 30분 정도에 불과하지만 한국과 중국 또는 일본의 경우에는 약 두 시간 정도 소요되므로 운전자를 위한 열차공간이 필요할 것이다. 해저터널을 운행하는 열차는 시속 350킬로미터 이상의 고속열차가 되겠지만 최근 눈부시게 발전하고 있는 자기부상열차도 생각해볼 수 있다. 어쨌든 해저터널 공사는 착공 후 최소한 10년 이상이 걸리게 되므로 2030년대에는 좀 더 발전된 교통시스템을 적용할 수 있을 것이다.

해저터널에는 지중 경사를 이용하여 에너지를 효율적으로 사용하는 기술도 도입될 예정이다. 놀이공원에서 흔히 볼 수 있는 롤러코스터를 생각하면 이해가 쉽다. 어느 정도 높이에 도달한 기차가 별다른 동력 없이 엄청난 속도로 내려가는 원리를 이용한 중력식 운행 열차라고 할 수 있다. 즉 터널의 일정 구간을 내리막 경사로 운행하다가 도착할 즈음에는 오르막 경사를 두어 자연스럽게 기차가 멈추도록 하는 것이다. 물론 시종점부에는 열차를 일정한 높이로 끌어올리는 유압이나 견인장치가 필요하다. 이러한 방식이 해저터널을 연결하는 장대터널 구간에 만들어질 경우 비용 및 유지관리 측면에서 매우 효과적일 것이다.

호남-제주 간 수중터널

2010년 정부는 호남에서 제주까지 고속철도를 설치한다면 그 자체로 미래의 성장동력이 될 것이라는 연구 결과를 발표했다. 이 연구를 주관한 한국교통연구원은 현재 목포에서 끝나는 고속철도를 보길도, 추자도, 제주도까지 연장하는 방안을 제시했다. 만약 실현된다면 서울에서 제주까지 2시간 40분, 목포에서 제주까지 40분에 도달할 수 있게 된다. 이로써 해외 관광객 유치는 물론 생산을 유발하고 고용 효과도 높아질 것으로 전망된다. 눈여겨볼 것은 지반 변화가 심하고 수심이 깊은 바다 밑에 터널을 놓을 것이 아니라 튜브와 같은 원형 구조물을 설치하자는 제안이다. 이 아이디어는 「자켓 구조물을 응용한 수중터널 연구」라는 논문을 통해 Jacket SFT 공법으로 더욱 구체화되면서[85] 수심의 영향을 받지 않는 경제적인 고속철도 건설이 현실로 다가오게 되었다.

수중터널이란 파랑의 영향을 거의 받지 않는 해저 30미터 정도에 중력과 부력을 조화시킨 원형 구조체를 설치하는 방법이다. 수중터널 공법을 적용할 경우 사업비는 지중터널에 비해 65퍼센트로 줄어들며 사업기간도 당초 11년에서 7년으로 줄어든다. 그 이유는 원형 구조체가 지상 도크에서 별도로 제작되기 때문에 공사 기간을 단축할 수 있고 추자도를 경유할 필요가 없으니 노선도 그만큼 짧아지기 때문이다.[86]

해저터널과 수중터널을 비교해보자. 터널 기술자들이 한참 연구 중인 한·중 해저터널을 뚫는 데는 얼마나 걸릴까? 인천과 중국의 웨이하이를 연결하는 구간은 약 340킬로미터다. 쉴드터널 장비TBM로 하루 14미터씩 뚫어 나간다면 관통하는 데 약 50년쯤 걸릴 것이다.[87] 물론 이 기간은 순전히 터널을 뚫는 시간만 계산한 것으로, 여기에 기계·설비·선로 등의 부대시설 설치에 필요한 시간까지 합치면 족히 60년은 걸린다고 봐야 한다. 터널의 수명을 100년 정도로 본다면 개통하기도 전에 이미 유효기간의 절반 이상을 깎아먹는 셈이다. 따라서 시공 시간을 줄이기 위해서는 인공 섬을 만들어 구간을 몇 개로 나누어야 하는데 비교적 수심이 얕은 황해라 해도 최소한 80미터 이상의 흙 쌓기가 필요하다. 생각만 해도 아뜩한 일이다.

하지만 수중터널로 건설한다면 이러한 고민은 상당히 줄어든다. 터널 세그먼트[88]는 지상에 마련된 공장에서 필요에 따라 생산이 가능하기 때문에 분할 작업과 공사 기간 단축이 가능해진다. 수중터널로 건설할 때의 이점 가운데 또 하나는 해저심도에 영향을 크게 받지 않는다는 점이다. 황해는 다른 바다와 달리 비교적 해저면이 평탄하지만 한일해협을 비롯한 대부분의 해저지형은 지상의 산과 골짜기처럼 많은 해구로 이루어져 있다. 이렇게 굴곡이 심한 해저지형을 따라 터널을 계획하면 지나치게 깊어져 건설과 운영에 어려움이 따르게 된다. 또한 넓은 지역을 계획할 때 피할 수 없는 단층대나 지진의 문제도 고려해야 한다. 그런 상황에서 해저지형에 구애받지 않고 수중에 띄우는 터널을 만든다면 얼마나 유리하겠는가.

수중터널의 기술

수중에 터널을 띄운다는 건 엄밀히 말해 묶어둔다는 의미다. 예를 들어 거제도와 가거도 해저구간에 적용된 침매터널을 부력을 이용해 띄운 다음 수중의 일정한 높이로 붙들어 매는 방식이다. 지상에서 만든 구조물을 물속에서 하나씩 이어나간다는 점에서는 침매터널과 큰 차이가 없다. 그러나 침매터널의 경우 콘크리트 구조물이 떠오르지 않도록 무겁게 건조해야 하지만 수중터널 구조물은 띄운 상태에서 고정시키므로 비교적 가볍게 제작된다. 구조물을 수중에 고정시키는 방법은 여러 가지가 있다. 로프로 감고 해저에 앙카

로프로 터널을 고정시키는 여러 방법

Anchor[89]를 설치하되 해류 영향이나 부력 또는 유동량의 따라 적당한 방법을 선택할 수 있다.

해구가 깊거나 조류의 영향을 고려해야 한다면 지상에서 골짜기를 통과할 때처럼 교량을 세울 수도 있지만 파랑이나 조류 영향을 거의 받지 않는 곳이라면 구조물을 해수면에 설치한 부양체Poontoon에 매달아서 일정한 수심을 유지시킬 수도 있다. 당연히 구조물의 중량은 부력에 비해 조금 더 커야 한다. 해구의 폭이 좁다면 부력과 중력을 조정하여 수중에 고정시키는 방법도 가능하다. 이때는 구조물의 강성이 중요한 역할을 하게 된다. 바닥면으로부터 그리 높지 않은 곳에 구조물을 설치해야 할 때는 기둥을 놓아 지지하는 방법을 고려할 수도 있다.

물은 안정된 지반과는 달리 조류나 해류의 영향을 받는 유체이며, 특히 해상에서 태풍이 통과할 때 해수면이 올라가는 현상[90]이나 쓰나미 같은 위력적인 수압파가 지나가기도 한다. 이러한 자연적인 위험 외에도 선박이나 잠수함의 충돌, 테러 등의 인위적인 위험도 고려해야 하며 고래와 같은 대형 물고기의 충돌도 무시할 수 없는 위협이다. 그중 가장 커다란 위협은 쓰나미일 것이다. 조류나 해류는 일정한 방향성을 가지고 있는 반면 쓰나미는 언제 어디서 발생할지 알 수 없기 때문에 대처하기가 쉽지 않다. 이러한 위협에 대처하기

부양체설치법   부력조정법   기둥설치법

위해서는 기상 분석에 쓰이는 슈퍼컴퓨터 정도의 전산 시스템이 구축되어야 하며 영향 분석을 위해서는 유체역학의 정밀한 지식이 총동원되어야 한다.

수중터널에는 주요 지점마다 자동으로 위치를 제어해주는 장치[91]도 필요하다. 쓰나미나 비정상적인 외력이 작용할 때 앙카 긴장력을 조정하거나 진동흡수 장치를 가동하여 터널을 안전하게 보호해주기 위해서다. 그러나 이러한 안전장치를 갖춘다 하더라도 어뢰 등의 공격이나 군사적 행동에는 취약할 수밖에 없다. 따라서 수중터널의 건설과 운영을 위해서는 안전을 담보할 수 있는 국제적인 협조가 반드시 병행되어야 한다.

태평양 터널은 가능할까

제주도에서 태평양을 건너 캘리포니아까지 터널을 놓을 수 있을까 하는 상상을 해본다. 태평양은 수심이 깊어서 수압과 지열이 만만치 않고[92] 한국에서 미국 서해안까지의 거리는 1만 킬로미터가 넘는다. 하루 14미터를 뚫을 수 있는 TBM 장비로 양측에서 뚫어간다면 거의 1500년이 걸린다. 공사를 무사히 끝냈다고 해도 1만 킬로미터를 가려면 시속 400킬로미터로 달리는 고속철도로 꼬박 25시간을 달려야 한다. 아무래도 무모해 보인다.

그러나 인간은 늘 공상을 현실로 이루어왔다. 태평양을 해저 횡단하는 꿈도 지금은 터무니없어 보이지만 수중터널의 방식으로 생각해보면 시각이 달라질 수 있다. 오늘날 수중터널 연구의 발전 속도 그리고 나날이 새로운 소재가 개발되고 있는 재료공학의 미래를 참고할 때 태평양 횡단은 가능한 시도다. 지하를 굴착해서 뚫는다면 1500년이 걸리겠지만 공사 구간을 여러 개소로 나눈다면 시간이 아니라 비용의 문제일 뿐이기 때문이다. 터널 구조체 역시 무겁고 다루기 힘든 콘크리트가 아니라 더 가볍고 튼튼한 튜브가 개발된다면 광케이블을 깔듯 빠르게 진척시킬 수도 있을 것이다. 운영 방법도 희망적이다. 현재 해저터널은 고속철도 위주로 계획되고 있지만 앞으로 자기부상열차를 적용한다면 10시간 남짓한 시간에 태평양을 건널 수 있게 된다.

아진공 튜브터널

현재 고속철도는 시속 400킬로미터에 가까운 속도를 낼 수 있다.[93] 빠른 속도이긴 하지만 태평양이나 대서양을 횡단하기에는 어림없는 속도다. 그러나 자기부상열차의 경우 항공기 운행 속도와 유사한 시속 600킬로미터에 이르고 있다. 물론 기계적으로는 그 이상의 속도도 가능하지만 공기의 마찰 때문에 아직 그 이상의 속도는 구현되지 못하는 실정이다. 그러나 공기저항이 없다면 어떻게 될까. 인공위성은 시속 3만 킬로미터에 해당하는 속도로 90분 만에 지구를 한 바퀴 돈다. 우주공간을 항해하는 인공위성처럼 터널 내부를 진공상태로 만들어보려는 구상이 바로 아진공亞眞空 튜브터널이다.

MIT대학의 데이비슨 교수는 이 튜브를 이용해 미국에서 그린란드와 유럽을 연결하고 다시 아시아와 태평양을 거쳐 미국으로 돌아오는 전 지구형 운행 계획을 구상했다. 튜브터널을 운행하는 열차는 지구 전체를 연결하는 규모에 걸맞게 '플래닛 런Planet Run'⁹⁴이라 이름 붙여졌는데, 시속 1만 킬로미터로 약 4시간 만에 지구를 한 바퀴 도는 셈이다.

사실 이러한 구상은 1960년대부터 시작되었다. 아폴로 11호의 달 착륙으로 고무된 과학계가 기술 발전 속도를 맹신하여 21세기 초반이면 실현할 것으로 예상하기도 했다. 물론 이 구상은 그야말로 구상 단계에 머물러 있지만 기술의 진화 속도로 볼 때 넘지 못할 벽은 아닌 듯하다. 한국에서도 튜브터널은 요원한 이야기가 아니다. 2009년 열린 '동북아 초고속 교통망 구축을 위한 국제세미나'에서는 한국·중국·일본을 연결하는 네트워크를 구성하고 시속 700킬로미터 급의 초고속 튜브열차 운행 계획을 발표한 바 있다. 불과 100년 전만 해도 저속 전차밖에 없던 한국에서 고속철도망을 갖춘 데 이어 초음속 튜브열차를 계획하게 되었다니 가슴 뿌듯한 일이다.

8. 한·중 해저터널

1300년 전 장보고에 의해 신라방과 신라원이 세워진 이후 산동반도는 한국인이 가장 많이 사는 곳이 되었으며 현재 2000여 개의 기업과 1만여 명의 한국인이 거주하고 있다. 산동반도와의 인연은 앞으로 더욱 깊어질 듯하다. 인천에서 산동반도로 직접 해저터널이 연결된다면 말이다.

동북아의 새로운 시대

'베세토BESETO'란 베이징Bejing과 서울Seoul 그리고 동경Tongkyeng의 앞 글자를 따서 만든 말로, 한국과 일본, 중국을 하나의 경제권으로 묶어보자는 생각에서 탄생한 것이다. 해저터널 구상은 그 생각이 좀 더 구체화된 것이라 할 수 있다. 실제로 해저터널이 완성된다면 동북아시아 특히 한·중·일 삼국의 경제는 물론이고 사회·문화·정치적으로도 큰 변화를 불러올 것으로 보인다. 기술적 한계들이 빠르게 해결되고 있는 시점에서 바다는 더 이상 단절의 벽이 아니다. 연구 결과로 보면 제주도, 타이완, 쓰시마 등 각 나라의 주요 도서가 육지와 교통 네트워크를 구축했을 때 얻을 수 있는 문화·경제적 가치는 투자비용을 훨씬 상회한다.

동북아의 국가 간 네트워크에서 가장 먼저 생각해볼 수 있는 것은 한국과 중국 또는 한국과 일본을 연결하는 장대터널이다. 한·중·일 삼국의 연결은 꾸준한 조사와 연구가 진행되어왔기 때문에 기술적으로 많은 진전이 있었다. 그러나 기술적인 문제보다는 국가 간의 정치·경제적 이해관계 그리고 역사적 해석의 차이로 인한 감정적 반목이 걸림돌이 되고 있다.

국가 간 정서적 갈등을 논외로 하더라도 장대터널이 가져다주는 이익과 손실에 대해 정밀하게 점검하는 작업은 중요하다. 특히 영국과 프랑스를 연결하는 유로터널의 과정을 참고할 때 그 중요성은 더욱 부각된다. 18세기 초 터널 건설에 합의를 한 뒤에도 양국은 지루한 설전을 벌이다가 1882년에서야 본격적으로 건설을 추진했다. 그러나 이마저도 손익계산 다툼과 정치적 이유로 1년 뒤에 전면 중단된 바 있다. 이후 100여 년이 지난 1987년 다시 착수되어 1993년 완공되긴 했지만 그 와중에도 찬반 양론의 팽팽한 대립으로 많은 어려움을 겪었다. 물론 한·중 또는 한·일 해저터널 역시 양국 간의 이해가 쉽게 맞아떨어지지는 않을 것이다. 특히 한국과 일본의 경우 오랜 역사적 반목으로 인해 해결되어야 할 우선 과제들이 산적한 상태이며, 한·일 해저터널 건설 후의 경제적 효과에 대해서도 면밀한 조사와 분석이 필요하다.

단순한 예로 서울−부산 간 KTX를 보자. 타당성 조사에서는 고속철도가 개통될 경우 대구, 대전 등 중간도시에 사는 시민들의 편익이 크게 증가할 것으로 예상되었다. 그러나 막상 고속철도가 개통되자 서울, 부산의 상권에 편익이 편중되는 현상이 발생하여 중간도시의 경기는 급속히 둔화되었다. 소비자 이동으로 대전, 대구의 소득수준은 저하되고 이는 다시 도시 침체와 소비자 이탈이라는 되먹임 작용이 나타났을 뿐이다. 한·일 해저터널에서도 이러한 결과를 예상하지 않을 수 없다. 자동차나 반도체 분야에서 한국이 눈부신 도약을 이루었다고는 하나 일본의 막대한 자본과 기술력에 비해 많은 차이가 있기 때문에 중국과 일본 사이에서 한국은 소득 없는 중간도시로 전락할 가능성도 있다.

이처럼 국가 간 해저터널을 이용해 교통망을 구축한다는 것은 많은 이해관계가 얽혀 있어 상당 기간 어려움이 있을 것이다. 그러나 한국이 세계 각국과 자유무역협정FTA을 진행하고 있는 시점에서 인접 국가와의 경제통합을 젖혀둘 순 없을 것이다. 한·중·일 FTA가 타결된다면 늘어나는 물류와 인적 교류를 위해 국가 간 해저터널 교통망은 불가피할테니 말이다. 해저터널로 한·중·일을 잇는 것은 단순한 교통로가 아니라 1만여 년 전 해수면 상승으로 서해와 대한해협으로 분리된 땅이 다시 연결된다는 의미다. 어쩌면 터널은 오랜세월 반목과 갈등으로 이어져온 3국에게 공동체 의식을 부여하는 계기가 될지도 모르겠다.

한·중 해저터널 개념도

섬 아닌 섬

한반도는 해상과 대륙을 잇는 요지에 위치하고 있다. 그러나 남북이 분단되어 60여 년간 섬 아닌 섬의 상태가 지속됨으로써 육로를 통한 대륙 진출이 불가능했다. 인구나 국토면적에 있어서는 보잘 것 없지만 경제 규모로는 이미

세계 10위권에 진입한 한국이 국제교역을 해상과 항공에만 의존한다는 것은 굉장히 불리한 조건이다. 최근 유럽을 비롯하여 중동이나 중국 등지에서 육로로 연결되는 국가 간 자유무역협정이 늘어나는 것을 보면 쉽게 이해될 것이다. 이 교역은 제품가격의 세금 비중이 현저히 줄어드는 반면 상대적으로 물류 비중이 증가되는 것을 의미한다. 또한 유럽, 아시아, 아메리카 세 개의 권역으로 나뉘어 있던 세계 경제가 점차 하나의 경제권으로 통합되고 있어 신속한 물류수송은 무역경쟁의 중요한 요소가 되었다.

세계경제의 환경 변화와 중국과의 교역량 증가[95]를 고려할 때 한국과 중국의 육로 교역은 시급한 과제다. 그동안 한국에서 추진해온 동북아 물류계획은 부산에서 서울과 북한을 관통하여 중국횡단철도TCR[96]나 시베리아횡단철도TSR[97]와 연결하는 계획이었다. 이 계획은 북한과의 정치적 갈등과 불확실성으로 인해 계속 지연되어왔으나 최근의 세계경제 환경을 볼 때 더 이상 북한의 변화만 기다리고 있을 수는 없는 형편이다.[98] 한·중 해저터널의 구상은 이러한 배경에서 시작된 사업이라 할 수 있다. 과거에 일본이 섬나라의 한계를 극복하기 위해 한국을 통해 육지로 진출하려 했던 것처럼 한·중 해저터널은 남북 분단으로 인해 섬 아닌 섬이 되어버린 한국이 이뤄야 할 과업이다.

황해의 자연조건

한·일 해저터널이 100년 전부터 추진되어온 것과 달리 한·중 해저터널이 논의되기 시작한 것은 그리 오래되지 않았다. 한·일 해저터널은 부산과 쓰시마 북단까지 50킬로미터에 불과하지만 한·중 해저터널은 최소 300킬로미터가 넘기 때문이다. 그럼에도 한·일 해저터널이 지연되는 이유는 대한해협의 수심이 깊고 해류가 급해 해상작업에 어려움이 많기 때문이다. 또한 한반도는 유라시아판에 속해 있지만 일본 열도는 태평양판에 속해 있어 지진이나 지각변동에 대비할 만한 면밀한 지질검토가 필요하다.

한편 한·중 해저터널은 비교적 최근에 논의되기 시작했음에도 매우 빠르게 진척되고 있다. 아무래도 일본에 비해 심리적인 부담이 적고 경제적으로도 상호이해가 맞아떨어지는 면이 있기 때문이다. 해저조건 또한 한국과 중국이 같은 유라시아판에 속해 있어 지진과 지각변동의 우려가 없고 수심도 80미터밖에 안 된다는 이점이 있다. 더욱이 동고서저형의 한반도 지형이 바다까지 완만한 경사로 이어져 있어 공법의 선택이 자유로운 편이다. 대한해협을 통과하기 위해서는 시점부터 끝까지 쉴드 TBM 공법 외에는 대안이 없지만 황해는 위치와 심도에 따라 교량으로 건설하거나 쉴드 TBM 또는 침매터널로 건설할 수 있는 현황이다.

한·중 해저터널에서 좀 더 욕심을 내자면 아직 연구 단계에 있는 수중터널[99]도 시도해볼 수 있다. 터널로 통과하는 구간이 많은 만큼 수심 조건이나 암반 조건도 매우 중요한 요인인데 현재까지 조사된 바에 따르면 황해 지반은 단단하고 변화가 적은 화성암과 퇴적암으로 이루어져 있으며 지형이나 지반 변화가 그리 심하지 않은 편이다. 이러한 지반은 사고의 위험이 적어 수중터널 건설에 유리할 뿐더러 공사비나 기간도 상당히 효율적인 설계가 가능하다.

어떻게 만들어질까

한·중 해저터널은 영불해협의 유로터널, 일본의 신칸센, 터키의 보스보로스 해협터널과는 비교가 안 될 정도로 규모가 크다. 아직 구체적인 노선이 결정된 것은 아니지만 어떤 노선이든 간에 300킬로미터가 넘을 것이기 때문이다. 따라서 중간에 많은 인공 섬이 만들어질 것이며 공사방법도 심도나 연안에서 떨어진 거리를 감안한 다양한 공법이 동원될 것이다. 터널을 통해 대규모의 물류가 수송될 것이므로 터미널 규모도 만만치 않을 것이다. 이러한 점들을 고려한 구체적인 공법이나 시설을 생각해보면 다음과 같다.

_**해저터널 공법** 한·중 해저터널과 같이 긴 터널의 경우에는 쉴드 TBM 공법이 가장 보편적일 것이다. 이 공법은 최소한의 장비조작 인원 외에는 인력이 거의 투입되지 않아 공사관리나 사고예방 측면에서 매우 유리하다. 실제로 최근 대규모 터널공사는 대부분 쉴드 TBM 공법으로 시공되고 있다. 어떤 공법을 적용하든 터널은 큰 수압에 견딜 수 있도록 건설되어야 하며 거시적인 지반 거동이나 지진 단층 등 많은 위험요소를 고려해야 한다. 현재 한국은 세계적인 기술 보유국이지만 한·중 해저터널이 추진되면 한층 더 진보된 기술 축적이 가능할 것이다.

_**연안구간 시공방법** 어떤 노선을 선택하는가에 따라서 다소 차이가 있지만 연안에서 상당한 구간까지는 교량으로 시공하는 방법도 고려할 수 있다. 해상교량은 태풍이나 해류와 같은 자연조건을 극복해야 하고 대형 선박의 운행도 보장해야 하므로 육상교량에 비해 어려움이 많다. 특히 파도, 염분, 패류의 영향을 받는 해상구조물의 경우 피해를 최소화하면서 구조물의 수명을 연장할 대책이 요구된다. 물론 인천에서 영종도까지 18.4킬로미터에 이르는 해상교량을 비롯하여 거가대교, 영종대교, 행담대교 등의 많은 경험

인천대교

이 축적되어 있기 때문에 큰 어려움은 없을 것으로 보인다.

_인공 섬 한·중 해저터널을 건설하는 데 가장 어려운 문제 중 하나는 인공 섬이다. 인공 섬은 작업공간과 장비 투입 및 파낸 버럭을 반출하기 위한 공간으로 활용되며, 공사가 완료된 후에는 환기구, 응급대피, 터널 유지와 관리 공간 등으로 활용될 것이다. 특히 공사 기간을 줄이기 위해 터널 공사를 구간별로 실시할 때 각 구간의 시종점 역할을 할 인공 섬은 효율성을 위해 없어서는 안될 시설이다.

인공 섬은 공사 여건과 경제성을 고려할 때 터널 연장 20~30킬로미터마다 1개소가 필요하다. 이럴 경우 10개소 이상의 인공 섬이 요구되는데 수심 조건을 고려할 때 쉽지 않은 일이다. 현재는 공사 방법과 시설 운영의 효율성을 고려해 약 50킬로미터마다 하나씩 두는 방법이 검토되고 있다. 수심이 깊은 구간은 지상에서 만든 콘크리트 구조물을 해저에서 해수면까지 하나씩 이어 붙이는 방법도 가능하다. 인공 섬을 건설하는 데 필요한 흙은 섬 주변과 터널에서 나온 버럭이 이용된다.

_터미널 한·중 해저터널이 완공될 경우 현재까지 해상운송에 의지해온 한·중 물류환경은 엄청난 변화를 맞을 것이다. 우선 한·중 해저터널의 시종점부에 대규모의 터미널이 형성됨으로써 여객 환경에도 큰 변화를 가져올 것이다. 유로터널의 경우 영국 포크스톤 터미널은 열차 운행과 직접 관계되는 정거장과 화물을 부리는 시설 규모가 140만 제곱미터에 이르며 그 주변에 형성되는 쇼핑몰이나 호텔까지 고려하면 영향 면적은 훨씬 더 넓다. 프랑스의 칼레 터미널 주변의 경우 대형 쇼핑타운인 유럽 시티를 비롯하여 물류와 관련한 시설 또는 여행자를 위한 편익시설 등이 밀집되어 있다. 이러한 예로 볼 때 한·중 해저터널의 시종점부에 건설될 터미널은 도시계획에 준하는 검토와 개발계획이 병행되

어야 할 것이다.

한·중 해저터널의 노선

한·중 해저터널의 중국 기착지에 대해서 동쪽으로 머리를 내밀고 있는 산둥반도의 웨이하이 외에는 다른 곳이 거론되지 않는다. 그러나 한국은 인천, 평택, 군산 등 여러 곳이 논의되고 있으며 혹자는 북한의 옹진을 꼽기도 한다. 한반도의 서해안은 대부분 완만한 경사를 이루고 있고 지질도 큰 문제가 없어 공사 여건보다는 경제성이나 지리적 특성이 노선 결정의 주요 인자가 될 것으로 보인다. 각 노선별 특징을 살펴보면 다음과 같다.

_**인천 영종도** 국제공항에서 웨이하이를 연결시키는 노선이다. 거리는 340킬로미터 정도로 비교적 짧은 편이며 철도와 항공을 동시에 연계시킬 수 있다는 특징이 있다. 이렇다 할 국제공항이 없는 웨이하이에서 보면 상하이나 베이징으로 가는 것보다 인천이 훨씬 유리하다.

_**평택** 이 노선의 거리는 370킬로미터로 인천보다는 길지만 2014년 완공되는 수서·평택고속철도를 통해 경부 및 호남 고속철도와 연계시킬 수 있다는 장점이 있다. 한·중 고속철도를 적극적으로 추진해온 경기도에서는 이 안이 가장 현실적인 안이라고 발표한 바 있다.

_**군산** 이 노선의 거리는 380킬로미터로 상대적으로 길고 이렇다 할 이점도 뚜렷하지 않다. 다만 한·일 해저터널이 함께 구축되어 동북아를 고속철도망으로 묶게 된다면 일본 입장에서 가장 선호하는 안이 될 것으로 보인다.

_**옹진** 이 노선은 북한의 옹진을 기착지로 하고 남한과 고속철도망으로 연결하는 방식이다. 중국과의 해저 거리는 220킬로미터에 불과하지만 북한관계의 불

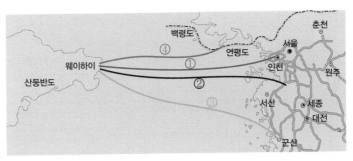

한중해저터널 노선 검토

확실성을 생각할 때 현실성이 없다. 사업비를 분담해야 하는 중국에서 보면 유리하겠지만 북한을 통과할 수 있다면 중국 횡단철도TCR나 시베리아 횡단철도 TSR 연계에 비중이 생기기 때문에 굳이 한·중 해저터널을 서두를 필요가 없어진다.

한·중 해저터널에 대한 정보를 교환하고 상호 협의하기 위해 열렸던 국제 세미나[100]에서 한국은 평택을 기착지로 꼽은 반면 중국은 인천을 우선순위에 두었다. 산둥성 입장에서 인천국제공항 및 서울과의 접근성이 용이하기 때문일 것이다. 그러나 장기적인 안목으로 볼 때 이미 포화상태에 이른 인천보다는 새로운 물류 중심지로 건설 중인 평택이 유리할 수도 있다. 중국은 한·중 해저터널의 추진과 별도로 현재 양국 간의 막대한 물류 처리를 위해 인천과 산둥반도를 철도 페리[101]로 연결하는 방안을 제시하고 있다.

9. 한·일 해저터널

한국에게 일본은 가깝고도 먼 나라다. 과거사의 비극이 아직도 한국인의 가슴에 앙금으로 남아 있기 때문이다. 그런 국민감정을 고려할 때 한·일 해저터널의 미래는 낙관적이지만은 않다. 그러나 30년 전쟁, 100년 전쟁을 거치면서 오랜 세월 반목관계에 있던 영국과 프랑스가 유로터널을 연결한 사례를 보면 냉정히 이해관계를 따져볼 필요가 있다.

역사적 배경

일본은 한국을 강점한 직후인 1913년부터 부산에서 대한해협을 거쳐 쓰시마 섬과 후쿠오카로 이어지는 해저지형을 조사하기 시작했으며, 이를 토대로 1917년 「철도용 해저터널 연구」 자료를 작성했다. 일본은 이 연구에서 3개 노선을 제시하고 각 노선에 대하여 시공성과 경제성을 비교하면서 건설 기간을 21년, 사업비를 8억 엔[102] 정도로 산출했다. 일본 군부가 주도했던 이 계획은 이후 철도성으로 이관되었고 1938년 시험용 갱도를 뚫어 해저지반을 조사하기도 했다. 1940년 발표한 '조선해협터널 및 대동아 종단철도'라는 구상은 이러한 조사 결과를 바탕으로 한 것이다. 그러나 2차 세계대전이 일본의 패망으로 끝나면서 한·일 해저터널 계획은 중단되었다.

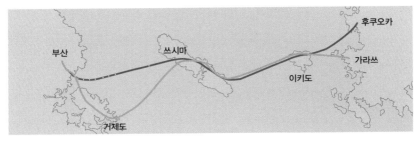

한·일 해저터널 해저지반 조사도

일본이 다시 한·일 해저터널을 연구하기 시작한 것은 1980년대 들어서다. 홋카이도와 혼슈를 연결하는 세이칸 해저터널에 성공한 일본은 민간단체인 일한터널연구회[103]를 조직하고 한·일 해저터널에 필요한 기초 자료 조사에 착수했다. 현재까지 일본에서 투입한 비용은 1000억 원이 넘으며 지질탐사용으로 뚫은 터널은 1300미터에 이른다. 그러나 일본의 식민지 침탈을 경험한 한국은 신중한 태도를 유지해왔다. 물론 해방 이후 경제적으로나 기술적으로 낙후되어 있던 한국의 여건상 적극적인 추진은 어려웠을 것이다. 어찌되었든 터널이 개통되었을 경우의 구체적인 효과를 정량적으로 분석한 연구가 없었던 것은 아쉬운 일이다.

한·일 해저터널의 효용

한·일 해저터널이 과연 한국에 도움이 될지, 터널을 통해 얻을 수 있는 이익은 무엇인지, 양국의 미래에 어떤 변화가 발생할지 등에 관한 질문에 답할 수 있는 한국의 연구기관은 없다. 일본이 수십 년에 걸쳐 구체적인 연구와 조사를 통하여 정밀하게 분석하는 동안 한국은 수세적인 태도를 취하며 정량적인 분석을 위한 기초 자료조차 마련해놓지 못한 실정이었다. 한국에서 한·일 해저터널에 대한 연구가 본격화된 것은 어느 정도 경제성장을 이루어 안정된 궤도에 이른 뒤로, 1990년 노태우 대통령이 일본 국회 연설에서 정식으로 한·일 해저터널을 제안했다. 이후 많은 연구 단체[104]가 설립되었고, 한국을 경유하여 중국과 유럽으로 진출하고자 하는 일본에 대하여 국내의 물류산업도 전망이 있을 것으로 예측하고 있다.

논란이 있기는 하지만 전반적으로 한·일 해저터널의 효과는 작지 않을 것으로 보인다. 부산발전연구원의 연구 결과[105]를 보면 한·일 해저터널은 동북아를 1일 생활권으로 묶음으로써 교역의 활성화뿐만 아니라 세계경제의 주요한 축을 형성할 수 있을 것으로 내다보고 있다. 보고서에서 추정하는 사업비용은 1킬로미터당 4130억 원으로 총 92조 원이며,[106] 이 중에서 한국의 부담분은 20조 정도[107]다. 2030년 한·일 해저터널이 개통될 경우 여객은 연간 417만 명, 화물량은 컨테이너로 연간 9만3000개에 이를 것으로 전망된다. 그 효과를 금액으로 환산하면 생산유발효과는 54조5000억 원, 부가가치는 20조가 넘는다. 터널공사와 시설 운영에 따른 고용유발효과도 45만 명에 달할 것으로 예상된다. 물론 이러한 추정은 향후 인구 동향과 국제환경의 변화에 따라 차이가 생길 수 있지만 한·일 해저터널이 양국에 도움이 될 것은 분명하며 한·중 해저터널과 연계될 경우 세계경제의 중심 지역이 되는 데 기여할 것으로 보인다.

유로터널의 교훈

영국과 프랑스의 유로터널은 한·일 해저터널의 미래효과를 예측해보는 데 의미가 있다. 유로터널은 영국의 적극적인 추진으로 완성되었지만 섬나라인 영국이 육지와의 연결이라는 심리적 만족을 얻은 데 비해 실질적인 경제 이득은 프랑스가 더 큰 것으로 집계되었다. 우선 물류비용의 차이를 지적할 수 있다. 이전 영국에서 수입되거나 수출되는 물류는 항공과 선박뿐이었지만 유로터널이 개통된 이후 상당한 물량이 육로로 운송되었다. 이로써 영국은 비교적 저렴하게 물품을 운송하게 되었지만 필연적으로 프랑스를 경유함으로써 어떤 나라와의 교역에서든 프랑스에 물류비용을 치르게 되었다. 이는 관광 분야에서도 마찬가지다. 유로터널을 이용하여 영국으로 가고자 하는 관광객들은 프랑스를 지날 수밖에 없으니 이 과정에서 저절로 프랑스 관광객이 유치되는 것이다. 실제로 유로터널 개통 이후 유로철도 이용 인구는 늘어났고, 프랑스 관광산업은 상당히 발전했다.

유로터널의 효과를 한·일 해저터널과 비교할 수 있을까? 물론 사정이 다르다. 섬나라인 영국과 일본은 대륙과의 연계가 절실하다는 점에서 유사하지만 프랑스와 한국은 비교가 쉽지 않다. 우선 한국은 북한과 분단된 상태여서 대륙으로 직접 통과할 수 없다. 한국과 일본의 경제력 차이에서 파생될 문제점들도 고려해야 할 부분이다. 그러기 위해서는 한·일과 한·중을 하나의 해상 루트로 묶어 추진하는 것도 해법이 될 것이다. 그렇게 된다면 일본의 물류가 한국을 통하여 중국이나 유럽으로 갈 수 있고, 중국이나 유럽의 관광객이 한국을 거쳐 일본으로 갈 수 있다. 이에 따라 한국은 중국과 일본 양측의 물류 거점지로서의 이득을 충분히 획득할 수 있을 것이다.

그렇다면 한·일 해저터널의 미래를 어렵게 만드는 문제는 어떤 것이며, 그것을 해결하기 위해 어떤 노력이 필요한지를 점검해야 할 것이다. 이에 대해 살펴보자면 다음과 같다.

_**역사적 갈등** 한·일 해저터널의 설계과정에서 해결할 과제는 한두 가지가 아니지만 가장 중요한 것은 역사적 갈등을 푸는 것이다. 유로터널의 공사가 100여 년이나 미뤄지게 된 데에는 근본적으로 100년 전쟁과 30년 전쟁을 치른 양국 간에 감정의 앙금이 남아 있었기 때문이다. 이후 산업혁명으로 인해 국가 경쟁력에서 프랑스를 압도하기 시작한 영국은 18세기 중엽부터 터널공사에 적극적인 의지를 지니고 있었다. 그러나 정치적 갈등과 경제 예속화를 우려한 프랑스는 지속적으로 이를 거부해왔고, 이러한 상황은 1980년대까지 계속되었다. 터널공사가 재개된 것은 영국이 지속적인 경제 침체에 빠지고 프랑스가 영국을 추월한 1987년부터였다. 결과적으로 터널이 개통되고 경제개혁 정책이 효과를 거두기 시작한 1990년대 후반부터 영국 경제는 활기를 띠게 되었다. 한·일 관계도 이와 유사하다. 양국은 과거사로 인한 감정적 대립이 있고 경제 수준의 차이도 현격하다. 한국의 경제력이 어느 정도 일본과 대등해지기 전까지 해저터널에 관한 국민적 합의는 쉽게 얻을 수 없을 것이다.

_**기술적 장애** 기술적인 문제도 수월한 게 아니다. 해저터널 공사는 대부분 지하공간에서 이루어지지만 해상작업도 적지 않아서 수심이 중요한 조건이 된다. 한일해협의 거리는 50킬로미터로 비교적 짧지만 수심이 깊을 뿐만 아니라 대규모 단층지대가 가로막고 있다. 해류가 급하여 해상작업의 어려움도 적지 않다. 거제도 쪽으로 통과한다면 수심은 155~160미터가 될 것이며 부산 쪽으로 연결된다면 220미터가 넘을 것이다. 수심이 깊어지면 그만큼 터널 심도가 깊어져 공사가 어려워진다. 특히 장대 해저터널의 경우 20~30킬로미터마다 인공 섬을 설치해야 하는데 수심이 깊어지면 이 작업 또한 어려워진다.

_**지각변화와 지진** 이는 해저터널 설계에 가장 중요한 사안으로, 해저터널과 같은 대규모 시설물의 경우 지각운동으로 인한 피해를 입는다면 그 손실은 이

루 말할 수 없을 것이다. 시설물의 강성을 보강하여 지진에 대처할 수는 있지만 고베나 후쿠오카에서처럼 토목시설물 근처에서 지진이 발생한다면 대처할 수 없다. 또한 한·일 해저터널과 같은 장대터널에서는 판구조론에 따른 지각변동에 대하여도 검토할 필요가 있다. 최근 GPS 자료에 의하면 한국이 속한 유라시아판과 일본이 속한 태평양판은 매년 3센티미터씩 가까워지고 있는 것으로 조사된다. 매우 느린 속도이긴 하지만 향후 수백 년 이상 운영될 터널을 설계할 때 무시할 수 없는 변화다.

_경제적 격차 한·일 해저터널은 경제 문제와 직결되기 때문에 양국의 경제적 격차 또한 고려하지 않을 수 없다. 예컨대 경부고속철도가 완공된 이후 서울, 대전, 대구, 부산 등의 대도시는 눈에 띄는 경제적 차이를 나타냈다. 서울과 부산의 소통과 교류가 활성화되면서 그 사이에 위치한 중간도시의 경제활동이 급격히 위축된 것이다. 이와 같은 현상을 한·중·일 관계에 대입한다면 중국과 일본 사이에서 한국이 중간도시의 입장에 봉착할 가능성을 배제할 수 없다. 한국의 경제성장에도 불구하고 한·일 간의 경제나 문화 수준의 차이는 현격하다. 이런 상황에서 해저터널이라는 편리한 교통수단이 마련될 경우 무역 및 관광사업이 일본에 집중될 우려가 있다. 물론 이것은 하나의 가정일 뿐이며 터널이 현실화되었을 때 어떻게 변화될지 진단한다는 것은 쉬운 일이 아니다.

_사업비 조달 부산, 쓰시마, 사가현 노선이 선택되었을 때 한국이 부담해야 할 사업비는 현재가치로 20조 정도로 예상된다. 공사 기간을 10년으로 볼 경우 매년 투자해야 할 사업비는 2조가량이다. 이 비용은 한·일 해저터널의 규모나 비용편익 효과로 볼 때 과중하다고 할 수는 없지만 공사 기간이 길고 예상치 못한 변수들이 도사리고 있어 재정을 안정적으로 확보하는 데 어려움이 있다.[108]

_터널공사의 안전성 건설공학은 흔히 경험공학이라고 한다. 이것은 인간이 자

연환경에 대해 이해할 수 없는 부분들을 경험으로써 배우고 대응책을 찾는다는 뜻이다. 그러나 한·일 해저터널은 인간이 아직 경험해보지 않은 대심도 초장대 터널로, 세계 어디서도 유래를 찾아볼 수 없는 사업이다. 정밀한 지질조사를 통해 예상되는 문제점을 설계에 반영하겠지만 아직 인간이 이해하지 못한 해저 지질과 거시적인 거동 특성으로 인해 언제 어떤 난관에 부딪힐지 알수 없다. 물론 자연 앞에 인간이 유리한 입장이었던 적은 한 번도 없었으니 어려운 과정이라 해도 엄두를 못 낼 정도의 공사는 아닐 것이다.

_운영과 유지관리 한·일 해저터널이 완공되고 운영되는 시점에도 위험요소는 적지 않다. 한국과 일본의 지각에 영향을 미치는 판구조 이론 그리고 지진 발생과 영향에 대한 메커니즘을 충분히 이해하지 못한 실정이기 때문이다. 이러한 문제에 대해서는 몇 가지 관점에서 대처할 필요가 있다. 첫째, 불안요소를 충분히 설계에 반영하는 것이다. 지진이나 거시적인 지각변동은 물론 미시적인 불안요소에 대하여 충분히 고려하고 안전율을 높여 설계하는 방법이다. 둘째, 미세한 변화를 미리 감지할 수 있는 계측 기반을 마련하는 것이다. 터널 주변 지반에 대한 거시적인 변화는 물론이고 터널의 미세한 움직임을 지속적으로 계측하고 모니터링하여 문제가 발생하기 전에 미리 대처하는 방법이다. 셋째, 사고가 재해로 이어지지 않도록 차단하는 것이다. 어떤 한 구간에 문제가 발생되었을 때 이 구간을 신속히 차단해 다른 구간으로 확산되지 않도록 하는 방법이다.

한·일 해저터널의 노선

한일해협은 수심이 155~220미터로 깊고 매우 빠른 해류가 흐르고 있어 침매터널이나 부유식 터널은 시공하기 어렵다. 그래서 현재로서는 거의 해저 암반을 굴착하는 방법이 논의되고 있다. 현재 세 개의 노선이 제시되어 있는데 선택의 핵심은 한일해협을 어떻게 통과할 것인가이다. 세 개의 안은 나름대로 장단점이 있지만 어떤 노선이든 최소 200킬로미터가 넘으며 공사 기간도 10년 이상이 걸린다. 첫번째 노선(A)은 거제도–대마도–이키도–사가현을 잇는 것이다.[109] 두 번째 노선(B)은 거제도 남단에서 대마도 중부에 도달한 뒤 지상으로 대마도를 지나서 사가현까지 연결하는 것이다.[110] 세 번째 노선(C)은 부산에서 대마도까지 해저터널을 뚫은 후 다른 안과 같이 이키도를 거쳐 사가현까지 잇는 것이다.[111]

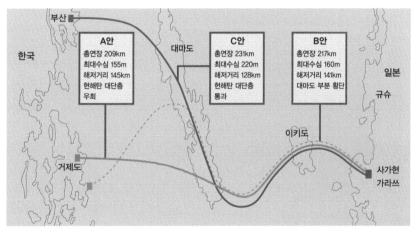

한·일 해저터널 노선 검토

이 세 개의 노선은 나름대로의 장점을 가지고 있지만 기술적인 문제점 또한 만만치 않다. 현재 공학기술로 해결하기 어려운 문제는 아니지만 공사비용이나 장기적인 유지관리 측면에서 정밀한 분석이 필요한 부분이다. 터널 출발지를 정하는 방식에도 양국 간 의견 차이가 크다. 어느 안을 선택하느냐에 따라 사업비 부담이 달라지기 때문이다. 일본은 부산보다는 거제도와 직접 연결하는 노선(A, B)을 선호한다. 이 경우 거제도에서 부산을 연결하는 비용은 순전히 한국이 떠안아야 한다. 반면 부산에서 쓰시마를 연결한 뒤 육로로 쓰시마를 관통하는 세 번째 노선(C)을 선택할 경우 한국의 공사비 부담은 현저히 줄어든다. 전체 231킬로미터 중 대한해협 50킬로미터 구간의 절반인 25킬로미터 구간만 한국이 건설하면 되기 때문이다. 일본은 대한해협 사이에 대규모의 단층대가 형성되어 있어 곤란한 입장이지만 객관적으로 세 번째 노선이 약 40조가량의 공사비를 줄이고 공사 기간도 5년 이상 단축할 수 있을 것으로 분석된다.

도토리를 땅에 묻는 다람쥐나 사냥한
고기를 땅에 묻는 여우처럼 인간도
땅속에 곡식을 보관해왔다. 무언가를
감추거나 보관하기에 땅속만큼 안전한
곳이 어디 있겠는가. 땅속은 변덕스러운
날씨와 기온으로부터 귀중한 식량을
보존해주는 천연 냉장고였다. 그 오랜
기능은 오늘날 변신과 확장의 과정에
있다. 지하는 빗물이나 폐기물을
처리하는 공간이기도 하고, 외부의
영향을 받지 않는 연구소나 실험
공간이기도 하다. 음식을 숙성시키는
공간이기도 하지만 방음 장치가 갖춰진
예술공간으로 거듭나기도 한다.

제4부

씀,
다양한 용도의
지하공간

1. 유럽의 소금 동굴

산악지대에 거주하는 사람들이 폭설에 갇혀 겨울을 보내야 할 때 식량만큼이나 귀한 것은 염분이
다. 따라서 소금이 떨어지면 소금 가마니를 씹거나 동물의 피를 통해 염분을 섭취한다. 그러나 그
마저도 불가능할 때는 서서히 몸이 부어오르는 것을 지켜보며 죽음을 기다릴 수밖에 없었다.

인간과 소금

인간의 생리와 직접 관계되는 소금은 오랜 세월 인간의 역사와 함께해왔다.
조선시대 여진족이 국경을 침입한 이유 중의 하나가 소금을 구하기 위해서였
다는 사실은 잘 알려져 있다. 오늘날에는 건강을 위해 싱겁게 먹는 게 유행이
지만 적당한 염분을 섭취하지 못하면 인체는 여러 문제를 일으킨다. 몸에서
가장 많은 염분을 함유하고 있는 피에 나트륨이 공급되지 않으면 바로 혈압
이 조절되지 않으며 살균작용이 정지되고, 소화계통과 신진대사에도 악영향
을 끼친다. 인류가 수렵에 의존하던 시대에는 사냥한 동물에서 염분을 얻기
때문에 소금의 필요성이 그리 높지 않았던 듯하다. 그러나 농경사회로 들어선
이후에는 별도로 소금을 구해 섭취해야 했기 때문에 소금이 중요한 교역물품

중국 차마고도의 소금계곡

이 되었다. 때로는 소금이 재화를 대신하여 임금[1]으로 지급되는 경우도 있었다. 또한 부패를 방지하는 성질 때문에 오래전부터 민간신앙을 비롯한 다양한 제례의식[2]에 소금이 사용되기도 했다.

　인간이 만든 동굴 중에서 가장 크고 가장 오랜 세월에 걸쳐 만들어진 것은 무엇일까? 현대 도심지에 만들어지는 지하공간을 제외한다면 단연 소금 동굴일 것이다. 소금 동굴의 역사는 석기시대까지 거슬러 올라간다. 그러나 원래부터 동굴로 형성되어 있었던 것은 아니고 소금을 조금씩 파내는 과정에서 자연스럽게 동굴이 형성된 것이다. 부안의 '곰소'가 소금이 생산되는 곳이란 뜻에서 붙여진 지명인 것처럼 할슈타트나 잘츠부르크 역시 소금hall, salt, salz과 관계가 깊은 지명이다. 소금과 관련된 지명은 로마 이전의 고대도시[3]에서도 많이 찾아볼 수 있다.

동굴에서 채취되는 소금은 암염이라고 한다. 보통 소금은 물에 닿으면 녹지만 어느 정도 습기를 머금은 표면은 단단해지기 때문에 파내기가 그리 만만치 않다. 이는 석회암이 습기에 노출되면 더욱 단단하게 굳어지는 현상과 같은 것으로, 소금을 파낸 동굴이 1000년 넘도록 견고하게 남아 있는 것도 이러한 현상 때문이다. 그 덕분에 오늘날 소금 동굴은 관광자원이나 요양소 등의 위락 시설로 활용되고 있다. 자연 동굴에서도 유물·유적 등 오래된 인류의 흔적을 찾아볼 수 있지만 인간의 손으로 직접 만들어진 소금 동굴에서는 특히 더 많은 유적이 발견되며, 자연 동굴과 비교가 안 될 정도로 많은 역사를 증명하고 있다. 한마디로 인류 문화의 보고라 할 수 있다. 더욱이 부패를 막아주는 소금의 특성상 유물의 보존상태도 뛰어나다. 대표적으로는 폴란드의 비엘리치카, 오스트리아의 할슈타트, 루마니아의 슬러닉 소금 동굴을 들 수 있다.

암염의 역사

한국에서는 대부분 바닷물을 증류시킨 천일염을 사용하지만 전 세계에서 사용되는 소금의 60퍼센트는 암염이다. 암염지대는 대규모 지각변동과 오랜 세월이 함께 만들어낸 합작품으로, 지중해 주변과 중동의 사막지대 그리고 지금도 융기가 계속 진행되고 있는 알프스와 히말라야 산맥 주변에 퍼져 있다.

약 6억 년 전 지반 융기로 형성된 히말라야 소금 광산은 노천 상태에서도 채굴할 수 있으나 다른 소금 광산은 대부분 오랜 채취 과정에서 거대한 동굴

지반 융기로 형성된 염호

이 되어 있다. 때로는 암염지대로 흘러든 물이 내부의 소금 동굴을 통과하여 밖으로 흘러나오는 경우도 있는데, 그 물을 모아 다시 천일염으로 만들기도 한다. 중국 차마고도나 남미의 안데스 산맥에 천수답처럼 보이는 염전들이 바로 그러한 경우다. 또한 지각운동에 의해 분지 형태로 있던 바다 속 지반이 융기된 뒤 오랜 세월에 걸친 증발과 퇴적으로 암염지대가 형성되기도 하는데 오스트리아의 할슈타트나 폴란드의 비엘리치카와 같은 유럽 고산지대가 대표적이다.

① 지반 융기: 바다 밑 분지형태의 지반이 융기되면서 산으로 둘러싸인 거대한 염호鹽湖가 만들어진다.

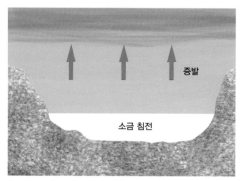

② 염호 증발: 장기간에 걸쳐 바닷물이 증발되면서 바닥에 소금이 쌓인다. 분지형태가 되면 강우량이 적어 증발이 더 빨라진다.

③ 퇴적 암염: 산이나 고지에서 흘러온 퇴적물이 이 위에 쌓이고 장기간 압력을 받아 바위처럼 단단하게 굳는다.

오스트리아의 할슈타트

할슈타트hallstatt의 소금 동굴은 가장 오랜 역사를 가지고 있는 동굴로, 기원전 1만2000년경 청동기시대에 돌도끼로 소금을 캐고 털가죽에 담아 운반했던 흔적이 발견되었다. 기원전 3000년경 소금을 캐던 사람의 도구와 옷가지도 발견되었는데 오랜 세월이 지났지만 소금의 보존력으로 인해 부패되지 않은 상태였다. 켈트어로 '할hall'이란 소금을 의미한다. 소금 동굴 덕분에 이 지역은 선사시대 이후 로마시대와 중세를 거치는 동안 줄곧 상업지로 명맥을 이어왔다.

기원전 8세기경에는 '할슈타트 문명Hallstattzeit' 또는 '할슈타트기期'라 불리는 철기문명을 이루었는데, 이 시기의 철기 유물과 청동으로 제작된 생활용품이 소금 동굴의 내부나 분묘에서 많이 발견되었다.

이렇게 오랫동안 소금을 채취해왔지만 규모로 볼 때는 루마니아나 폴란드의 소금 동굴에 미치지 못한다. 동굴이 접근하기 쉽지 않은 잘츠 산4 중턱에 있기도 하지만 할슈타트 도시 자체가 과거에는 배가 아니면 접근하기 어려운 지역이었기 때문이다. 비엘리치카나 슬러릭 지역이 대규모 소금 생산으로 상거래의 중심지가 되었던 것에 비해 할슈타트는 가까운 주변지역과 교류할 정도로만 소금을 생산했던 것으로 보인다. 소금 동굴의 깊이는 약 800미터 정도이며, 내부에는 연못처럼 물이 고인 동굴 형태도 발견된다. 현재 관광지로 개발된 이 동굴에서는 선사시대의 유물을 비롯하여 이후 시대별 유물들을 전시하고 있다.

할슈타트 소금 동굴 입구

폴란드의 비엘리치카

가장 큰 규모의 소금 동굴은 단연 폴란드에 있는 비엘리치카Wieliczka다. 이곳은 원래 헝가리의 소유였으나 헝가리 킹가 공주가 폴란드 볼레스와프 왕자에게 시집오면서 지참금으로 소금 동굴의 소유권을 가져옴으로써 폴란드 소유가 되었다. 비엘리치카는 13세기에 처음 발견된 이후로 700년 넘게 채굴되었으며 1978년에 유네스코 세계문화유산으로 지정되었다. 그 규모는 지하 327미터까지 9개 층으로 나뉘어져 있으며 지하터널의 연장을 모두 합치면 300킬로미터에 이른다. 소금을 채취한 방이 2000여 개에 이르며 각각 다른 방향으로 파들어간 180개의 동굴은 거대한 지하도시를 방불케 한다. 18세기에는 3킬로미터의 협궤철도가 부설되어 좀 더 편리하게 소금을 생산할 수 있게 되었는데 세심하게 경사를 조절한 이 철도는 지하 136미터까지 설치되어

동굴 안의 킹가 공주상

있다.

내부 시설물 중에서 가장 눈길을 끄는 것은 킹가 성당[5]이다. 길이 54미터, 폭 17미터, 높이 12미터나 되는 성당의 내부 장식은 세 명의 광부가 평생에 걸쳐 완성한 것이라는데, 내부 벽면의 조각은 물론 샹들리에까지도 암염 조각으로 장식되어 있다. 동굴 안에는 킹가 성당 외에도 성 안토니우스 예배당, 코페르니쿠스 방, 전설의 방 등의 공간이 있으며 깊이 9미터가 넘는 호수도 있다. 최근에는 지하 211미터에 호흡기 질환자를 위한 요양원과 소금박물관이 만들어졌다.

루마니아의 슬러닉

루마니아 프라호바 계곡에 있는 슬러닉Slanic 소금 동굴 역시 비엘리치카에 필적하는 규모와 역사를 지니고 있다. 이 소금 동굴을 차지하기 위해 로마는 두 차례나 루마니아를 침략한 바 있다.[6] 프라호바 계곡 외에도 루마니아 산간

슬러닉 소금 동굴

을 지나다 보면 산 중턱에 금을 그어놓은 듯한 흰색의 띠를 볼 수 있는데 이 것이 모두 소금 광맥이다. 현재 소금 채취가 중단된 슬러닉은 요양소로 더 유 명해졌으나 오즈나 데즈 지역은 아직 많은 양의 소금을 채취하고 있으며, 그 에 따라 매년 지하공간이 깊어지고 있다.[7] 동굴은 안정된 사다리꼴로 층을 이 루며 지하로 내려가는데[8] 지금은 지하 깊은 곳까지 대형 덤프트럭이 내려가 소금을 실어내기 때문에 예전처럼 멋진 동굴 형태가 만들어지지는 않지만 대 규모로 형성된 50여 개의 지하공간은 요양시설과 관광시설로 활용되고 있다.

2. 지하 곳간, 안정된 삶을 위한 공간

파라오는 살진 암소들이 강가에서 노는 꿈을 꾸었다. 그런데 어디선가 나타난 야윈 암소가 살진 암소들을 모두 잡아먹는 것이었다. 유대인 요셉은 그 꿈을 풍년 뒤에 흉년이 닥칠 신호로 해석했고, 파라오는 그를 총리로 삼았다. 요셉은 많은 곳간을 만들어 곡식을 쌓아둠으로써 가뭄으로 흉년이 든 이집트를 구해냈다.

2010년 튀니지에서 시작된 재스민 혁명은 장기적인 독재 정권에 분노한 민중의 궐기였다. 노점상 부아지지의 분신 사건이 단초가 되어 한순간에 타오른 혁명의 불길은 한 달 만에 벤 알리 대통령을 퇴출시켰다. 혁명의 여파는 이웃 나라인 이집트와 리비아로 옮겨져 무바라크와 카다피를 권좌에서 물러나게 했다. 시리아의 경우에는 정부가 무력으로 국민을 제압하고 화학무기까지 사용하는 지경에 이르러 미국과 유럽의 개입을 불러일으켰다.[9]

평온하게 보이던 무슬림 국가에서 왜 이런 혼란이 일어났을까? 어이없게도 그 발단은 밀 수급의 일시적인 불안정 때문이었다. 2010년 러시아가 밀 수출을 중단함에 따라 중동의 밀 값이 요동을 쳤고, 이로 인한 민중의 항의가 결국 정치 불신과 민주화의 요구로 확산된 것이다. 러시아의 밀 수출은 곧 재개되었지만 들불처럼 번져나간 중동의 민주화 바람은 잦아들지 않았다. 식량 자급률이 22퍼센트에 불과한 한국의 사정으로 볼 때 중동의 변화는 많은 생각을 하게 만든다.

고대문명의 곳간은 지하공간에 만들어지는 경우가 많았다. 기후가 수시로 변하는 지상에 비해 안정된 상태를 유지할 수 있었기 때문이다. 이러한 이점을 이용해 지하 암반에 대규모 곳간을 마련하는 것도 생각해볼 만한 일이다. 특히 한국은 석유나 광물의 비축 경험이 많고 기반암도 견고한 편이어서 충분히 가능해 보인다. 물론 곡물 관리에 관한 첨단 항온·항습 장치와 자동화 시스템뿐만 아니라 고대문명의 곳간에 대해 연구할 필요가 있다. 별다른 장치도 없이 공간 구조와 통풍만으로 어떻게 기능을 유지했을지 세밀히 살펴본다면 새로운 지혜를 배우게 될 것이다. 기술적인 측면뿐만 아니라 시대적 배경까지 염두에 두고 검토하다 보면 거시적인 시선으로는 볼 수 없었던 민중의 소소한 삶, 문명의 뒤뜰에 감추어진 또 다른 역사를 만날 수 있을 것이다.

고대의 곳간, 움

움은 땅을 파고 나무로 널을 얹어 만든 소규모의 지하공간이다. 보통 사람 키 정도로 땅을 파고 지붕을 거적과 흙으로 덮은 것을 말한다. 선사시대에는 추위나 비바람을 피하기 위해 움을 만들었지만 주거지가 점차 지상으로 옮겨지면서 움은 식량을 저장하는 공간이 되었다. 사계절의 변화가 뚜렷하고 곡물 추수가 가을에 집중되는 우리나라에서는 예로부터 곡식 보관용 움이 이용되어왔다. 전란을 대비하기 위한 목적도 있었지만 추운 겨울에 식량이 얼지 않게 관리하는 것은 매우 중요한 일이었기 때문이다. 농촌에서 어린 시절을 보낸 중장년 세대라면 긴 겨울밤 움에서 꺼내온 무나 고구마를 구워 먹던 추억을 간직하고 있을 것이다.

삼국시대 고구려와 신라의 격전지였던 경기도 연천군의 호로고루[10] 성터에는 군량을 보관한 움이 있다. 6세기 중엽 고구려가 한강을 잃고 임진강 유역에 새로운 성을 쌓기 시작할 무렵 만들어진 것으로 보인다. 깊이 3미터 정도의 정방형으로 만들어진 움 안에서는 쌀, 조, 콩, 팥 등의 탄화된 곡식과 함께 식용으로 비축된 동물의 뼈도 발견되었다. 이곳의 움은 통나무를 고르게 깔아서 바닥을 만들고 사방에 돌을 쌓아 벽체를 만든 구조로, 측면으로 출입하도록 되어 있다. 지붕은 남아 있지 않지만 바닥에 사용한 것과 같은 통나무로 널을 만들고 그 위를 거적과 흙으로 덮었을 것으로 보인다. 임진강 유역이 넓은 평야와 강을 끼고 있는 삼국의 주요 곡창지대였던 만큼 이 움은 장기간 주

호로고루 성터의 움

둔하던 병사의 식량 곳간으로 이용되었던 듯하다.

이집트의 곳간

유대인이었던 요셉이 파라오의 꿈을 해석하여 이집트 재상 자리에 앉게 된 이야기[11]는 꽤 사실적인 근거를 지니고 있다. 당시 대기근에 대한 기록이 성서뿐 아니라 이집트 아스완 석비에도 남아 있고, 기원전 1600년을 전후하여 메소포타미아 일대에 많은 곳간이 만들어졌기 때문이다. 카이로 인근에는 이때 만들어진 시설이 지금도 많이 남아 있는데 간단히 땅을 파내고 흙벽돌을 쌓아서 만든 방식이다. 일상적으로 쓰이는 곳간은 대부분 지상에 만들어졌지만 장기간 비축을 위한 지하 곳간도 꽤 있었다. 이집트 남부에서 기원전 1520년 이전에 만들어진 것으로 추정되는 대규모 곳간이 발견되었는데,[12] 일정 깊이

대기근이 기록된 아스완 석비

므깃도의 지하 곳간

로 땅을 파고 원형으로 흙벽돌을 쌓은 형식이다. 이런 곳간은 모두 7개소나 되며 용적으로 따지면 1000톤의 곡물을 저장할 수 있는 규모다.[13] 이집트와 시리아 경계에 있는 므깃도[14]에도 이 무렵의 곳간이 여러 개소 발견되었다. 이 지역은 땅이 기름져 곡물이 풍부하게 생산되던 곳으로, 이집트의 투트모스 3세[15]는 여러 차례의 공격 끝에 이 지역을 점령함으로써 이집트의 전성기를 누릴 수 있었다.

신라시대의 고모산성 곳간

신라시대에 만들어진 문경 고모산성[16]의 지하 곳간은 한국의 지하 목조 건축물을 대표할 만하다. 고모산은 해발 231미터로 그리 높은 산은 아니지만 험준한 소백산맥을 두르고 중부와 영남을 연결하는 조령로에 위치하고 있어 적의 침입을 차단하는 요충지였다. 구조물의 규모나 형식으로 볼 때 정교한 설계와 축조기법에 의해 만들어졌으며, 안에서 발견된 곡물, 과실, 씨앗의 흔적들은 곡물창고로 쓰였음을 알려준다. 맨 마지막 층은 바닥이 점토로 되어 있고 벽면이 판재로 견고하게 처리되어 있어 물을 저장하는 공간이었을 가능성도 있다. 고모산성은 지대가 높지 않지만 일단 적에게 포위되면 물을 구하기가 어렵다는 점을 고려할 때 그러한 추정이 가능하다. 물론 습기 때문에 물과 곡식을 함께 저장할 수는 없었을 것이다. 아마 평상시에는 곡물만 저장해 놓았다가 전란이 닥치면 긴급하게 물을 채워 넣었을 것이다.

곳간 건축의 자재는 소나무와 참나무이며 내부는 3층으로 나뉘어져 있다.[17] 건축 과정을 보면 땅을 일정 깊이로 파내려간 다음 기둥과 보를 교차 설치하고 그 위에 다시 보를 얹어 마무리하는 순으로 지었을 것이다. 골조작업이 끝난 뒤에는 벽면에 나무판을 덧대어 마무리했다.

이외에 지하에 만들어진 목조 구조물은 주로 백제에 편중되어 있는데 공주 공산성, 대원 월평동, 금산 백령산성, 대전 계족산성, 부여 궁남지, 이천 설성 산성 등이 알려져 있다. 고모산성 지하 곳간은 발굴과정에서 나온 토기나 유물로 보아 자비왕 재위기에 해당하는 5세기 중반[18] 건축물로 추정되며, 이는 백제의 지하 목조 구조물보다 시기적으로 앞선 것이다.

모헨조다로와 하라파의 곳간

인더스 문명을 대표하는 모헨조다로는 5000년 전 유적이라고는 믿을 수 없을 정도로 정교하게 계획된 도시다. 현대도시의 구획 정리를 보는 것처럼 도시 전체가 12개 블록[19]으로 나뉘어 있고 가장 위쪽에 곳간을 두었다. 지하 곳간은 아니지만 약 800제곱미터나 되는 공간을 구운 벽돌로 두껍게 쌓아 외열을 차단했고 부패를 방지하기 위해 공기 소통이 잘 되도록 만들었다. 곳간 곁에는 베란다로 둘러싸인 욕조, 대형 주거공간, 집회소 등이 함께 배치되어 있어 최상위 계층이 곳간을 관리했음을 알 수 있다.

인더스 문명의 또 다른 유적지인 하라파에도 곳간이 있었다. 이 곳간은 바

모헨조다로 유적과 벽돌 구조물

닥에 토대석을 깔고 내부 공간을 12개로 구분했다. 전체 면적은 836제곱미터로 모헨조다로와 비슷하지만 각 방이 70제곱미터로 좀 더 작게 나누어져 있어 곡물 관리가 훨씬 수월했을 것이다. 내벽은 벽돌을 쌓은 뒤 진흙으로 표면을 다듬고 위쪽 벽돌은 엇갈려 배치했다. 이러한 구조는 햇빛과 열을 차단하면서도 통풍이 잘 되도록 하여 장기 보관에 효과적이었을 것이다.

리비아의 원형 곳간

리비아의 수도 트리폴리에는 지상과 지하에 반씩 걸쳐 있는 특이한 곳간이 있다. 침입을 막기 위해 외벽을 성곽처럼 두르고 출입구는 하나만 두었다. 안으로 들어서면 벽면을 따라 114개의 창고가 빼곡하게 들어차 있고(무슬림들에게 '114'라는 숫자는 114장으로 구성된 코란 경전을 상징하는 신성한 숫자다) 지하층에는 올리브유를, 지상층에는 식량을 저장했다. 이 곳간은 약 300년 전에 만들어진 것이나 트리폴리의 기후나 주거 흔적으로 볼 때 곳간의 역사는 한참 전으로 거슬러 올라갈 것이다. 구조물의 재료가 흙이어서 주기적으로 지었다가 허물기를 반복했기 때문에 남아 있는 유적은 거의 없다. 흙벽돌로 쌓

트리폴리 원형 곳간의 외부와 내부

은 벽체에는 다시 진흙을 두텁게 발라 태양열이 내부까지 전달되지 못하게 했다. 척박한 기후와 외부침략을 견뎌낸 이들의 삶의 의지와 지혜가 돋보인다.

푸에블로 인디언 유적

현재 미국의 뉴멕시코 애리조나 텍사스는 푸에블로 인디언Pueblo Indian[20]이 오랜 세월 살아온 지역이다. 기원전 2000년 전부터 살아온 이들의 흔적은 넓은 지역에 분포되어 있으며 그랜드캐니언 안에만도 2000여 개소의 푸에블로 인디언 주거지가 남아 있다. 1200년경 그랜드캐니언 지역에 대가뭄이 닥치는 바람에 많은 인디언이 지금의 뉴멕시코 지역으로 거주지를 옮겼고, 절벽에 자연적으로 형성된 지하공간을 주거지와 곳간으로 삼았다. 주변에 건축 재료가 마땅치 않았기 때문일 수도 있겠지만 근원적으로는 인간이 지하세계에서 왔다고 믿는 그들의 신앙 때문으로 보인다.

푸에블로 인디언 부락에는 키바Kiva라는 원형 집이 있다. 한국에서 볼 수 있는 당집과 유사한 기능을 하는 공간으로, 반지하 형태로 만들어졌으며 출입구가 지붕에 있다. 특이한 것은 사다리를 타고 지붕으로 올라갔다가 다시 사다리를 타고 내부 공간으로 내려가면 바닥에 조그만 구멍이 하나 뚫려 있다는 점이다. 이 구멍은 지상과 지하를 연결하는 통로로서 푸에블로 인디언들이 가장 신성시하는 장소라고 한다. 키바가 지상과 지하를 연계하는 물리적인 통로라면 이들의 축제에 빠짐없이 등장하는 카치나Kachina는 인간과 신을 연계하는 정신적인 통로다. 푸에블로 인디언들은 작은 인형으로 만든 카치나를 집 안에 보관하고, 제의를 올릴 때는 카치나 복장을 하고 키바 앞에서 춤을 추며 대지와 신에게 감사의 제의를 치른다.

푸에블로 인디언의 곳간은 거주지역과 가까운 절벽 중간쯤에 있다. 옥수수

푸에블로 인디언의
주거유적

푸에블로 인디언의 키바

푸에블로 인디언의 곳간

를 비롯해 장기 보관할 수 있는 곡물이 저장되었는데, 지금은 풍화가 심해 접근이 쉽지 않지만 만들어질 당시에는 주거지역과 연결되는 통로가 있었을 것이다. 곳간이 절벽 중간에 남아 있게 된 것은 오랜 세월 침식과 풍화로 파여서 주거공간과 멀어지게 되었기 때문이다. 곳간을 만드는 방법은 간단하다. 퇴적층은 위치별로 바위의 강도가 다른데 약한 바위는 다른 곳보다 침식이 빨라 움푹 파이게 된다. 이렇게 자연이 만들어낸 공간 앞에 흙벽돌을 쌓아서 막으면 멋진 곳간이 되는 것이다. 가뭄이 몇 년씩 지속되곤 하는 건조지대에서 곳간은 없어서는 안 될 시설이었다. 이들은 키바를 통해 대지의 신과 소통하면서 풍작을 기원하는 한편 가뭄에 대비하여 곡물을 저장하는 지혜도 갖추고 있었다.

지하 암반을 이용한 현대 곳간

지하 곳간을 계획할 때 고려해야 할 가장 중요한 요소는 곡물의 생태환경을 유지할 수 있는 시스템이다. 곡물은 살아 있는 생명체로서 저장 상태에서도 미생물과의 생태계를 유지하고 있다. 다시 말해 곡물을 보존하기 위해서는 생명현상을 유지하되 생장이 중지된 휴면 상태를 유지시켜줘야 한다. 그동안 지하공간을 활용하여 석유나 LNG 등의 자원을 비축한 사례는 많이 있으나 지하 대공동을 활용한 곳간이 없는 것은 이러한 휴면 상태의 유지가 어려운 탓이다.

곡물의 생명현상을 유지하기 위해서는 해충이나 유해한 곰팡이가 성장하지 않도록 온도, 습도, 공기, 성분을 엄밀히 관리해야 한다. 우선 해충이나 곰팡이가 억제되는 조건은 공기 중 산소 함량이 3퍼센트 이내여야 한다.[21] 물론 기본적으로 일정한 온도와 습도가 유지되어야 한다. 이러한 조건이 갖추어지면 방부제나 약제를 사용하지 않고도 신선한 상태로 곡물을 보관할 수 있으나, 수시로 입출고가 이루어지는 곳간에서 이러한 조건을 유지하기란 쉬운일이 아니다. 그러나 최근에는 자동 계측 및 제어 시스템을 통해 대규모 지하 저장소가 가능하게 되었다. 노르웨이는 지난 1950년대부터 냉동식품 위주로 지하 곳간을 운영해왔으며 최근에는 아르헨티나, 미국, 호주도 지하 암반에 대규모 저장소를 갖추고 운영하고 있다. 한국 역시 지난 30년간 암반지대에 자원을 저장해온 경험이 많아 지하 곳간을 만드는 일은 그리 어렵지 않을듯하다. 미국의 플로렌스 둔켈 교수는 국토의 70퍼센트가 산지이며 기반암이 견고한 한국의 지형 및 지질학적 조건은 지하 암반을 이용한 곳간 구축에 아주 유리하며 현재의 기술 수준으로 충분히 가능하다고 조언한 바 있다.

지상 곡물 엘리베이터

3. 다양한 지하 저장공간

페름기와 쥐라기에 대멸종을 겪었던 지구는 그다지 안전한 행성이 아니다. 언젠가 또 다시 빙하기가 도래할 수도 있으며 지구 온난화와 자연 재해, 운석 충돌의 위험까지 안고 있다. 인간은 이러한 위기에 대처할 방법들을 찾고 있으며, 그중 하나는 지하 암반지대를 활용하는 것이다.

시대가 발달할수록 비축해야 할 자원의 종류는 점점 더 다양해지고 규모도 커지고 있다. 곡물의 경우 항온·항습 시스템의 발달로 대규모 곡물 엘리베이터[22] 시설을 갖춘 저장고가 일반화되었지만, 광물자원을 비롯하여 방폐물의 저장공간으로도 지하공간의 활용성은 더욱 커지고 있다. 지하공간은 온도나 습도를 관리하기에 유리하며 시설 규모의 제약이 거의 없다. 더구나 기술적인 문제만 해결되면 더 깊은 공간 확장도 가능하다. 이러한 조건을 가지고 있는 지하공간이 자원 비축공간으로 각광받고 있는 것은 당연한 일이다. 기존에 있던 자연 동굴이나 다른 용도의 시설물을 재활용할 수도 있다. 석회암지대가 많은 한국은 자연적인 동굴도 많고 폐광이나 폐선 터널도 많은 편이어서 재활용 비축공간으로 고려해볼 만하다.

지하 암반 저장의 이점

지하 암반 저장은 지상에 비해 안전하다는 점 외에도 부지를 마련하거나 공간을 구축하는 데 드는 비용을 현저히 줄일 수 있다는 장점이 있다. 이를테면 석유비축 기지를 조성할 경우 지하 암반은 지상탱크에 비해 15퍼센트 이상 저렴하며 규모가 커질수록 더 효율적이다. 특히 국제 테러의 위험이 높아지고 있는 오늘날 지상에 설치된 유류탱크는 시설이 너무 거대해서 공격으로부터 방어하기 어렵다. 더욱이 부분적인 폭발이 연쇄폭발로 이어질 수 있기 때문에 더욱 위험하다. 지하 암반을 활용할 때의 대표적인 장점에 대해 소개하자면 다음과 같다.

_입지 선정 지상에 설치할 경우 지진이나 지반조건은 물론 지자체의 님비 현상도 염두에 두어야 한다. 그러나 지하 암반의 경우 지진 영향이 상대적으로 적고 시설 입지에 따른 주민 저항도 비교적 적다.

_해일과 태풍에 유리 대규모 저장시설은 선박의 접근에 유리하고 하역의 편리를 위하여 해안에 설치되는 경우가 많다. 그러나 해안은 항상 쓰나미 또는 태풍의 영향을 받는다. 위험시설이 지하 암반지대에 구축되어 있다면 이러한 염려에서 벗어날 수 있다.

_경제적 이점 부지 확보에 들어가는 비용은 원가 비중이 크다. 일례로 2010년에 만들어진 울산 석유저장고는 토지구입 및 건설비로 4000억 원이 소요되었지만 지하 암반을 선택했다면 2124억 원에 조성할 수 있었다.

_전시, 테러 대비 효과 국가 안보와 관계되는 곡물, 석유, LNG 등 주요자원은 전시나 테러에 대비하지 않을 수 없는데 지하 암반은 시설물 안전에 유리하다.

_유지관리의 이점 지상 시설물은 햇빛·공기·염해로 인해 녹이나 부식이 발생

하지만 지하공간의 경우 이러한 염려가 줄어든다.

고대의 포도주 저장고

포도주는 인간의 역사에서 가장 오래된 음식 중 하나로, 아르메니아 산악지대 동굴에서는 약 6000년 전의 양조장 유적이 발견되었다. 기원전 3100년경 이집트의 파라오였던 스콜피온 1세의 무덤에서도 포도주가 발견되었는데, 제사나 종교의식을 거행할 때 포도주를 사용한 것으로 조사되었다. 이렇게 아르메니아에서 시작된 포도주 제조법은 이집트와 지중해 연안으로 널리 전파된 것으로 보인다.

포도주는 빛이 잘 들지 않고 온도가 낮은 공간에 저장해야 좋은 맛을 낸다. 오랜 세월 동안 지하공간이 포도주 저장고로 이용되어온 것은 이러한 조건을 두루 갖추고 있기 때문이다. 한국에도 포도주 저장고로 활용되는 지하공간이 여러 지역에 있다. 청도의 와인 저장고,[23] 곤지암의 라 그로타La Grotta와 충북 매천리에는 일제강점기 때 만들어진 90여 개의 토굴을 활용한 포도주 저장고가 있다.

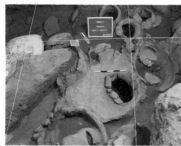
아르메니아 포도주 양조장

매천리 토굴 포도주 저장고

포도주는 일정한 조건에서 숙성시키면 알코올 발효가 일어나지만 산소나 수분에 따라 초산 발효를 일으키기도 한다.[24] 따라서 풍미 깊은 맛을 내기 위해서는 장기간 까다로운 과정을 거쳐야 한다. 온도 변화로 인해 발생되는 메일라드 반응[25]을 비롯하여 포도주의 향과 맛에 영향을 미치는 산소, 빛, 진동 등의 요소[26]를 확인해보면 지하공간이 포도주 저장고로 이용되는 이유를 이해할 수 있을 것이다.

얼마 전, 타이태닉호에서 발견된 1907년산 포도주가 병당 1만1000달러에 팔렸다고 한다. 역사적 화제가 있기에 비싼 값에 팔렸겠지만 그 가격에는 어둡고 차가운 심해에서 100년이나 숙성된 맛에 대한 프리미엄까지 책정되었을 것이다. 몰도바의 밀레스티 미치는 오래전부터 지하공간을 이용한 세계 최대의 포도주 저장소로 이용된 도시로 유명하다. 밀레스티 미치는 원래 로마시대부터 질 좋은 석회암 생산지로 알려져 있는데 고대도시의 많은 건축물이 여기서 얻은 석회암으로 만들어졌다.[27] 포도주 저장고는 석회암을 채취하느라 파놓은 동굴의 일부를 개조하여 만든 것으로, 길이가 약 55킬로미터에 달하며 이 저장소의 포도주는 250만 병이 넘는다.

와인의 나라로 불리는 프랑스는 지중해 연안을 중심으로 수천 년 전부터 포도주를 만들어온 역사를 가지고 있다. 특히 로마시대에 만들어진 석회암 동굴을 개조한 지하저장고는 프랑스 포도주를 더욱 유명하게 만들었다. 유명한 샴페인 중의 하나인 모에샹동Moet et Chandon[28] 역시 석회암 동굴에서 숙성시킨다. 그 밖에도 이탈리아, 스페인, 독일 등 유럽 대부분 도시에는 오래된 석회암 동굴을 활용한 포도주 저장고가 있다. 매년 포도주 축제가 열리는 프랑스의 스트라스부르 역시 중세 이전에 만들어진 포도주 저장소로 유명하다. 1395년에 만들어졌다고 하는 석회암 동굴에는 1492년 알자스 지방에서 만들

밀레스티 미치의 포도주 저장소

모에샹동의 샴페인 저장소

어진 포도주가 아직 저장되어 있다고 한다.

지구별 종자저장고

스웨덴 스발바르에 만들어진 국제종자저장고Svalbard International Seed Vault는 지구적 규모의 재앙에 대비하여 만든 시설이다.[29] 2억5000만 년 전 페름기의 대멸종과 6000만 년 전 쥐라기의 대멸종을 경험한 지구는 대규모 운석 충돌이나 빙하기 등의 기상이변이 나타나는 불안정한 행성이다. 자연재해를 접어두더라도 화석연료로 인한 오존층 파괴와 온난화와 같은 인류가 만들어낸 재앙도 코앞에 닥쳤다. 더불어 세계 각국에서 핵무기가 개발되어온 만큼 핵전쟁으로 인한 재난의 가능성도 있다. 이러한 상황에 대비하여 생물의 유전자나 씨앗을 보존해야 한다는 주장은 꽤 설득력이 있어 보인다.

스발바르는 북극에 가까운 북위 80도에 위치한 노르웨이의 섬으로 영구 동토지대다. 연간 기온이 너무 낮아 거주 인구는 많지 않지만 연구기지나 자원조사를 위한 기관이 많다. 국제종자저장고가 이런 장소에 설치된 이유는 일단 씨앗이 저장되고 나면 모든 시설이 무인 시스템으로 운영되며 외부 출입이

스발바르 종자저장고

불필요하기 때문이다.

한 개뿐인 출입구는 해수면으로부터 130미터 높은 곳에 만들어져 있고, 종자가 저장되는 공간은 지상에서 120미터 내려간 암반지대에 있다. 위치를 이렇게 정한 이유는 전 지구적 재앙으로 빙하가 녹고 해수면이 상승해도 물에 잠기지 않도록 하기 위한 것이다. 더욱이 저장소의 외벽을 1미터 두께의 콘크리트 벽으로 하여 외부 충격이나 지구 온난화의 영향을 받지 않도록 했다.[30] 평시에 저장고 내부 온도는 씨앗이 발아하지 않고 휴면 상태를 유지할 수 있도록 영하 18도로 관리된다. 만에 하나 전기 공급이 중단된다 해도 영구 동토지대이기 때문에 영하 3도 이상은 오르지 않도록 설계되었다. 이곳에는 전 세계에 흩어져 있는 거의 모든 씨앗이 저장되어 있다.[31]

수원 유전자원센터
한국은 스발바르의 저장고보다 앞선 2006년도에 수원농업유전자원센터를 만들었다. 식물 종자로만 보면 18만 점 정도로 스발바르에 미치지 못하지만

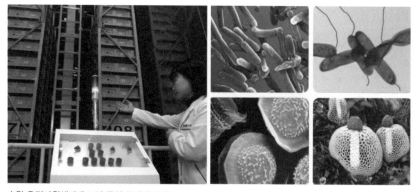

수원 유전자원센터에 보관 중인 종자와 균류

이곳에는 미생물 2만 점을 비롯하여 버섯, 가축, 곤충의 유전자 50만 종이 체세포 형태로 보관되어 있어 '제2의 노아 방주'로 불리기에 손색이 없다. 유전자 연구 분야에서 선두 주자로 인정받는 한국의 기술력이 십분 발휘된 이 시설은 이미 유엔식량농업기구FAO와 세계작물다양성재단GCDT으로부터 세계 각국의 주요 유전자원을 보존하는 국제 보존소로 지정되었다. 필요할 때 언제든 꺼낼 수 있는 입출고 시스템이 갖추어져 세계 어느 나라에서도 품종 개량이나 연구 목적으로 쉽게 제공받을 수 있다. 내부 저장된 자원은 영하 196도까지 보관할 수 있는 첨단 보존시설을 갖추고 있으며 필요에 따라 중기 보관, 장기 보관, 극저온 보관 등으로 분류하여 관리되고 있다.[32] 더욱이 리히터 규모 6~7의 강진이나 다른 어떤 충격에도 안전을 유지할 수 있도록 건축되었다. 그러나 스발바르의 저장고처럼 전 지구적 재앙에 대비해 만들어진 것은 아니다.

방사성 폐기물 저장고

현대 문명을 유지하는 데 원자력은 불가피한 선택으로 보인다. 최근 서울시는 에너지 절약을 통해 원자력 발전소 하나를 줄이자고 홍보하지만 한국의 전력 환경을 생각해보면 좀 의아한 점이 있다. 한국의 전기 생산은 화석연료를 사용하는 화력발전소가 절반 이상을 담당하고 있다. 원자력이 환경에 문제가 있다고 해도 생산하는 전력량에 비해 대기오염이나 수질 악화에 끼치는 영향은 화력발전소에 비해 극히 적은 편이다. 한마디로 풍력, 조력, 태양열과 같은 대체 에너지로 대체해나가야 할 대상은 바로 화력발전소인 것이다.[33] 화력발전소는 화석연료의 고갈이나 이산화탄소의 배출이라는 문제보다 환경오염에 큰 피해를 끼친다는 사실을 인식해야 한다.

이러한 여건에서 방사성 폐기물 저장공간을 확보하는 것은 자연환경 보호

월성 방폐장 조감도 　　　　　　　　　월성 방폐장 터널 공사과정

를 위한 차선책이라고 할 수 있다. 방사성 폐기물은 거의 원자력 발전에 의해 발생되지만 이외에도 병원에서 사용하는 의료용 장비 또는 산업현장에서 사용되는 검사장비 등에서도 방사성 폐기물이 발생된다. 이 폐기물은 위험도에 따라 고준위에서 저준위까지 3개 등급으로 나뉜다.

경주 암반지대에 만들어지는 월성 원자력환경관리센터는 중·저준위 방폐물을 영구 보존하는 시설이다. 저장공간 규모는 그리 크지 않지만 이를 관리하는 지상부지는 210만 제곱미터에 이른다. 지하 암반은 지하 80~130미터 깊이에 만들어지는데 이곳에 방사능 폐기물 드럼이 모두 채워지면 중후한 콘크리트로 입구를 막고 다시 그 앞에 납으로 만든 차단벽이 만들어진다. 2012년 총 6개 처분고가 완성되었는데 각각 1만6000드럼씩 10만 드럼에 채워지게 된다. 앞으로 경주 방폐물 처분장의 암반저장소에는 총 80만 드럼을 저장할 수 있게 된다.

원유 비축기지

한국은 세계 4위의 원유 수입국이지만 이에 못지않게 많은 석유제품을 수출하는 나라이기도 하다. 그것도 수입한 석유의 일부분만 되팔아서 수입비의 절반 이상을 벌어들이는 부가가치를 창출했다.[34] 이 사실은 그동안 에너지 비축시설을 효과적으로 조성하고 운영해왔음을 의미한다. 구체적으로 말하자면 1970년대 두 차례의 석유파동[35]으로 혹독한 경제위기를 겪은 한국은 1979년부터 근 30년간 지속적으로 석유 비축기지[36]를 만들어왔으며 현재 비축 용량은 1억 배럴이 넘는다. 이만한 물량을 비축할 수 있게 된 것은 다행스러운 일이지만 세계 4위의 에너지 소비국이라는 점을 고려하면 아직 부족한 실정이다. 에너지를 전량 외국에 의존할 뿐만 아니라 경제구조가 석유화학 및 석유가공산업[37] 중심으로 짜여 있는 국가에서 석유자원은 국가경제를 좌우하는 에너지라고 할 수 있다.

일반적으로 지하의 저장공간을 만들 때는 우선 바위를 굴착한 뒤 벽면에서 물이 새거나 무너지지 않게 두꺼운 콘크리트로 벽면을 포장해야 한다. 지압의 저항을 막아주는 이 작업은 가장 어렵고 시간도 많이 걸리는 작업이다. 그러나 석유 비축기지는 이런 작업이 필요치 않다. 바위를 파내고 간단히 벽면에 숏크리트만 뿜어 붙이면 된다. 왜 그럴까? 이는 암반 표면에 작용하는 수압과 석유가 물보다 가볍고 두 액체가 서로 섞이지 않는다는 간단한 원리에 기인한다. 보통 석유를 저장하기 위해서는 밖으로 새어나가지 않도록 기밀성을 유지해야 하지만 깊은 암반에 작용하는 수압 자체가 기밀성을 유지해주는 것이다. 물과 석유는 서로 섞이지 않고 또 물은 석유보다 무겁기 때문에 벽면을 통해 스며든 물은 아래쪽으로 모이게 된다. 그래서 이 물만 빼주면 문제는 모두 해결된다.

울산 비축기지   암반 저장원리

울산 비축기지는 그동안 추진해온 석유 비축사업을 완성하는 의미 있는 시설이다. 기술적으로도 그동안 거제1985년와 여수1998년에 원유 저장고를 조성하는 과정에서 얻은 노하우가 모두 집적되어 한층 완성도 높은 구조물로 평가받고 있다. 울산 비축기지의 주 저장시설은 지하 100미터 아래 단단한 암반지대에 갖추어져 있다. 폭 18미터, 높이 30미터의 아치형 단면의 면적은 516제곱미터이며 길이는 2016미터에 이른다. 접근시설이나 기계설비 공간[38]을 제외하고 순수 저장고 용적만 해도 104만 제곱미터에 이르는 초대형 지하공간이다. 이곳에 저장할 수 있는 원유는 650만 배럴에 이른다.

액화가스 저장기지

중요한 에너지원이면서 액체상태의 자원이라는 점에서 천연가스LNG[39]와 석유가스LPG[40]는 원유 비축기지와 유사한 점이 많다. 그러나 액체 상태를 유지하기 위해 영하 162도까지 낮춰야 하는 액화가스는 누수나 암반의 균열이 안전에 큰 영향을 미칠 수 있다. 이 때문에 액화가스 저장시설을 지하 암반에 설치할 때는 암반이 치밀한 상태를 유지할 수 있도록 매우 깊은 곳에 설치해야 한다. 이외에도 극저온 상태의 액화가스 누출을 방지하고 주변 지반이나 지하수가 동결되는 문제[41]가 발생하지 않도록 콘크리트 내부에 특수 방호벽, 즉 아이스 링Ice Ring 시설을 설치해야 한다. 이 시설은 LNG 저장의 핵심 기술이다.

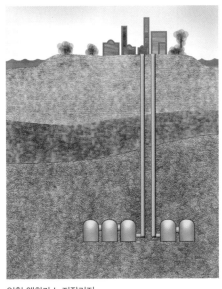

인천 액화가스 저장기지

2000년에 만들어진 인천 액화가스 저장기지는 바다 한가운데 조성한 인공 섬에 만들어졌다. 섬에서 수직으로 171미터 아래 저장소가 있는데 이렇게 깊이 설치하면 암반 자체도 안정되어 유리하지만 암반 동결이나 누수 등의 문제들도 자연히 해결되어 더욱 안전해진다. 하지만 지하 암반에 액화가스를 저장하는 기술에는 아직 연구할 과제가 남아 있다. 예컨대 극저온 상태의 액화가스가 콘크리트 벽체와 고무막Membrane, 2차 연성보호재에 미치는 영향에 대해서는 아직 연구 중에 있다.[42] 이미 세계 최대의 액화가스 저장시설을 갖추고 있는 한국이 안전에 영향을 미치는 미세한 문제를 모두 해결한다면 액화가스 암반저장 및 관리기술의 최강국 위치를 계속 이어갈 수 있을 것이다.

4. 시험 및 연구소

눈에 보이지 않는 세포 그리고 분자와 원자에 대해서도 우리는 알고 있다. 얼마나 무거운지, 어떤 성질이 있는지, 이제는 물질을 구성하는 기본입자까지 찾으며 신의 의도를 생각하기에 이르렀다. 지하공간에 만들어진 시험실에서 인간의 호기심은 더욱 깊어진다.

오컴의 면도날

분야를 막론하고 보편적인 원리를 찾는 사람들이 흔히 쓰는 비유 중에 '오컴[43]의 면도날'이란 말이 있다. 절약의 원리Principle of parsimony라 불리는 이 말은 '불필요한 가정을 배제하라'는 뜻으로 쓰이지만, 정밀한 실험을 수행하는 연구 분야에서는 실험의 목적이나 인과因果와 무관한 외적 영향은 면도칼로 잘라내듯 철저히 배제해야 한다는 의미로 인용되곤 한다.

갈릴레이는 물체의 무게가 낙하속도와 관계없음을 증명하기 위해 피사의 사탑에서 무거운 것과 가벼운 것을 떨어트렸다. 두 개의 물체는 거의 동시에 땅바닥에 떨어짐으로써 무거운 물체가 먼저 떨어질 것이라는 우리의 상식을 멋지게 뒤집었다. 그러나 누군가 이를 정밀하게 관측한 사람이 있었다면 갈릴레이는 조롱을 받았을 것이다. 실제로 물체의 무게는 낙하속도와 관계가 없지만 공기저항이나 바람과 같은 미세한 영향으로 실험 결과는 얼마든지 달라질 수 있기 때문이다. 초고속 카메라로 낙하 과정을 촬영해보면 외부 영향을 덜 받는 무거운 물체가 땅에 먼저 떨어지는 것을 확인할 수 있을 것이다. 아무튼 갈릴레이의 입장에서 실험 당시 정밀한 관측이 불가능했다는 점은 다행스러운 일이다.

이러한 실험이 단순히 두 물체의 낙하속도를 비교하는 것이 아니라 중력상수[44]를 측정한다거나 지구의 무게[45]를 구하기 위한 실험이었다면 어떻게 될까? 중력상수를 측정하기 위해서는 바람 정도가 아니라 공기분자의 미세한 움직임까지 통제해야 하므로 진공 상태에 준하는 실험조건을 갖추어야 한다.

과학문명은 크게 이론과 실험 두 분야의 공조를 통해 발전해왔다. 아무리 완벽한 이론이라 해도 실험으로 증명되기 전까지는 추상적 개념일 뿐으로 노벨상을 심의할 때도 이러한 실험적 확증을 중요한 근거로 삼는다. 다시 말해 '누가 어디서 언제' 실험해도 같은 결과가 나와야 한다는 재현의 3원칙을 통해 그 신뢰성을 획득해야 한다. 그러므로 원하는 결과를 얻기 위해 어떻게 외부 영향을 통제할 것인가에 실험의 성패가 달려 있다고 해도 과언이 아니다. 연구소나 실험실이 지하공간을 선호하는 건 바로 이 때문이다. 지하공간은 기후를 포함하여 소음, 습도, 온도, 분진을 효과적으로 통제할 수 있으며 유해 전파, 광선, 진동의 영향도 현저히 줄일 수 있기 때문이다.

유럽의 원자핵연구소

인간은 주로 실용적인 목적으로 터널이나 지하공간을 만든다. 예나 지금이나 땅을 파내는 작업은 힘들고 비용도 많이 들기 때문에 그러한 수고를 하

CERN 입자가속터널

기에 충분한 명분 없이는 작업이 쉽게 이루어지지 않는다. 그러나 유럽원자핵
공동연구소CERN[46]에 만들어진 입자가속터널LHC[47]은 실용적인 시설이 아니다.
앎에 대한 순수한 추구가 바로 그 목적이다. 배를 채우는 것만이 삶의 전부였
던 원시인류가 동굴에 그림을 그리기 시작하면서 동물적인 삶과 결별을 선언
했듯이 LHC는 현대 인류의 지성을 한 단계 도약시킨 시설이다. 연구소 내의
다른 시설은 제외하고 입자가속터널 하나만 보더라도 그 규모는 상상을 초월
한다.[48]

거대한 터널의 규모만큼이나 건설과정도 만만치 않았다. 1957년 스위스 제
네바에 위치한 CERN의 지하공간에 입자가속기[49]가 설치된 이후 시설은 계
속 개선되었지만 물질을 구성하는 근본 입자를 연구하는 데는 한계가 있었다.
CERN은 양자역학 표준이론의 증명과 우주의 근본입자를 규명하기 위하여
대형전자반전자충돌기Large Electron Positron collider, LEP[50] 계획을 세웠다. 지하
100미터 깊이에 만들어진 터널의 직경은 2킬로미터가 넘는데 당시 유럽 최대
의 건설사업이었다. 그 효과를 입증한 이후 차세대 계획으로 추진된 것이 바
로 LHC다. LHC는 미국 텍사스 주의 초전도초입자가속기[51]를 제치고 세계 최

하늘에서 본 페르미연구소

초, 최대 시설이라는 명예를 얻게 되었다. 터널 연장이나 크기는 물론이고 성능에 있어서도 비교할 만한 시설은 찾기 어렵다.

미국의 페르미연구소

시카고의 페르미연구소Fermi National Accelerator Laboratory[52]는 1967년 10제곱킬로미터에 이르는 광활한 부지에 조성되었는데, 땅 위의 시설물은 16층 규모의 본관 건물 하나뿐이다. 작은 건물들도 있기는 하지만 대부분 지하공간과 연결되는 시설물이다. 페르미의 핵심시설인 입자가속기 테바트론Tebatron을 비롯하여 거의 모든 연구시설은 지하 깊은 곳에 있다. 그동안 세계의 핵물리학 실험을 이끌어온 페르미연구소는 시설이나 규모면에서 월등한 CERN에 그 임무를 넘겨주고 현재는 중성미자中性微子, neutrino를 검출하기 위한 프로젝트를 추진하고 있다. 중성미자는 우주의 90퍼센트를 차지하는 암흑물질dark matter 성분으로 추정되어왔지만 빛보다 빠르게 움직이기[53] 때문에 그동안 검출해 내기가 어려웠다.

일명 '미노스MINOS'라고 불리는 중성미자 검출시험은 페르미연구소에서 입자를 발사시켜 735킬로미터 떨어진 미네소타의 지하 실험실에서 검출하는 방법으로 이루어지는데 입자는 지하 710미터 깊이에서 암반을 따라 이동하게 된다. 따라서 실험을 위한 모든 시설물은 100미터 이하의 지하공간에 만들어진다. LBNE 시험[54]은 미노스보다 한층 더 규모가 커진 시험으로 시카고에서 동북부의 사우스다코타 주의 샌포드 지하 실험실까지 약 1300킬로미터를 날아가게 한 뒤 지하 1478미터에서 검출하는 시험이다. 정밀하게 시험하는 것도 어렵지만 이러한 실험을 위해서 엄청난 규모의 지하공간을 조성하는 것도 만만치 않은 일이다.

핀란드의 기술연구소

건국대학교 FDRC연구소[55]와 함께 차세대 디스플레이를 개발하여 국내에도 잘 알려져 있는 핀란드 기술연구소VTT[56]는 자국 내에서도 가장 중심적인 역할을 하는 순수 연구기관이다. 미국 실리콘밸리를 비롯하여 세계 여러 나라에 지사가 설립되어 있다. 핀란드 남부 에스포 시는 대부분 점토층으로 구성된 평평한 계곡지대를 이루고 있지만 하부 지반은 단단한 화강암이다. 이곳에서 생산되던 화강암은 무늬가 아름답고 독특해서 중세시대의 교회를 비롯

핀란드 기술연구소

하여 헬싱키 공과대학, 타르바스페 박물관 등이 에스포의 돌로 만들어졌다. 핀란드 기술연구소는 이렇게 단단한 화강암 암반지대를 굴착하여 만들어져 외부 영향에 극히 예민한 정보 통신 기술이나 전자소재 개발과 같은 IT 연구의 중심이 되었다. 최근에는 음향이나 바이오 에너지 등 지하공간의 특성을 이용한 연구도 활발히 이루어지고 있다. 지하공간은 40미터 깊이에 수직으로 내려간 곳에 만들어져 있다.[57] 각 공간에는 30여 개가 넘는 개별 연구소가 자리 잡고 있고 연구 인력은 3000명에 이른다.

파리의 음향연구소

음향연구소IRCAM[58]는 퐁피두 국립문화센터[59]의 계획에 따라 건축된 건축물이다. 피에르 볼레즈[60]에 의해 설립되었으며 음향효과와 녹음 등 소리와 관련된 연구에서 세계 첨단을 자부한다. 퐁피두 센터가 상하수관, 소방설비, 전

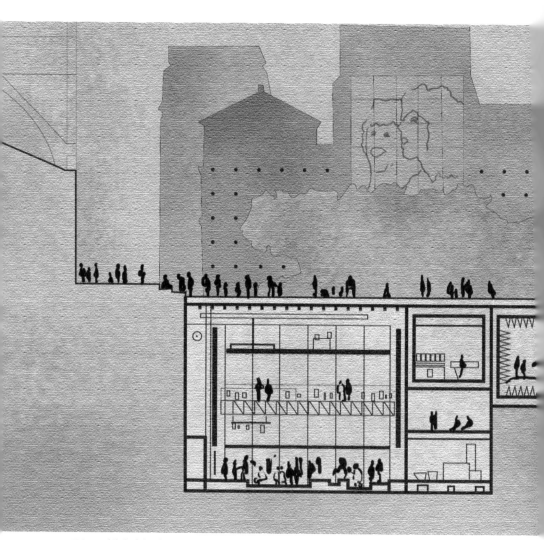

IRCAM 지상과 지하공간

기, 통신 등 모든 시설물을 건물 외부로 빼낸 신선한 발상으로 유명하다면 이 음향연구소는 지상과 지하의 경계를 무너트린 공간계획으로 유명하다. 음향 연구소의 주요 시설은 대부분 지하공간에 배치되어 있지만 지상과의 자연스러운 동선이나 지붕을 유리로 하여 자연채광을 끌어들였고 계단식으로 처리된 주동선 주변에 휴식공간을 배치하여 지상에서 지하로 이동하는 느낌이 거의 들지 않도록 했다. 지하공간에 배치된 연구소는 악기와 음성, 전기 음향, 컴퓨터 기기음향, 일반 음향 등 4개 부분으로 분할되어 있다.

샌포드의 암흑물질연구소

미국 사우스다코타 주 샌포드에 세워진 이 지하연구소는 원래 금을 채굴하던 홈스테이크 광산을 개조한 것이다. 채산성이 떨어져 방치된 이 광산을 매입한 미국 국립과학재단NSF은 외부 영향을 거의 받지 않는 지하공간의 장점을 활용하여 고도의 안정성을 갖춘 효율적인 실험실로 변형시켰다. 금맥을 따라 지하 1478미터까지 파내려간 광산의 수직 터널을 통해 지상에서 지하공간으로 빠르게 이동할 수 있다.

이 연구소의 주목적은 암흑물질LUX[61] 탐지다. 암흑물질은 은하를 넓게 감싸고 있는 미립자로, 은하 회전속도나 중력렌즈[62] 효과를 통해 알려졌으며 우리의 생활 주변에도 공기처럼 암흑물질이 존재하고 있는 것으로 여겨져왔다. 이론적으로는 분명히 존재하는 암흑물질은 다른 물질과 상호작용을 거의 하지 않고 전기적으로 중성이어서 아직 실체가 확인되지 않았다. 이 때문에 그동안 학계에서는 암흑물질에 대한 연구가 거의 이루어지지 않았지만 1970년부터 다시 이슈로 떠올랐다. 홈스테이크 지하 광산을 연구소로 조성한 것은 바로 이러한 이유 때문이다. 전자파나 우라늄과 같은 외부영향이 거의 없는

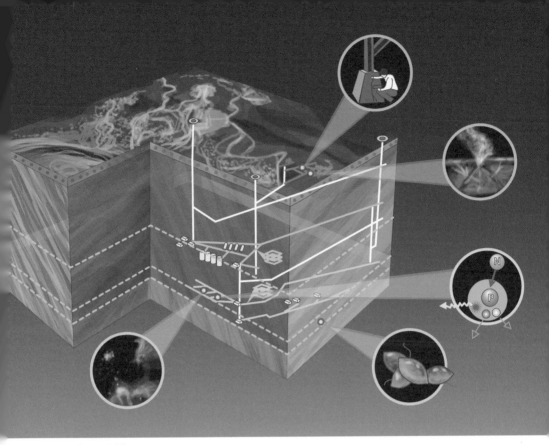

샌포드 지하연구소

지하 1478미터 깊은 곳에 초정밀 분석기를 설치하면 그 물질을 측정할 수 있다고 본 것이다. 샌포드 지하연구소는 암흑물질 외에도 다양한 시험이 이루어진다.

입자가속기와 CERN

입자가속기particle accelerator는 영국의 핵물리학자 E. 러더퍼드의 산란시험과 사이클로트론 cycleotron의 원리를 응용하여 원자핵을 분석하는 장치다. 쉽게 말해서 양성자나 원자핵을 광속에 가깝게 가속시킨 다음 충돌시키면 입자가 파괴되는데 이때 흩어지는 미세입자를 검출하여 근본적인 우주의 물질이 무엇인지 알아내는 것이다. 빅뱅 우주론이나 양자역학이 현대 이론 물리학의 금자탑이라면 입자가속기는 이러한 이론의 근거를 가시적으로 증명하는 실험물리학 분야의 핵심이라고 할 수 있다.

_러더퍼드와 사이클로트론

E. 러더퍼드는 방사능의 붕괴현상을 발견하고 알파 입자의 산란실험으로 새로운 원자구조 모델을 제시하여 1908년 노벨상을 수상했다. 사이클로트론은 E. 러더퍼드의 이론을 응용하여 1932년 미국의 E. O. 로렌스가 발명한 입자가속기다. 일정한 자기장 속에서 회전하는 입자는 원을 한 바퀴 도는 데 일정한 시간이 걸리므로 원을 크게 하면 할수록 더 큰 속도를 얻을 수 있게 된다. 또 입자가 광속에 가까워지면 상대성 이론에 따라 질량이 증가하면서 입자 에너지도 매우 커지게 된다.

방사선 치료에 이용되는 사이클로트론

_ CERN과 세계 최대의 입자가속터널

유럽원자핵연구소CERN는 많은 국가의 예산과 과학자의 공조로 이루어진 전 지구적 연구기관으로, 1989년 발족 이후 1995년 연구소 건설에 착수하여 13년 만인 2008년에 완공했다. 이 사업에서 가장 중요한 시설은 연장 26킬로미터가 넘는 입자가속터널LHC이다. 사업비는 약 95억 달러(11조 원)에 이른다. CERN에는 2600여 명의 직원이 근무하고 있으며 세계 각국의 580개 대학 및 연구소에서 온 7900명의 과학자들이 함께 연구하고 있다.

_입자가속 시험으로 알아낸 것

CERN이 밝혀낸 주요한 업적 중 하나는 이론상으로만 존재하던 반물질反物質을 실제 찾아낸 것이다. 물질을 구성하는 소립자를 양성자, 중성자, 전자라고 한다면 반물질은 반양성자, 반중성자, 양전자로 구성되어 있다. 물질과 반물질이 만나면 상호작용하여 무無로 변하면서 막대한 에너지가 발생한다. 이러한 원리를 이용하여 폭탄을 만들 경우 수소폭탄보다 1000배 이상의 에너지가 나온다고 한다. 실제로 CERN에서는 5만 개 이상의 반수소 원자(양전자 1개, 반양성자 1개)의 합성에 성공했다.

_신의 손, 힉스입자

입자가속기의 중요한 목적 중 하나는 힉스입자를 찾는 것이다. 힉스 입자는 영국의 물리학자 피터 힉스가 1964년에 정립한 개념으로, 수소나 헬륨 등 빅뱅 초기의 12개 물질원소들이 힉스입자로 인해 질량을 부여받았다는 것이다. 힉스 입자는 우주 탄생에 기여했다는 뜻에서 '신의 손' 또는 '신의 입자'라고 불린다.

_입자가속기는 안전한가

CERN의 초대형 입자가속기 LHC가 처음 가동을 시작한 2008년 9월 10일, 그 규모와 엄청난 에너지 때문에 세계적으로 큰 센세이션을 일으켰다. LHC 실험은 진공거품vacuum bubble, 자기홀극자magnetic monopole, 작은 블랙홀, 기묘체strangelet 등의 위협 요소를 유발하여 안정적인 우주에 영향을 줄 수도 있는 것으로 알려졌다. 그러나 CERN의 안전성사정위원회에서는 이러한 걱정이나 주장을 일축하면서 이런 가상의 위협 요소들이 만들어져도 지구와 인류에는 위협이 되지 않는다는 증거를 제시했다. 가장 유력한 증거는 우리가 살고 있는 우주 자체다. 우주에는 우주선cosmic rays이라는 매우 높은 에너지를 가진 입자들의 흐름이 있는데 이를 LHC의 양성자 에너지와 비교하면 쉽게 이해할 수 있다. LHC는 서로 반대방향으로 원운동을 하는 두 개의 양성자 빔을 충돌시키는 실험기구다. 이때의 충돌 에너지는 양성자 질량의 약 1만 4000배에 이르지만 우주선에는 이보다 더 큰 에너지를 가진 양성자가 많기 때문이다. 이를테면 우주 자신이 이미 오랜 세월 동안 LHC와 비슷한 실험을 해온 셈이기 때문에 LHC에서 만들어진 블랙홀로 인해 어떤 영향을 받을 것이라는 생각은 기우라는 것이다.

_인터넷과 CERN

CERN에서는 엄청난 양의 첨단 물리학 정보와 자료가 만들어지고 있다. 그래서 과학자들은 자료 작성의 표준을 만들었는데 그것이 현재 인터넷에 표준으로 쓰이는 HTML이다. 또한 자료와 문서를 모든 과학자가 서로 쉽게 공유할 수 있도록 했는데, 이것이 WWWWorld Wide Web로 발전하게 되었다.

5. 오페라의 유령과 지하수조

프리마돈나의 아리아가 울려 퍼지는 무대 위로 갑자기 유령이 나타난다. 무대는 혼란에 빠져들고 유령은 아름다운 크리스틴을 납치해 유유히 사라진다. 극장 지하호수를 건너며 유령이 부르는 「밤의 노래」 그리고 크리스틴과 라울의 이중창으로 오페라는 절정에 이른다. 그런데 극장 지하에 호수라니 좀 이상하지 않은가.

가르니에 오페라하우스

앤드류 웨버[63]가 작곡한 「오페라의 유령」은 고전적인 오페라와 화려한 뮤지컬의 경계를 넘나드는 오페레타Opereta[64]로서 극장 자체가 극의 무대라는 점이 특이하다. 천사의 목소리를 타고났지만 사고로 얼굴을 다친 가면의 신사와 프리마돈나인 크리스틴의 이루어질 수 없는 사랑은 보는 이의 가슴을 아프게 한다. 가장 환상적인 장면은 아마 크리스틴을 납치한 유령이 지하호수에서 노래를 부르는 장면일 것이다. 수면에 반사된 촛불이 별처럼 반짝이는 호수를 건너며 유령이 부르는 「밤의 노래」 그리고 크리스틴과 라울이 함께 부르는 「그대에게 바라는 건 오직 사랑뿐」의 아름다운 선율은 듣는 이들에게 영혼의 울림을 전한다.

가르니에 오페라하우스

　이 「오페라의 유령」은 원래 『파리 오페라 극장의 유령』이라는 프랑스 소설을 원작으로 한 작품으로, 파리의 가르니에 오페라하우스[65]가 그 배경이다. 재미있는 사실은 작품 속의 지하호수가 실제 극장에 존재한다는 것이다. 가르니에 오페라하우스 지하에는 크리스틴과 유령이 건너는 호수와는 차이가 있지만 실제로 조그만 배를 띄워도 될 만한 저수조가 있으며, 당시 소설가는 그 사실을 바탕으로 소설을 쓴 것이었다.

　파리의 오페라하우스 안에 저수조가 있다는 사실은 놀랄 만한 일이 아니었다. 도시 전체가 평탄한 지역인 파리에서는 집을 지을 때 물을 저장할 수 있는 공간을 미리 만들어두는 게 일반적이었기 때문이다. 따라서 왕궁이나

오페라하우스 저수조 공사

성당 수도원은 물론이고 웬만한 건물 지하에는 저수조가 설치되어 있다. 가르니에 오페라하우스 역시 물을 저장하기 위한 공간이 필요했을 테지만 이 거대한 저수조에는 남다른 사정이 있다. 1860년 설계공모에서 당선된 샤를 가르니에의 오페라하우스 설계도에는 저수조가 없었다. 그러나 터파기와 기초공사가 거의 마무리된 1862년 5월 갑자기 물막이가 터지는 바람에 지하수가 솟구쳤고 작업장은 순식간에 물에 잠겨버렸다. 많은 인원이 동원되어 물을 퍼냈지만 계속 샘솟는 물 때문에 공사를 진행할 수 없었다. 결국 오페라하우스 건축이 무산될 위기에 처하자 가르니에는 공사장 한가운데에 수조를 만들어버렸다. 물을 퍼내지 않고 일정수위까지 차오르도록 내버려두자 물은 더 이상 샘솟지 않았고 공사는 계속될 수 있었다.

이 방법은 지금도 지하수 유출이 많은 지하층 공사에 자주 쓰이는 웰 포인트Well Point 공법으로 발전했다. 높은 건물의 무게를 지지하려면 바닥을 잘 다져야 하는데 물이 질척거리면 작업이 어려워진다. 그래서 한쪽에 깊은 웅덩이를 파서 물이 고이도록 한 뒤 집중적으로 물을 빼냄으로써 다른 쪽에서 지반을 다질 수 있게 하는 방식이다. 오페라하우스에서는 저수조를 점검하기 위해 주기적으로 물을 빼낸다고 하지만 아직 방수처리가 잘 되어 있어 충분히 기능을 유지하고 있다.

예레바탄 지하궁전

터키 이스탄불에 있는 저수조 예레바탄 사라이Yerebatan Sarayi는 동로마 제국시대에 만들어진 것으로 현존하는 저수조 중에서 가장 오래된 것이다. '예레바탄 사라이'란 지하로 가라앉은 궁전이라는 뜻으로, 무려 7000명의 인부가 동

예레바탄 지하저수조

원되어 건설되었으며 규모 면에서도 비교할 만한 시설이 없다.[66] 현재 터키의 수도인 이스탄불은 동로마시대에는 콘스탄티노플이라는 명칭으로 불렸고 기원전 660년 그리스 시대에는 비잔티움이라 불렸다. 서기 395년 로마가 동서로 분리될 즈음 콘스탄티누스[71]에 의해 동로마 제국의 수도로 정해진 이후 이곳에서는 전쟁이 그칠 날이 없었다.

콘스탄티노플은 도시 전체가 절벽에 에둘려져 있고 남쪽은 보스포루스 해협과 마르마라 해를 조망할 수 있어 외부침입을 방어하는 데 아주 유리했다. 1453년 동로마 제국이 오스만 제국에 의해 멸망할 때까지 1000년의 역사를 유지할 수 있었던 것도 바로 콘스탄티노플의 지형적 조건 때문이었다. 그러나

전쟁이 장기화될 경우를 대비하여 안정적으로 물을 확보하기 위해 대규모의 저수조 예레바탄 사라이가 만들어지기 시작했다. 콘스탄티누스 대제[67] 당시 건설되기 시작하여 유스티니아누스 1세 때인 532년 완성되었다고 하니 줄잡아 200년 가까이 걸렸지만 900여 년간 수조의 기능을 유지했다. 오스만 제국에 의해 함락된 뒤 저수조는 폐쇄되어 진흙에 묻혀 있다가 1987년 복원되었다.

예레바탄 사라이는 현재 저수조의 기능은 다했지만 유네스코에 등재된 세계적인 관광명소가 되었다. 이스탄불 비엔날레가 열렸을 때에는 다양한 공연이 열리는 문화행사장으로 이용되기도 했다.

고작 물을 채우는 공간을 만들기 위해 200년 동안 공을 들인 이유는 무엇일까? 단순히 실용적인 목적을 지닌 지하저수조라기에는 공간계획과 예술적 감각이 너무 뛰어나 '지하궁전'이라는 애칭이 전혀 거슬리지 않는다. 돌기둥의 화려한 문양 그리고 아치와 볼트를 조합한 정교한 구조는 마치 그리스 신전을 보는 듯 아름답다. 이 아름다움에는 놀랍게도 종교적 박해라는 사연이 얽혀 있다. 다시 말해 로마시대 이후 기독교가 이교도 신전을 조직적으로 파괴해온 탄압의 증거인 것이다. 예컨대 저수조에 쓰인 받침돌과 336개의 아름다운 대리석 기둥은 다른 종교의 파괴된 신전과 건축물에서 가져온 것으로, 아름다운 저수조를 장식하는 유적들은 수많은 문화유산의 파괴를 의미한다. 기둥 받침으로 사용한 메두사의 두상을 거꾸로 놓은 이유는 이교도를 모욕하기 위함이 아니었을까.

기둥 받침돌이 되어버린 메두사의 두상

예루살렘의 갈증

고대 예루살렘은 팔레스타인의 중추적인 지위를 차지하는 교통의 십자로였으나 표고 750미터의 산 위에 있었기 때문에 물의 확보가 관건이었다. 더욱이 히스기야 수로터널에서 살펴본 것처럼 전쟁이 장기화될 경우 물은 승패를 가르는 중요한 요소였다. 이 지역의 강수량은 마른 땅을 적시기에도 급급한 연간 500밀리미터 정도였기 때문에 유대인의 삶에서 물이 차지하는 비중은 매우 큰 편이었다. 지금은 바닷물을 담수화하는 시설을 만들어 부족한 물 문제를 해결하고 있지만 당시 유일한 수원지는 '성 마리아 샘'이라 불리는 기혼 샘뿐이었다. 예루살렘의 생명수와도 같은 이 샘은 실로암을 비롯한 여러 연못

예루살렘 지하저수조

에 물을 공급했다. 그래서 예루살렘의 오래된 가옥을 보면 집집마다 빗물을 모아두는 저수조를 발견할 수 있다. 이 저수조는 로마시대 이전부터 만들어지기 시작한 것으로 빗물이 흘러들 수 있도록 고안되어 있다. 가뭄이 오래 지속되어 저수조의 물이 떨어지면 사람들은 사빌Sabil이라고 불리는 공공 급수장에서 배급을 받거나 거리의 물장사로부터 비싼 값에 물을 사야 했다. 지금도 길거리에는 물동이를 놓고 행인에게 물을 파는 상인을 볼 수 있다.

　최근에 발견되어 유명해진 예루살렘의 지하저수조 역시 기혼 샘의 물을 예루살렘으로 끌어온 히스기야 수로터널과 관계가 있을 것으로 보인다. 예루살렘의 성전산聖殿山, The Temple Mountain으로 향하는 길목에 위치한 이 저수조가 인위적으로 만들어진 것인지 기존의 석회암 동굴을 확장하거나 다듬은 것인지는 확실치 않다. 다만 내부 형태가 일정하지 않고 무정형의 꼴로 이루어져 있다는 점과 이 지역에 자연발생의 공동이 많다는 점으로 미루어볼 때 후자로 짐작된다. 저수조 내부 벽면에는 물이 새나가지 않도록 시멘트 반죽을 발랐다. 내부 공간의 크기는 약 250세제곱미터로, 규모나 위치로 볼 때 저수조는 식수를 얻는 용도 외에도 순례자들이 몸을 씻거나 세례의식을 치르는 장소로 사용되었을 듯하다. 벽면에는 회칠을 하던 인부가 남겨놓은 손바닥도 보이는데 작업 방법으로 보아 인근 도시 텔 브엘세바Tel Beersheba[68]가 건설된 기원전 1000년경 형성된 것으로 본다.

지하강, 현대의 저수시설

　영화 「다이하드 3」에는 연방은행의 금괴를 훔친 악당들이 덤프트럭을 타고 거대한 터널을 질주하는 장면이 나온다. 그 터널은 사실 시카고에 있는 대형 저수조다. 도시 전체가 저지대인 시카고는 1976년부터 반복되는 홍수피해를 대비하기 위해 빗물을 담아둘 거대한 지하강을 만들기 시작했는데, 이 사업을 TARPTunnel And Reservoir Plan라 한다.[69] 말하자면 비가 많이 올 때 빗물을 담아두었다가 하천 수위가 낮아지면 천천히 내보내는 관리 시스템이다. 지대가 낮고 평평하여 자연배수가 어려운 도심 지하에 수로터널로 만들어지는 이러한 시설은 '방수로' 또는 워낙 규모가 커서 '지하강'으로도 불린다.

일본에서도 방수로 사업을 지속적으로 추진하여 홍수 피해를 줄여나가고 있는데 사이타마현의 방수로 역시 지하강으로 불리기에 손색이 없다. 사이타마현 북동부를 지나는 나카천 유역은 항상 적은 강수량에도 제방이 넘쳐 홍수 피해를 입어왔다. 이에 하천을 따라 방수로를 건설함으로써 인근 마을은 홍수 피해에서 벗어날 수 있었다.[70] 이외에 오사카의 여러 지역에도 방수로가 갖춰져 있는데, 나니와 대방수로[71]의 저수용량은 36만 톤이나 된다. 이외에도 8개 하천의 물을 하나로 모아 처리하는 오오츠 방수로, 코치현의 신우지가와 방수로 등이 있다.

강우 대부분이 우기에 집중되고 기후 변동성이 점점 커지는 한국도 이제

시카고의 TARP 터널공사

사이타마 현의 빗물저수조

물 문제를 심각하게 받아들여야 할 시점에 있다. 모든 조건을 갖추고도 물 부족으로 폐허가 되어버린 많은 도시처럼 제대로 물 관리를 하지 않으면 암담한 미래를 맞을 수 있다. 한 예로, 4대강 사업은 많은 부작용을 낳기는 했지만 변화하는 기후환경에 대비하기 위해 물을 확보해야 한다는 관점에서는 일리가 없지 않았기에 장기적인 안목에서 생태환경의 변화를 충분히 조사하고 추진했다면 하는 안타까움을 불러일으킨다. 이를 반면교사로 삼아 앞으로 치수 사업은 치밀한 조사와 객관적인 분석이 뒷받침되어야 할 것이다.

6. 삶의 지혜, 한국의 지하공간

한국의 옛길은 꼬불꼬불하다. 강을 만나면 강을 따라가고 산을 만나면 산을 돌아간다. 바위가 단단해서 터널을 만들기가 쉽지 않았겠지만 잦은 외침으로 치도치수 자체가 금기시되었기 때문이다. 그러나 움, 석빙고, 석굴암을 보면 지하공간에 대한 수준 높은 기술을 지니고 있었음을 알 수 있다.

한국에는 인공적인 터널이나 지하공간은 그리 많지 않다. 지정학적 조건이나 자연환경으로 인해 터널이나 지하공간 활용에 소극적일 수밖에 없었다. 더욱이 오랜 세월 외부 침략에 시달려온 터라 길을 닦고 물길을 바꾸는 치도치수治道治水가 금기시되었다. 부득이한 경우 도로나 수로를 놓는 과정에서 부수적으로 터널이 만들어졌을 뿐 화강암을 뚫는다는 건 생각조차 할 수 없는 일이었다. 따라서 신라와 백제의 경계였던 나제통문, 함경도 단천의 은광, 경상남도 통영의 하저터널 등 몇몇 특이한 사례는 발견되지만 터널의 상징성이나 규모로 볼 때 다른 나라와 비교하는 것은 의미가 없어 보인다.

정약용의 『목민심서』에는 바위를 뜨겁게 달군 뒤 물로 식혀 깨뜨리는 화흥법火洶法이 소개되어 있는데, 이는 바위굴착이 당시로선 얼마나 어려운 일이었느지를 역설적으로 설명해준다. 이처럼 터널을 축조하는 데는 소극적이었지만 지하공간의 활용 면에서는 선인들의 지혜가 돋보이는 사례가 많다. 궁궐용 얼음을 보관하는 석빙고는 일찍이 삼국시대 이전에 만들어졌으며, 새우젓 토굴[72]이나 겨울철 채소를 저장하는 움은 민간인들의 생활에 매우 요긴하게 사용되었다.

석빙고

석빙고는 겨울에 강에서 채취한 얼음을 보관하기 위한 저장공간이다. 세계적으로 곡물이나 주류를 보관하는 지하공간의 활용 사례는 많지만 얼음을 보관하기 위한 지하공간의 활용 사례는 찾아보기 드물다. 석빙고는 온도변화가 거의 없다는 지하공간의 특성을 잘 활용한 사례로, 『삼국유사』에는 신라 초기 노례왕24~57년 때 이미 석빙고를 만들었다는 기록이 있고, 『삼국사기』에도 505년(지증왕 6)에 석빙고를 만들었다는 기록이 나온다. 신라의 빙고전氷庫典은 석빙고를 관리하는 부서였으며 전문적으로 얼음을 잘라내 운반하고 수급하

경주 석빙고

청도 석빙고

는 빙부氷夫도 있었다. 서울에는 내빙고, 동빙고, 서빙고가 있었으며 경주 현풍 청도에도 아직 석빙고가 남아 있다. 석빙고의 규모는 10~30평 정도로 다양하다. 돌을 다듬고 짓는 과정은 아마도 현대의 지하공간 축조과정과 크게 다르지 않아 다음과 같은 과정에 따랐을 것이다.

① 적당한 깊이로 땅을 파고 배수가 잘 되도록 경사를 맞추어 바닥돌을 놓는다.
② 화강암을 잘라 만든 석재로 측벽을 만들고 물이 새지 않도록 석회로 마감한다.
③ 천장은 구조적으로 안정된 아치 형태로 쌓고 천장 중앙부에 배기구를 설치한다.
④ 흙을 충분히 덮고 잔디를 심어 외부기온과 햇빛의 복사열을 차단한다.

석빙고 내벽은 동절기에 내려간 빙점이 여름철까지 지속될 수 있도록 두꺼운 화강암으로 만들었다. 얼음 반출을 위해 수시로 여닫는 출입구는 방향, 두께, 바람막이 벽을 세심하게 배치하여 온도가 상승되지 않도록 했다. 정교하게 돌을 다듬고 배치한 내부시설에서 장인의 손길을 느낄 수 있으며, 숙련된 빙고의 기술이 오랜 세월 이어져 조선시대까지 전수되었음을 확인할 수 있다.

통영 해저터널

바다 밑으로 길을 내려는 시도는 오래전부터 있었지만 실제 완성된 사례는 찾아보기 힘들다. 바빌론 시대에 유프라테스 강 밑에 터널을 만들었다는 기록이 있으나 실물은 전하지 않는다. 유로 터널 역시 18세기부터 시도되었지만 완공된 것은 최근의 일이다. 그래서 1932년 완공된 통영 해저터널은 비록 일

통영 해저터널

제강점기에 만들어졌지만 현존하는 동양 최초의 해저터널로 볼 수 있다. 통영
과 미륵도를 연결하는 이 터널의 길이는 483미터, 폭 5미터, 높이 3.5미터로
차량통행도 가능하지만 현재는 보도용으로만 이용된다. 터널공사는 먼저 공
사구간 주변에 흙을 쌓아 물을 막은 뒤 그 안에서 땅을 파고 콘크리트 구조
물을 만드는 방식으로 건설되었다. 규모는 작지만 조수간만이 큰 지형 조건과
당시의 재료 사정으로 볼 때 쉽지 않은 공사였을 것이다.

나제통문

전북 무주에 있는 나제통문羅濟通門은 길이 40미터의 작은 터널이다. 지금
은 높이 5미터, 너비 4미터로 자동차도 다닐 수 있지만 과거에는 사람이 겨우
다닐 수 있었다. 신라와 백제의 경계에 위치해 있어 나제통문이라고 불렀는데
지금도 터널 양쪽 마을의 풍속과 말씨가 다르다. 터널이 언제 만들어졌는지는
정확히 알 수 없으나 『삼국사기』에는 이곳이 전략적인 요충지이며 치열한 싸
움이 벌어지던 곳이라고 기록되어 있다. 1910년 김천과 거창을 잇는 도로[73]를

나제통문

내며 수레가 다닐 정도로 넓혔으며 1960년대에 지금과 같이 확장되었다. 지반은 화강암이지만 풍화상태가 심하고 자연적으로 벌어진 틈이나 절리가 많다. 이런 조건이라면 정이나 망치만으로도 충분히 뚫을 수 있었을 듯하다.

천혜의 숙성 공간

김치나 젓갈은 세계적으로 유명한 한국의 전통 숙성 음식이다. 광천이나 매천 등 충청도 지역에는 이렇게 음식 숙성에 이용되는 토굴이 많이 분포한다. 이 지역에서 곡식이나 건어물을 동굴에 보관한 흔적은 삼국시대 이전까지 거슬러 올라가지만 현재 이용되는 동굴은 거의 일제강점기에 만들어진 것이다. 군수물자 보관을 위해 팠던 동굴을 음식 숙성 공간으로 이용한 것으로, 광천의 새우젓 토굴과 매천의 포도주 저장소가 가장 유명하다. 광천에는 깊이가 100미터가 넘는 동굴이 40여 곳이나 되는데 온도가 12도 정도로 항상 일정하여 젓갈을 숙성시키는 데 안성맞춤이다. 동굴의 이러한 항온·항습 조건은 빛과 온도에 민감한 포도주 숙성에도 매우 적합하다. 매천에도 광천과 유사한 동굴이 90여 개가 있는데 이곳은 포도주 숙성 공간으로 이용되고 있다.

광천 새우젓 동굴　　　　　　　　　매천 포도주 저장고

광산터널

화강암이나 현무암이 많은 한국은 산을 뚫어 광물을 캐내기가 매우 어렵다. 그럼에도 청동기와 철기 유물이 많이 출토된 것을 보면 광물 채굴이 적지 않았던 것으로 보인다. 노천에서 채굴하는 경우도 있었겠지만 땅을 파지 않으면 쉽게 얻을 수 없는 구리를 제련한 놋그릇 등이 널리 사용된 것만 봐도 그 사실을 확인할 수 있다. 한국에서 가장 오래된 역사를 가지고 있는 구리 광산은 함경남도에 있는 갑산甲山 광산[74]으로, 갑산의 원래 이름은 '동점銅店'이었다. 꽤 오래전부터 황동석을 캐어 구리를 제련해왔으며 고려 때까지 유일하게 구리를 생산한 지역이었음을 짐작케 하는 지명이다.[75] 조선시대에도 조직적인 관리를 통해 많은 양의 구리를 생산했으나 구한말에는 미국과 일본에 광업권이 넘어가 수탈의 대상이 되었다. 갑산은 산도 높고 바위는 단단한 현무암이어서 당시의 열악한 도구로 채굴하기에 어려움이 컸을 것이다. 이러한 이유로 처음에는 표면에서 가까운 광석을 캐는 데 그쳤지만 세월이 흐르면서 점점 깊은 곳까지 광석을 캐내기 시작했다. 지금도 갑산 주변에서는 당시의 광산터널들을 쉽게 찾아볼 수 있다.

구리와 함께 오랜 채굴 역사를 가지고 있는 것은 은광 동굴이다. 17세기 무렵 전국에 은광은 70개소 정도 있었는데 광맥을 따라 계속 파들어가야 하는 특성상 은광 주변에는 많은 터널이 만들어졌다. 가장 오래된 것은 함경도 단천에 있는 은광으로 삼국시대부터 은을 채굴했다는 기록이 있다. 선조 때 유몽인이 쓴 『묵호고默好稿』에는 동굴 규모 및 제련기술에 대해 기록되어 있으며, 이규경이 쓴 『오주연문장전산고五洲衍文長箋散稿』[76]에는 15세기에 이미 납 광석에서 은을 제련하는 단천연은법端川鍊銀法을 개발했다는 기록이 나온다. 그러나 이때의 터널은 안전을 위해 지보재를 설치하거나 배수 또는 환기를 위한 기술이 없어 사고가 많았으며 인명피해도 그만큼 클 수밖에 없었다. 이익의 『성호사설星湖僿說』 5권 「만물문」 편에는 "은혈銀穴을 파헤치면 인심人心이 죽는다"는 문구가 있는데 동굴에서 자주 발생되는 안전사고에 대한 우려의 표현인 듯하다.[77] 고대로부터 광물을 채취하기 위해 뚫었던 동굴에 대한 통계나 조사자료는 없지만 한국의 국토 어디에서든 쉽게 찾아볼 수 있다.

불교문화의 꽃, 석굴암

석굴암이 지하공간으로서 중요한 의미를 갖는 이유는 기하학적인 구조와 조각의 섬세함 때문일 것이다. 751년 김대성이 토함산의 자연지형을 이용하여 설계한 석굴암은 1300여 년이 지난 지금까지 거의 원형을 유지하고 있다. 건축물과 지반 지형이 일체화됨으로써 구조적으로 안정된 덕분이다. 천장은

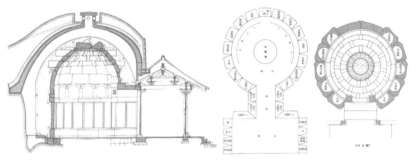

석굴암의 단면과 평면

360개의 석재를 정교하게 짜 맞추어 돔형으로 배치했으며 이로 인해 6.8미터의 원형공간을 보다 안정적으로 느끼게 한다.

돔형 천장에는 중간 중간 팔뚝돌을 배치했는데 이로 인해 천장 무게가 자연스럽게 분산된다. 바깥쪽으로는 자갈로 배수층을 두어 실내에 습기가 차지 않도록 했다.[78] 벽면에 해당하는 요석에는 얇은 부조의 석상이 조각되어 있으며 본존불상 뒤에는 십일면관음보살상[79]과 좌우로 십대제자입상이 조각되어 있다. 규모는 그렇게 크지 않지만 석굴암은 불교문화의 절정을 보여주며 38개의 조상은 그리스나 로마의 조각과 견주어 조금도 손색이 없다.

주

* 이 책에서 선사시대의 기원을 밝히는 경우, 기원전(B.C)으로 계산하지 않고 현재 이전(Before Present, B.P)으로 헤아려 표기했다.

프롤로그

1_ 데메테르는 대지모신으로 알려져 있지만 스파르타에서는 지하의 여신(크토니아), 아카디아에서는 복수의 여신(에리니스) 또는 어둠의 여신(멜라이아)으로 불렸다.

2_ 『호메로스 서곡Homeric Hymns』은 34편의 시가 수록된 고대 그리스 시집으로, 작자 미상의 시를 호메로스가 편집한 것이다. 올림포스 12신에 대한 서사시 서곡이 담겨 있는데 데메테르 여신 부분에는 페르세포네의 유희 장면이 그려져 있다. 인용한 시는 「데메테르를 위한 찬가Hymn to Demeter」 부분이다.

3_ 계절의 순환을 모티프로 하는 신화 중에서 가장 오래된 것은 수메르의 두무지Dumuzi 신화다. 이난나의 남편인 두무지는 자신의 누이인 게슈티난나와 지하와 지상에서 1년의 절반씩을 교대로 생활하게 된다. 이때 풍요와 목축의 신인 두무지가 지상에 있을 때는 여름, 물의 여신인 게슈티난나가 지상에 있을 때는 겨울이 된다. 페르세포네, 이시스, 케찰코아틀, 세드나 신화는 두무지 신화의 변형으로 보인다.

4_ 이스라엘 지중해 연안에 있는 대규모 동굴로, 내부 면적만 54헥타르에 이른다. 이 동굴에서는 수렵생활을 하던 네안데르탈인에서 농경 정착생활을 하던 현대 인류에 이르기까지 50만 년에 걸친 유물이 발견되었다.

5_ 프랑스 아키텐 주에 있는 계곡으로 선사시대 군락이 집중되어 있다. 1만9000년 전에 그려진 라스코 동굴벽화 800점을 비롯해 25개 동굴에서 2000여 점이 넘는 벽화와 유물이 발견되었다.

6_ 수혈주거는 후기 구석기에 나타난 주거형식으로, 지면에 구덩이를 파고 그 위에 짚이나 동물의 가죽으로 지붕을 만들었으며 가운데에 화로를 두었다. 코스텐키 유적(남부 러시아), 하수나기 유적(메소포타미아) 등이 유명하며 이후 신석기와 철기를 거치면서 원형·타원형·정방형 등의 세련된 형식을 갖추어 나갔다.

7_ 러시아 이르쿠츠크 북쪽 벨라야 강 유역의 후기구석기 유적지. 이 일대에서 발견된 구석기 주거지에서는 비너스상, 조류, 뱀, 동물 등 많은 껴묻거리가 출토되었다. 지름 5~6미터의 원형 움집터가 주를 이루지만 14×5미터 크기의 직사각형 움집터가 발견되기도 했다.

8_ 도시를 뜻하는 단어로는 'city'와 'urban'이 있다. 그리스어 'civtas'에 뿌리를 둔 '시티'는 문화적 의미가 강하고, 'urbs'에 뿌리를 둔 '어번'은 공간적 의미가 강하다. 차탈휘위크의 문화적 생활양식은 잘 알려

져 있지 않으나 도시적 공간형태는 잘 갖춰져 있었던 것으로 보인다.

9_ 기원전 627년경 아시리아의 수도 니네베에 세워진 도서관. 니네베 설화, 예언서 등과 고대 문명의 창조신화, 서사시 등으로 채워져 있었으나 건립 후 15년 뒤(기원전 612) 니네베 학살로 인해 파괴되어 땅속에 묻히고 말았다. 다시 발굴된 것은 1853년으로, 수십 만 점에 이르는 점토판이 출토되었다.

10_ 고대 바빌로니아의 창조신화를 담고 있는 서사시. 기원전 1124년경 네브카드네자르 1세 때 점토판에 새겨졌으며, 아슈르바니팔 왕의 도서관 발굴 당시 함께 발견되었다. 마르두크 신화는 이 서사시의 중요한 부분을 차지하며 1876년 해석되어 영문 등으로 출간되었다.

11_ '바빌로니아Babylonia'의 어원은 '두 강의 사이'라는 뜻으로 여기서 두 강은 티그리스와 유프라테스다.

12_ 가이아의 예언은 제우스가 메티스의 아들에 의해 제거된다는 것이지만 아테나 이후 아이는 태어나지 못했다.

13_ 로마의 저술가(24~79). 당시의 방대한 자료를 조사하여 백과사전에 해당하는 『박물지Natural History』를 저술했다. 이 책은 객관적이고 과학적인 서술로 인해 중세시대까지 지식의 원전으로 받아들여졌으며 교과서로 사용되었다.

14_ 이집트 12대 왕조시대의 파라오(기원전 1842~기원전 1797 재위).

15_ 헤로도토스에 따르면 신전 전체가 성곽처럼 담으로 둘려져 있고 지하에는 1500개의 방이 터널로 연결되어 있었다고 한다. 1888년 플린더스 페트리는 장제신전을 조사하여 이 미로가 직사각형 형태로 지어졌으며 길이 305미터, 폭 244미터라고 밝혔다.

16_ 크레타 섬의 크노소스 성 지하에 있었다는 이 미궁은 미노타우로스 신화로 잘 알려져 있으나 실제 존재는 확인되지 않는다.

17_ 림노스는 그리스와 터키 사이에 있는 화산섬으로, 초기 신석기시대부터 청동기 시대(약 7000~9000년 전)까지의 유적이 있다. 석조 목욕탕, 네크로폴리스(공동묘지) 등의 발전된 유적이 남아 있으나 미궁은 확인되지 않았다.

18_ 에트루리아의 왕 포르세나의 무덤으로, 이탈리아 클루시움에 있다. 지하공간에 많은 방들이 복잡하게 배치되어 있었다고 하나 현재는 전하지 않는다.

19_ 영지주의靈知主義, Gnosticism을 신봉하던 기독교인들. 그리스어 그노시스γνῶσις는 신비적 계시 또는 밀교적인 지식, 깨달음을 의미한다. 2세기 무렵 기독교의 신비주의적 경향으로 세력이 확장되었던 그노시즘의 뿌리는 초기 그리스 이전으로 거슬러 올라간다. 우로보로스, 뱀을 그리스도의 상징으로 공경하여 가톨릭교회의 탄압을 받았다.

20_ 제우스의 사자使者로 날개 달린 모자와 샌들을 신고 날아다니며 제우스의 말을 전달한다. 두 마리의 뱀이 서로 몸을 얽고 있는 지팡이 케뤼케이온kerykeion을 들고 다닌다.

21_ 기독교·이슬람교·유대교. 히브리인이 만든 이 세 종교는 모두 아브라함을 조상으로 한다. 불교나 힌두교가 윤회를 통해 삶이 반복되는 순환적 세계관에 기초하고 있다면 이 세 종교는 일회성 삶, 알파와 오메가로 상징되는 직선적 세계관을 기초로 한다.

제1부 인간과 지하공간

1_ 일정한 깊이로 도랑을 판 다음 석재로 바닥과 측벽 덮개를 설치하고 흙을 되메워 물길을 만드는 개착식 터널이다.

2_ 질산칼륨, 황, 목탄을 섞어서 만든 화약으로 목탄 때문에 검은색을 띤다. 11세기경 중국에서 처음 만들어졌다고 하나 정확한 기원은 알려져 있지 않으며 14세기경에는 유럽을 비롯한 세계 각국에서 무기제조에 사용되었다. 국내에서는 14세기 말 최무선이 설치한 화통도감에서 흑색화약을 이용한 여러 종류의 무기를 개발했다.

3_ 1556년 독일의 아그리콜라Mikael Agricola가 쓴 공학기술서. 아그리콜라는 보헤미아 광산지역에서 일하며 당시의 토목공학을 비롯 금속, 지질, 측량 기술에 대하여 자세히 기술했다. 특히 채광을 위한 기술(갱구 및 수갱 설치, 탐광, 채광, 선광, 제련방법 등)과 당시 사용되던 굴착용 도구 장비를 289개의 그림과 함께 자세하게 기술해놓았다.

4_ 하수 배출을 위해 만든 직경 2.2미터의 원형터널로, 연장은 약 468미터 정도다.

5_ 해수면 2882미터 고지에 설치한 보도 터널. 높이 2미터, 폭 2.5미터, 연장은 75미터다.

6_ '산업혁명Industrial Revolution'이라는 용어는 아놀드 토인비가 1760년에서 1840년까지의 영국 경제발전을 설명하는 과정에서 처음 사용했다. 산업혁명은 기술발달로 인한 생산체계의 변화로 인해 경제, 사회, 문화, 정치 분야에 영향을 미쳤다. 산업혁명의 여파로 대규모 물류수송을 위해 증기기관과 철도가 도입되었으며 이로 인해 큰 단면의 터널굴착이 만들어지는 계기가 되었다.

7_ New Austria Tunnel Method. 1962년 잘츠부르크에서 개최된 국제암반공학회ISRM에서 발표된 터널공법이다. 기존에는 암반굴착으로 발생되는 모든 하중을 지보재로 받치도록 설계했으나 NATM 공법은 암반 자체의 응력을 최대한 이용하도록 함으로써 무른 암반에서 모래지반까지 폭넓게 적용할 수 있다.

8_ Shield Tunnel Boring Machine. 대형의 원형관 앞에 암반을 갈아내는 디스크를 장착하여 터널을 굴착하는 장비다. 굴착과 배출 그리고 굴착면의 콘크리트 시공이 연속적으로 이루어지며 단면의 크기나 연장에 있어 거의 제한을 받지 않는다. 일본 동경에서 직경 16미터의 하수관로가 쉴드 TBM으로 시공된 사례가 있으며 국내에서도 도시철도 공사에서 많이 적용되고 있다.

9_ Research and Development 정책. 연구성과가 실질적인 상품 개발로 이어질 수 있도록 정부에서 추진하는 정책. 연구 결과의 적극적인 활용을 도모하기 위해 사업을 수행하는 건설회사나 설계사에게는 국가사업에 참여시 R&D 실적에 따라 혜택을 제공한다.

10_ 지하대공간 연구단이란 미래 지하공간 구축을 위한 기술적 연구를 수행하는 단체로 학계(고려대학교 등 7개 대학)와 업계(현대, SK, 유신 코퍼레이션 등)가 참여하고 있으며, 서울 우면산을 중심으로 한 대형·대단면 지하공간 가상 프로젝트를 수행한다. 이 프로젝트로 형성되는 지하공간의 규모는 약 25만 세제곱미터에 달해 단일규모로는 세계 최대다(가로 65×세로 120×높이 35미터).

11_ Dame Jane Goodall(1934~). 영국의 동물학자. 1965년 침팬지와 개코원숭이의 생태 연구를 위해 곰비 스트림 연구센터를 설립한 이후 탄자니아 등에서 평생 침팬지와 함께 생활하며 생태를 연구했다.

12_ Max Scheler(1874~1928). 독일의 철학자. 후설의 뒤를 이어 현상학을 연구했다.

13_ M.M. Sautuola(1831~1888). 스페인의 고고학자. 1975년 알타미라 동굴에서 동굴벽화를 발견했다.

딸인 마리아와 함께 동굴에 그려진 그림을 모사하고 학계에 제출했으나 구석기시대 작품으로 인정받지 못했다.

14_ 120개소의 동굴 중 인간의 뼈, 사냥도구, 석기 유물이 발견된 동굴은 100여 개소나 된다.

15_ 동굴 유적의 연대 측정은 무엇을 기준으로 하느냐에 따라 차이가 있다. 일반적으로 벽화를 기준으로 할 때보다 유물을 기준으로 할 경우 연대는 훨씬 앞쪽으로 올라간다. 벽화의 연대측정은 사용한 목탄의 탄소연대 측정 등 다양한 방법이 있다.

16_ 알타미라 동굴은 마지막으로 그림이 그려지고 1000년쯤 지난 1만5000년 전 산사태로 인해 동굴 입구가 완전히 막혀버렸다. 이로 인해 동굴 입구에 그려진 그림이 외부 기후의 영향에 훼손되지 않고 보존될 수 있었다.

17_ 다양하고 정교한 석기를 만들어낸 오리나시안 공작소와 이러한 석기를 이용해서 이루어진 후기구석기 문화를 말하며 1만7000년에서 1만5000년까지 이어졌다. 단단한 뼈나 뿔을 가공하여 만든 찌르게 尖頭器, 구멍을 뚫는 송곳, 밀개削器, 긁개 등 사냥이나 생활에 필요한 것은 무엇이든 만들어냈다. 돌에 새긴 정교한 그림이나 뿔로 만든 여인상을 비롯하여 라스코 동굴의 정교한 암각화는 오리나시안 공작소의 정교한 도구로 가능했다.

18_ 그리려는 대상의 정확한 형태보다는 강조하려는 부분을 두드러지게 그리는 화법. 이를테면 동물의 머리와 몸통은 형상이 잘 나타나도록 측면으로 그리지만 뿔은 정면을 향하게 하여 강한 인상과 미적인 효과를 두드러지게 표현하는 것이다.

19_ 오록스는 소의 일종으로 유라시아 대륙에 넓게 분포했으며 국내에서도 서식한 흔적이 있다. 80센티미터 정도의 매끄러운 뿔을 가지고 있으며 몸길이 250~310센티미터, 체중 600~1000킬로그램 정도로 소에 비해 큰 편이다. 오록스는 17세기 남획으로 인해 멸종되었다.

20_ 현재 남북한과 구고구려 지역에서 발견되는 고분 중 벽화가 발견된 고분은 총 91기로 평양과 대동강 유역의 61기, 압록강 유역의 20기는 모두 고구려 시대의 고분이다.

21_ 강서대묘의 신선도나 비천상은 중국 육조시대의 윈강 석굴이나 룽먼 석굴에서도 볼 수 있는 부조와 유사하여 상호 밀접한 교류가 있었음을 알 수 있다.

22_ '왕들의 계곡Valley of the Tombs of the Kings'은 이집트 테베 서부에 있는 좁고 긴 골짜기로, 이집트의 장제신전이 몰려 있다.

23_ 벽화에는 사후세계를 상징적으로 그리고 있지만 파피루스의 「사자의 서」에서는 사후세계를 여행하는 사자를 위하여 구체적이고 자세하게 적어놓고 있다. 이를테면 태양신의 배를 타고 여행하는 '지하세계의 서Book of That Which Is in the Underworld'나 거대한 뱀이 지키는 문을 통과하는 '입구의 서Book of Gates'에 대한 이야기 등이 문서로 전한다.

24_ Hatshepsut(기원전 1508~기원전 1458)은 투트모세 1세와 정비正妃 사이의 유일한 자식으로 이복 동생 투트모세 2세와 결혼했지만 투트모세 2세가 요절하자 직접 파라오가 되어 21년간 이집트를 다스렸다.

25_ 사후세계에 대한 이야기와 태양신 '레Re'에게 바치는 송가 등으로 이루어진 글. 가장 오래된 것은 기원전 2400년경 「피라미드 본문Pyramid Texts」이며 이후 수많은 사본이 만들어지고 벽에 쓰여지기도 했다.

26_ 현재까지 발견된 가장 오래된 암석은 호주 서부에서 발견된 지르콘Zircon으로 약 44억400만 년 전에 굳어진 것으로 확인되었으며, 다른 견해가 있으나 지구의 생성 시기는 이 암석과 천문학적 사건을 토대로 약 45억6000만 년으로 본다.

27_ 지층이 서로 겹쳐진 현상. 먼저 형성된 지층이 지각변동과 침식의 영향을 받은 후 그 위에 새로 물질이 퇴적되면서 만들어진다.

28_ 물에 녹아 있던 탄산칼슘은 응결 또는 침전되어 다양한 형태로 재결정을 이루는데 그 과정에서 생성되는 종유석, 석순, 석주, 석화 등을 말한다.

29_ 분화구에 항상 물이 고여 있는 높이 717미터의 오름으로, 숲이 검게 우거져 있어 거문(검은, 黑)오름으로 불린다. '곶자왈'이라는 생태계의 보고를 품고 있으며 숯가마터, 일본군 진지 등 주변에 많은 유적이 남아 있다.

30_ 지각변동으로 지반이 융기되어 절벽 중간쯤에 만들어진 것을 융기 해식동, 반대로 지반이 침강되어 물속에 잠긴 것을 침강 해식동이라고 한다. 침강 깊이가 낮은 해식동은 간조 때 물 밖으로 노출되기도 한다.

31_ 외부 세계와 차단되어 있는 우도 수중해식 동굴 속의 바닷물은 나트륨 함량이 30퍼센트 정도 낮아서 외부와는 다른 생태환경을 갖추고 있으며 해식 동굴에서는 거의 발견되지 않는 종유석이 자라고 있다.

32_ 1980년대까지 지하층은 법적인 주차공간을 확보하기 위한 것으로 보통 3~4층 정도를 파는 것이 일반적이었다. 그러나 1990년에 신축된 샹젤리제 센터(강남구 대치동)는 지상은 5층인 데 반해 지하는 9층까지 깊어졌으며 이후 지하공간에 대한 인식이 변화하면서 보편적으로 지하층을 문화공간으로 설계하게 되었다.

33_ 현행법상 상업지구 내에서 건축물의 용적률은 1200퍼센트, 건폐율은 60퍼센트로 제한되고 있지만 지하건축물은 인접건물에 지장을 주지 않는 한 대지면적의 90퍼센트까지 활용할 수 있고 깊이는 기술적 여건이 허락하는 한 무제한적으로 개발이 가능하다.

34_ 도시철도 지하정거장과 건축물을 연결하여 지하층에서 지상층을 경유하지 않고 외부로 진출할 수 있게 한 것은 동선의 편리함이라는 1차적인 목적 외에 지하공간에 대한 심리적 개방감을 확대시키는 효과도 얻을 수 있게 되었다. 지하공간에 대한 이러한 인식 변화로 인해 1990년대 이후 지하공간의 활용은 급속도로 증가하게 되었다.

35_ Marc Isambard Brunel(1769~1849). 프랑스의 토목기사. 왕당파였던 그는 프랑스 혁명 시 북아메리카로 망명했다가 후에 영국에서 선박건조 및 토목기사로 활약했다.

36_ 폭 10.8미터, 높이 6.6미터의 장방형으로 만들어졌으며 전면부는 36개의 방으로 나뉘어져 있었다. 각 방에는 인부 한 명씩 배치되어 막장을 파내었으며 전단면의 작업이 이루어지면 함체를 앞으로 밀어내는 방법으로 굴진해나갔다.

37_ 디스크Disk라고 하며 회전하면서 단단한 암반을 갈아낸다. 회전체 안에는 다시 높은 강도의 작은 회전체가 원형으로 배치되어 있다.

38_ 터널 단면에 맞게 외부에서 미리 만들어놓은 것으로 서로 맞물리게 하면서 콘크리트 벽면을 만들어 나간다.

39_ 뿜어 붙인 콘크리트. NATM 공법은 굴착 후 지반이 이완되기 전에 빨리 노출면을 보호해주는 게

핵심이다. 따라서 급결재를 비롯한 모든 재료를 미리 섞어서 준비하고 있다가 굴착이 이루어지면 즉시 뿜어 붙여서 노출면을 보호해준다.

40_ 철근으로 만들어진 못을 실로 꿰매듯 굴착면에 박아서 붕락을 방지하는 보조공법이다.

41_ 1687년 아이작 뉴튼이 중력과 운동에 관해 발표한 논문 「자연철학의 수학적 원리Philosophiae Naturalis Principia Mathematica」를 줄인 말이다.

42_ Tycho Brahe(1546~1601). 덴마크의 천문학자. 기독교의 입장에서 천동설을 입증하기 위해 무려 30년간이나 행성운동을 조사했다. 그러나 그 자료는 결국 케플러에 의해 지동설의 결정적인 증거가 되었다.

43_ J.Kepler(1571~1630). 튀코 브라헤의 정밀한 관측 자료를 토대로 행성의 궤도와 운동법칙을 발견했다. 저서에 우주의 신비, 광학 등이 있다.

44_ 2013 제1회 상상설계대전은 산업통상자원부와 엔지니어링데일리의 주관으로 이루어졌으며 많은 건설회사와 설계회사의 후원으로 개최되었다.

45_ 언어의 상징성에서 살펴보면 보편적으로 '지하' 또는 '아래'라는 말에는 부족하거나 보조적인 것 또는 계급적인 하부구조에 대한 은유가 포함되어 있다. 지상 또는 위에 대한 상대적인 개념으로 사용될 경우 이러한 측면은 더 두드러진다.

46_ '석조공간石造空間'은 돌을 깨어 조성한 공간이라는 뜻의 조어造語. 터키의 괴레메 암벽 수도원, 중국의 룽먼 석굴, 둔황 석굴에 어울리는 이름이 될 것이다.

47_ Walter Benjamin(1892~1940). 독일의 사상가. 그의 사후에 발간된 『아케이드 프로젝트Arcade project』(전 6권)(조형준 옮김, 새물결)는 파리 아케이드를 중심으로 벌어지는 문화현상을 조망하는 형식으로 기록했다.

48_ 용산 GEO 2020 프로젝트에서 가장 눈에 띄는 것은 지상공간을 대부분 보행로 녹지 수변공간으로 조성하면서도 지하공간을 통하여 도시기능이 잘 유지될 수 있도록 계획하고 있는 점이다. 기본구상은 크게 3개의 주요한 축으로 이루어져 있는데 각각의 축은 다음과 같은 기능을 유지한다.

·도시기능축: 도시철도, KTX, 국제업무지구, 멀티미디어 마켓, 서울 매세
·녹지환경축: 용산공원을 중심으로 이태원로측 지하공간에 미디어파크 역사박물관등 조성
·수변환경축: 한강변과 중지도를 중심으로 한강 헬리포트 및 수생박물관 등 수변 커뮤니티 조성

49_ Paolo Soleri(1919~). 미국의 철학자 및 공학자. 『미래도시』(이윤하 옮김, 르네상스출판사, 2004)에서 애리조나 사막에 건설 중인 아르코산티의 개념도, 스케치를 소개하고 있으며 신개념의 도시 아르콜로지 설계도가 실려 있다.

50_ '건축Architecture'과 '생태Ecology'를 합성한 신조어로, 건축과 생태가 하나의 환경으로 조화를 이루는 도시를 의미한다.

제2부 쉼, 생활문화공간

1_ 서울 용산구 한남동에 위치한 블루스퀘어의 연면적은 2만9492제곱미터에 이르며 콘서트홀은 1600석, 뮤지컬홀은 1200석의 규모를 갖추고 있다.

2_ 통계자료에 따르면 정부 계획으로 만들어진 방공호는 약 22만 개가 있다. 민간인이 만든 시설은 210만 개가 훨씬 넘을 것으로 추산하고 있다.

3_ 노르웨이의 국토 면적은 32만 제곱킬로미터이며 북위 58~72도로 매우 춥다. 인구는 450만 명 정도다.

4_ 18억 년 전 유성생식을 통해 생물의 다양성이 급속하게 늘어난 시기를 캄브리아기라고 하며, 이 시기 이전의 지질시대를 선캄브리아기라고 한다. 이때의 지층에서는 거의 화석이 발견되지 않는다.

5_ 지하 깊은 곳에서 마그마가 굳어 만들어진 바위. 지구의 대부분을 차지한다. 석영과 장석을 주성분으로 하며 암질이 고르고 단단하여 산업용으로 가장 많이 이용된다.

6_ 화강암이 지중에서 고압·고열로 인해 성상이 바뀐 변성암으로 다양한 광물질의 띠가 분포하고 있으며 조립도가 높아 잘 갈라지거나 부서지지 않는다.

7_ NGI, Norwegian Geotechnical Quality Index. 암반 표면의 거친 정도나 지하수 갈라진 틈을 통해 9개의 등급으로 암반의 강도를 분류한 것으로 터널설계의 기준으로 이용된다.

8_ 경기장 내부 공간 규모는 폭 61미터, 길이 91미터로 시선 확보를 위해 기둥이 전혀 없이 만들어졌다.

9_ 조절발파 공법Controlled blasting은 발파시 원지반의 손상이 없도록 굴착계획선에 따라 정밀하게 발파가 이루어지도록 조절하는 방법이다. 라인 드릴링Line drilling, 빈공 설치공법Pre-spiliting, 스무스 브라스팅Smooth blasting 등이 있다.

10_ 총 7550제곱미터의 규모를 갖추고 있으며, 다용도 스포츠홀은 1125제곱미터, 수영장은 740제곱미터, 기타 5685제곱미터다.

11_ 총 5750제곱미터의 규모를 갖추고 있으며, 주경기장은 1250제곱미터다.

12_ 지하공간 전체를 덮고 있는 돔의 직경은 24미터이며 암반 바닥에서 13미터 높이로 아늑하게 공간을 감싸고 있다.

13_ 전체 내부 공간의 규모는 3만5000세제곱미터에 이른다. 이 중에서 콘서트홀은 1만4000세제곱미터(1000석 규모)이며 전시공간은 1만6000세제곱미터 정도다.

14_ 재위 기간은 1180~1223. 영국과의 세력다툼 및 십자군 전쟁 과정에서 탁월한 외교적 수완을 발휘해 프랑스 영토를 확장시켰으며 합리적이고 유능한 통치로 왕권을 강화하여 '존엄왕Auguste'으로 불린다.

15_ 루브르의 지하공간 규모는 길이 110미터, 폭 120미터의 정방형으로 2개 층을 합쳐 5만 제곱미터에 이른다.

16_ Ieoh Ming Pei(1917~). 광저우에서 출생한 중국계 미국인 건축가. 모더니즘 건축의 거장으로 불린다. 돌, 콘크리트, 유리, 강철 등의 재료를 이용한 추상적인 건축물을 주로 설계했다.

17_ 건축면적은 9000제곱미터에 불과하지만 지하공간은 4만8000세제곱미터가 넘으며, 스튜디오 1만3000세제곱미터, 무대 275제곱미터와 1306개의 객석을 갖추고 있다.

18_ '페트라Petra'는 그리스어로 '바위'라는 뜻이다. 모세가 이집트를 탈출하던 성서시대(기원전 1400년

경)에는 '셀라Sela'라고 불렸는데 이 역시 히브리어로 바위를 뜻한다.

19_ '에돔'은 야곱의 형인 에서Esau의 별칭으로, 아브라함의 한 종파를 이루는 민족 또는 이들이 살던 지역을 일컫는다.

20_ 사해 동쪽 요르단 인근에 있는 도시로 유대인과 적대적인 관계였다. 기원전 582년 바빌로니아 침공으로 멸망하였다.

21_ 페트라를 우회하는 과정에 죽은 모세의 형 아론Aron의 무덤, 모세가 지나간 계곡이라는 뜻의 '와디 무사Wadi Musa' '모세의 샘' 등 모세와 관련된 많은 유적이 있다. 성서 민수기 20장 14절~21절에는 이와 관련한 이야기가 자세히 나와 있다.

22_ 베두인어로 '알카즈네'는 보물창고라는 뜻이다. 이집트의 파라오가 이곳에 보물을 숨겨놓았다는 전설 때문에 이러한 이름이 붙여졌지만 신전을 목적으로 만들어진 건축물이라는 것이 일반적인 의견이다.

23_ 신전의 지하 부분에서 4개의 매장공간이 발견되었으며 11구의 시신이 발굴되었다. 그러나 이 신전이 무덤이라고 볼 수 없는 이유는 고대에는 수도원이나 신전의 지하층을 매장소로 이용하는 오래된 관습이 있기 때문이다.

24_ 원형으로 배치된 기둥 위에 조형물을 설치하는 건축 형식. 미케네 문명 후기에 발달한 양식으로 미니아스의 보고寶庫, 아트레우스의 보고寶庫 등이 유명하다. 톨로스는 무덤에 주로 사용하던 양식으로 알카즈네를 아타레스 3세의 무덤으로 보는 사람들의 근거가 된다.

25_ 윈강 석굴은 석회분이 함유된 사암지대에 만들어져 있어 충적토가 굳어져 형성된 둔황 석굴보다 비교적 단단하며, 조각의 섬세한 기교가 가능하다.

26_ 사막[莫]의 높은 절벽[高]에 만들어진 굴이라는 뜻이다.

27_ 5호16국 시대 한족 이고가 세운 나라(400~421). 둔황태수 이고는 농경, 양잠 및 서역과의 교역을 장려하여 시량을 안정된 국가로 성장시켰으나 421년 북량의 저거몽손에 의해 멸망했다.

28_ 중국의 서쪽 관문인 옥문관과 양관을 기점으로 텐산 산맥 남쪽 오아시스를 연결하는 동서간 육상교통로. 옥문관과 양관을 기점으로 안시에서 둔황-러우란-쿠얼러-쿠처-아카쑤를 거쳐 북로와 만나며파미르 고원을 넘어 아프가니스탄 북부로 가는 길이다.

29_ 남로와 마찬가지로 안시에서 출발하나 하미-투르판-우루무치-쿠이둔-이닝-알마티를 지나 남로와 만나게 된다. 현재는 텐산남로와 텐산북로를 모두 '북로'라고 부르며, 남로는 쿤룬 산맥을 따라가는 서역 남로를 말한다.

30_ 둔황 석굴은 모두 492개이다. 만들어진 때를 시대별로 보면 수나라 97개, 당나라 225개, 송나라 20개 원나라 7개이며 나머지 143개의 굴은 수나라 이전에 파였거나 기존 동굴을 확장한 것이다. 둔황석굴은 보통 밍사산 동쪽 절벽에 있는 막고굴을 일컫지만 그 주변 바위에 있는 서천불동, 안서유림굴, 수협구굴까지 합치면 모두 600여 개가 넘는다. 형태가 심하게 훼손되어 시대를 파악할 수 없는 동굴도 많은데 동굴의 연장을 모두 합치면 1600미터에 이른다.

31_ '장경동藏經洞'이라 불리며 번호로는 제17굴에 해당한다. 외부 침략으로 인해 중요한 경전이 손상될것을 우려해 만든 밀실로, 깊이와 폭 2.6미터, 높이 3미터 공간에 고문서가 가득 채워져 있었다.

32_ 1907년 아우렐스타인이 7000점을 영국으로 옮긴 것을 시작으로 1908년 프랑스의 폴 펠리오가 7000점, 일본의 승려 오타니가 5000점을 반출했으며, 미국의 랭던 위너도 일부를 반출했다.

33_ 이규갑 외, 고려대장경연구소, 2011.

34_ 『역사의 연구a study of history』(전 12권). 토인비Arnold Joseph Toynbee의 역작으로, 세계를 26개 문명권으로 구분하여 그 가치와 의미를 다루었다. 문명발생 원인에 '도전과 응전'이라는 원리를 도입함으로써 문명의 발생, 성장, 쇠퇴, 해체의 주기적인 과정을 분석했다.

35_ '에페수스의 잠자는 사람들'은 초기 기독교 설화로, 본문의 이야기는 보르헤스의 소설 『알랩』 중 「아베로에스의 추적」에서 인용했다.

36_ 지하도시를 연결하기 위한 측량 방법. 먼저 양쪽 지하도시 끝 부분에 수직갱을 설치했을 것이다. 그리고 지상에서 두 수직갱의 방향을 일치시킨 후 지하에서 같은 방향으로 굴착하는 방법인데, 자세한 내용은 수로터널 카나트의 측량 방법을 참고. 지하도시 곳곳에 있는 환기구용 수직갱은 이러한 목적에도 활용되었을 것이다.

37_ 흰 대리석으로 만든 독수리상. 지하 4층 교회 부근에서 발견되었으며 현재는 앙카라의 아나톨리아 문명박물관에 보관되어 있다. 유물의 연대를 정확히 알 수는 없지만 최소한 3900년 전부터 아나톨리아를 장악하고 있던 히타이트의 유물로 밝혀짐에 따라 최소한 히타이트가 아시리아에 의해 멸망한 기원전 1190년 이전일 것으로 생각된다.

38_ 기원전 5세기의 그리스 역사가. 크세노폰이 기원전 401년 페르시아 전쟁에 참가하여 기록한 책으로, 카파도키아의 지하동굴이 프리키아인에 의해 만들어졌다는 기록이 있다.

39_ 기원전 323~기원전 60, 아나톨리아에서 파미르 메소포타미아 인더스 계곡까지 차지하고 있던 알렉산드로스 대왕의 계승국으로 헬레니즘 문화를 계승·발전시켰다. 하지만 지나치게 헬레니즘과 그리스 문화의 우월성만을 강조하여 피지배민족의 지속적인 저항을 받았으며 이후 강력해진 로마에게 멸망하였다.

40_ 클레이타르코스Cleirtarchus는 기원전 4세기경의 이집트 역사가로, 알렉산더 원정을 종군하며 기록했다.

41_ St. Antonius(251~?). 수도생활의 아버지라고 부르는 기독교의 성인. 재산을 빈자에게 나누어주고 사막으로 들어가 수도생활을 했으며 수도규칙을 정하고 금욕생활을 지도했다.

42_ 이 지역에 가장 일반적인 주거형태는 흙벽돌로 지은 집이다. 목재는 집을 짓는 데 필요한 재료보다는 주로 벽돌을 굽는 연료나 난방에 이용되었다. 야오동은 보온에 유리하여 거의 난방을 하지 않는다.

43_ 롬바르디 평야에 위치한 발카모니카 인근에서 발견된 암각화로 약 8000년 전부터 그려졌으며 약 14만 점에 이른다. 농경, 전쟁, 항해 등 다양한 형태를 선형으로 부조해놓았다. 암각화는 동굴벽화와 함께 신석기시대의 생활을 엿볼 수 있는 유물로 한국은 물론 세계 각지에서 발견된다.

44_ 포에니 전쟁(기원전 264~기원전 146). 지중해의 패권을 두고 로마와 카르타고 간에 벌어진 전쟁. 로마는 3차에 걸친 전쟁에서 최종 승자가 됨으로써 이후 지중해의 패권을 장악하게 되었다.

45_ 1967~1969년의 기상이변은 세계적인 현상이었다. 유사 이래 처음으로 홍수를 경험한 튀니지를 비롯하여 이탈리아, 홍콩, 일본에서 홍수 피해를 입었고 한국과 중국은 유례없는 가뭄에 시달렸다. 이외에도 이상고온(시베리아, 알레스카)과 한파(미국, 캐나다, 아일랜드)로 전 지구가 몸살을 앓았다.

46_ 서울시는 2005년부터 이러한 도시 불균형 문제를 완화하기 위해 홍제, 청량리 등 슬럼화되고 있는 지역을 뉴타운이나 균형개발촉진지구로 지정하고 정비사업을 벌이고 있다.

47_ 설계공모 당선작을 보면 높이 35미터 정도의 건물이 주를 이루고 있다. 랜드마크에 해당하는 건물

의 높이도 90미터 정도다. 도시의 공간조건과 업무환경의 집중을 위해 일정 규모의 고층빌딩군을 배치하는 최근의 도시계획과는 큰 차이가 있다.

48_ 다이머 클라이슬러 사가 조성하는 구역. 대지는 6만8000제곱미터에 이르지만 중심 권역임에도 불구하고 건축 연면적이 34만 제곱미터에 불과하다. 이 중에서도 업무공간은 53퍼센트인 18만 제곱미터뿐이며 나머지는 주택을 비롯해 쇼핑, 호텔, 공연장, 카지노 등의 다양한 시설로 채우고 있다.

49_ 소니사의 조성 구역은 2.6만 제곱미터로 도시계획 패턴은 다이머 클라이슬러 구역과 유사하다.

50_ 1996년 대우건설이 베트남에 제안한 계획으로 시작됐으나 IMF와 세계적인 금융위기로 지연되다가 2012년 착공되었다. 공간규모는 207만 제곱미터다.

51_ 미군기지 이전지역에 조성되는 공간과 주변의 한강, 남산, 노들섬 등을 연계한 국제업무지구 조성계획. 삼성물산을 비롯한 국내 26개사 해외 13개 사의 공조로 추진되고 있다.

52_ 남산, 용산, 노들섬, 노량진 등 한강 주변 지역을 연계하는 종합적인 도시계획. 관광이 역사와 유적 중심에서 위락과 쇼핑 중심으로 변화하는 추세에 맞추어 서울을 관광특구로 만들 계획이다.

53_ 파리의 부족한 도시기능공간을 확보하기 위해 1956년 시작된 신도시 계획으로, 전체 750만 제곱미터를 4개 권역으로 나누어 추진하고 있다. 2013년 현재 48만 제곱미터 규모의 비즈니스 권역이 마무리된 상태다.

54_ 라데팡스는 지하철 1호선의 종점인 도시에 고속철도 RER.A선, 일반철도 SNCF선이 통과하며 버스는 18개 노선이 관통하고 있다. 독일과 이탈리아로 이어지는 A14 고속도로의 인터체인지도 라데팡스 안에 만들어져 있다.

55_ 낭테르 대학교(파리10대학), 예술(오페라)전문대학, 건축대학 등 10개의 학교가 있다.

56_ 공동주거의 필요성과 여성 가사노동 해방에 따라 정의된 개념. 1919년 러시아 전당대회에서 처음 사용되었다. 이후 유럽을 비롯한 세계 각국의 주거문화에 많은 영향을 주었다.

57_ M.Y. Ginsburg. 러시아의 건축가로 MAO(모스코 건축협회)에서 발행하던 『건축』을 편집했다.

58_ 원 출전은 F.A. 쿠튀리에의 『현대적인 파리』(1860). 인용문은 발터 벤야민의 『방법으로서의 유토피아』를 참조(『아케이드 프로젝트』 4, 조형준 옮김, 도서출판 새물결, 35쪽).

59_ Isaac Asimov(1920~1992). 러시아 태생의 과학자·소설가로 미국에서 활동하였으며 SF 등 500여 권의 책을 썼다.

60_ 1953년 작품으로 국내에는 『강철도시』(강영길 옮김, 자유문고, 1986)라는 제목으로 출간되었지만 여기서는 '지하도시'라는 뜻을 함유하고 있는 원어를 사용했다.

61_ 빛은 자외선 적외선 가시광선으로 구성되어 있다. 조명에 필요한 것은 가시광선이며 전기 에너지 생산에 필요한 것은 적외선이다. 따라서 새로운 돔에 설치되는 태양전지는 적외선만 흡수하고 가시광선과 자외선은 투과시키는 전지가 될 것이다.

62_ Dandridge Cole(1921~). 미국의 미래학자 및 기업가. 미래는 예측이 아니라 창조의 대상이라고 강조하면서 GE사의 우주산업분야를 개척했다.

63_ Paolo Soleri(1919~). 미국의 철학자 및 공학자. 저서 『미래도시』(이윤하 옮김, 르네상스출판사, 2004)에서 애리조나 사막에 건설 중인 아르코산티의 개념도와 스케치를 소개하고 있으며 신개념의 도시 아르콜로지 설계도가 실려 있다.

64_ 탄소섬유의 단위중량은 제곱미터당 2.0킬로그램 정도로 철의 25퍼센트, 알루미늄의 70퍼센트에 불과하다.

65_ 1나노미터(nm)는 10억분의 1미터다. 나노미터 단위로 표시하면 아주 작은 세포도 1만 나노미터나 된다.

66_ Jules Gabriel Verne(1828~1905). 프랑스의 소설가. 『해저 2만 리』 『지구 속 여행』 등 공상과학소설 작가로 유명하다.

제3부 길, 소통을 위한 터널

1_ Diodorus Sikelos(기원전 80~기원전 20). 기원전 60년경부터 30여 년에 걸쳐 전 40권에 이르는 세계사를 저술했다. 여기에는 고대 이집트, 메소포타미아, 트로이 전쟁은 물론 책이 저술되는 시기에 발발했던 줄리어스 시저의 갈리아 전쟁(기원전 54년)까지 기술되어 있다.

2_ Archibald Black(1988~?). 『터널 이야기』를 저술한 미국의 공학자다.

3_ 요새와 교량을 건설한 시기를 헤로도토스는 신바빌로니아(기원전 625~기원전 539)의 네브카드네자르 2세라고 기록하고 있지만 아치볼드 블랙(미국)은 그의 저서 『터널 이야기』(1937)에서 디오도루스가 쓴 세계사에 근거하여 바빌론 제1왕조 이전인 기원전 2160년경 아시리아의 여왕 세미라미스 시대로 추정하고 있다.

4_ 고바빌로니아(기원전 1950~기원전 1531) 제1왕조의 함무라비Hammurabi(기원전 1792~기원전 1750)는 유프라테스 강 일대를 평정하고 도시를 재정비하는 과정에서 운하나 교량 등의 대규모 도시 기반시설을 갖추었는데, 이때 강 밑 터널도 함께 건설되었을 가능성이 있다.

5_ 이탈리아의 작곡가 로시니가 쓴 가극 「세미라미데」(1823)가 있다.

6_ 기원전 823~기원전 810년까지 바빌로니아를 통치했다.

7_ 삼시 아다드 5세의 왕비는 아시리아어로 사무라마Samurama다. 헤로도토스는 이를 그리스어로 표기하면서 '세미라미스'라고 적었다.

8_ 정원의 이름이 '세미라미스의 공중정원'이긴 하지만 이를 건설한 사람이 세미라미스인지 네브카드네자르 2세인지에 대하여는 의견이 갈린다. 그러나 세미라미스 시대에 성곽 건설이 시작된 후 여러 시대에 걸쳐 증축되고 네브카드네자르 2세 때 완성되었다고 보는 것이 타당할 듯하다.

9_ 성곽의 두께는 17.7미터며 외성의 연장은 11.3킬로미터, 내성은 6킬로미터에 이른다. 성곽의 두께가 이렇게 두꺼운 것은 축조재료가 흙벽돌이기 때문으로 보인다.

10_ 터널의 전체 길이는 교량보다 훨씬 길었을 것이다. 터널 높이는 3.7미터 폭은 4.6미터로 기록되어 있다.

11_ 교량 상판에 사용된 크기의 석재는 물론 그 이상 넓은 석재가 신전 천장이나 회랑을 만드는 데 사용되었지만 사람이나 마차의 통행을 지지해야 하는 교량의 상판은 크기조건이 훨씬 제한될 수밖에 없다.

12_ 카시드 왕조(기원전 1531~기원전 1150). 아리안계 히타이드족이 고바빌로니아를 멸망시키고 세운 왕조다.

13_ 아시리아 제국(기원전 2000~기원전 609). 메소포타미아의 북부에서 일어나 고대 오리엔트 최초의

세계제국을 세운 셈족계 국가. 기원전 1813년 아다드 1세 때 통일국가를 이룬 뒤 1200여 년간 제국을 유지했다.

14_ 이라크 바그다드 남부 바빌론 유적지대에 있는 지역이다.

15_ 태양신 헬리오스와 페르세이스의 아들로 콜키스(코린토스 지역)의 왕이다. 황금양 신화에서 이아손에게 반한 그의 딸 메데이아는 황금양피를 훔치는 데 도움을 주고 함께 도주한다.

16_ 1스타디온은 185미터, 1페키스는 4.6센티미터, 1푸스는 30센티미터 정도에 해당한다. 헤르도토스의 규모 설명은 그렇게 적절한 것은 아니며 실측 결과와도 꽤 차이가 있다.

17_ 그리스 시대부터 '사모스samos'는 섬 이름이자 도시 이름이었으나, 1955년 도시 이름을 따로 피타고라스의 이름을 따서 '피타고리온'이라 바꾸었다.

18_ 과두정에서 터널을 뚫기로 결정하고 공사가 착수된 것은 기원전 687년이며 기원전 672년에 완성되었다. 터널 길이 1036미터를 뚫는 데 15년이 걸렸다면 하루 20센티미터 정도를 파낸 셈이다. 양쪽에서 뚫었다면 각각 막장의 작업량은 하루 10센티미터에 불과하다.

19_ 그리스 아티카 주에 있는 고대도시. 오랫동안 아테네와의 전쟁으로 어렵게 이어왔지만 소피스트 철학 스토아 학파 등 고대철학이 꽃핀 곳이기도 하다.

20_ 아이에테스 샘은 해발 58미터쯤이다. 이 샘을 기준으로 위쪽은 경사가 급하며 아래쪽으로는 완만하다.

21_ 샘에서 터널까지 구거식으로 만들어진 도랑은 약 900미터이며, 터널에서 도시 안까지 물을 끌어오는 도랑은 약 500미터다.

22_ 샘에서 터널 입구까지 그리고 터널에서 도시까지 물이 완만하게 흐를 수 있도록 조절되었다. 이를 위해 터널입구는 해발 55.83미터, 출구는 55.26미터에 정밀한 측량을 거쳐 정해졌다.

23_ 1036미터의 터널 높이차가 57센티미터라는 것은 20미터에 1센티미터의 경사를 유지해야 한다는 뜻이다.

24_ 직각삼각형을 이루는 세 변의 관계($a^2=b^2+c^2$)를 정리로 나타낸 것은 피타고라스다. 이 터널의 건설은 피타고라스가 출생한 기원전 580년보다 100년 정도 빠르지만 당시에도 이미 직각삼각형을 이용한 측량은 잘 알려져 있었다. 위 관계식은 기원전 3000년경 바빌로니아의 쐐기문자로도 기록되어 있으며 이집트에서 피라미드를 건설할 때에도 이 방법이 적용되었다. 그리스 수학자 탈레스는 직각삼각형의 성질과 그림자를 이용하여 피라미드의 높이를 측량하기도 했다.

25_ 산 정상부는 해발 225미터지만 터널이 지나가는 곳은 해발 155미터쯤의 능선 밑이다. 그러므로 해발 55미터에 터널이 있음을 고려하면 터널 위쪽 높이는 100미터 정도이다. 산의 경사도 입구 쪽은 50도 정도로 조금 급한 편이지만 이후 완만하게 흐르기 때문에 줄을 똑바로 당기는 데는 큰 어려움이 없다.

26_ 이스라엘 12지파 중 유다와 벤야민에 의해 기원전 931년 이스라엘 왕국으로부터 분리된 왕국으로 아시리아의 지속적인 공격에 시달렸고, 기원전 587년 바빌로니아 제국의 침략으로 멸망했다. 유대왕국은 성서 열왕기상14:21부터 열왕기하24:18에 비교적 상세히 나와 있으며, 이후에 나오는 역사적 사실은 이를 참조했다.

27_ 신아시리아제국(기원전 911~기원전 612). 아시리아는 티그리스 강 상류 지역의 고대도시 아수르에 있던 작은 도시국가. 차츰 북쪽의 히타이트 세력을 제압하면서 메소포타미아, 이집트, 아나톨리아까지

지배하는 대제국이 되었다.

28_ 예루살렘 남쪽에 있는 유대도시 중 하나로 견고한 성벽과 삼중의 성문을 갖춘 요새였지만 기원전 700년 아시리아의 센나케리브 왕에 의해 멸망했다. 1932년 발굴 시 히브리어가 새겨진 예레미야 시대 토기가 출토되었으며, 동굴에서 1500구가 넘는 유대인의 시신이 발견되었다.

29_ 아시리아 연대기에 따르면 그들의 무기는 창검만이 아니었다. 그들은 군인이나 민간인을 구분하지 않고 포로의 살갗을 벗기거나 귀, 코, 성기 등을 잘라내는 등 잔인하게 살해하여 아직 항복하지 않은 도시 앞에 전시함으로써 극도의 공포심을 유발했다. 성서를 비롯하여 주변국가의 기록에서 볼 수 있듯이 고대사회에서 아시리아에 대한 증오심을 이해할 수 있는 부분이다.

30_ 실로암Siloam. 왕의 못King's pool 또는 아래못lower poor이라고도 하며 아랍어권에서는 아인 실완Ain Silwan이라고도 부른다. 원래는 석회석 암반에 설치된 큰 수조였지만 현재는 돌로 쌓아 만든 장방형의 좁은 규모다.

31_ 열왕기하 20:20. 유대왕 히스기야가 아슈르의 포위에 대비하여 다윗 성 서편까지 터널을 뚫어 물이 흐르도록 했다고 기록되어 있다.

32_ 실로암 비문Siloam Inscription. 실로암 터널 공사과정이 여섯 줄의 히브리 고서체古書體로 기록된 비문. 가로 72×세로 38센티미터의 석판이다. 터널 안쪽 8미터 들어간 지점 벽면에 새겨져 있었으나 도난 파손의 과정을 거쳐 현재는 이스탄불 고고학 박물관에 소장되어 있다.

33_ 사모스 섬의 수로터널은 기원전 687년경 완성된 것으로 알려져 있으나 공사 기간이 15년 정도 걸렸으므로 히스기야 터널이 만들어진 기원전 701년과 거의 같은 시기에 시작됐다고 볼 수 있다.

34_ 1978년 각 분야의 전문가가 참석하여 터널에 대한 본격적인 발굴과 조사가 이루어졌는데, 조사단의 일원으로 참가했던 지질학자 댄 길Dan Gill은 터널의 경로에 이전부터 바위 틈새가 있었음을 밝혀냈으며 지질학적 분석을 통해 최소 4만 년 이상 물이 흐른 것으로 판단했다.

35_ 구약성서(사무엘전서 8:6)에는 터널이 만들어지기 전부터 기혼 샘의 물이 성안의 셀라 못으로 천천히 흘렀다는 기록이 나온다. 기혼 샘이 '천천히 흐르는 물'이라 불리는 이유가 바위 틈이나 도랑을 통해 흘러온 '적은 양의 물' 때문이라 본다면 이러한 추정이 가능하다.

36_ 로마의 마지막 황제가 퇴위한 476년 이후에도 지배계급만 바뀌었을 뿐 로마의 정치 종교제도는 한동안 유지되었으며, 로마를 계승한 비잔틴 제국(동로마)이 오스만투르크에 의해 멸망한 1453년까지 977년간 로마는 지속되었다. 여기서는 476년 이전 건축된 터널이나 지하공간 위주로 살펴보았다.

37_ 기원전 4세기 로마 제6대왕 세르비우스가 건설한 성곽으로, 테베레 강을 중심으로 로마 둘레의 일곱 개의 언덕을 감싸고 있었으나 기원전 52년 무렵 철거되었다.

38_ '로마에 의한 평화'라는 뜻으로 갈리아 정복과 내전이 마무리된 기원전 27년부터 아우렐리우스 황제 때까지 약 200년의 기간을 의미한다.

39_ Lucius Domitius Aurelianus(270~275 재위) 군인에 의해 1~2년 주기로 황제가 교체되던 시기(235~283년)의 황제로 275년 타키투스에 의해 살해되었다.

40_ 로마의 건축이나 시설물이 노예노동에 의존한 것은 사실이지만 이러한 작업을 대단히 명예로운 것으로 여겨 귀족이 공사를 직접 지휘했고 주요 기술적인 임무는 정규병력에 의해 이루어졌다.

41_ 기원전 3세기에서 고트족 침입이 빈번하던 3세기 초반까지 약 500년간 건설된 포장도로는 372개

노선에 8만 킬로미터에 이른다.

42_ 도로의 기준은 12표법에 기록되어 있는데 최소 폭은 직선구간 2.45미터, 곡선구간 4.9미터며 보통 도로는 마차 폭 1.5미터를 기준으로 두 대가 여유 있게 교행할 수 있도록 4미터의 폭으로 건설했다. 대규모 보병병력의 이동을 위하여 포장도로 양측에 3미터 폭으로 인도를 만들었다.

43_ 플라미니우스 가도는 기원전 220년부터 건설되었지만 플루로 터널은 훨씬 뒤인 서기 76년경 건설되었다. 높이는 5.47미터 폭은 5.95미터이다.

44_ 게르만족의 일파로 2세기 후반 남하하기 시작하여 반달족과 기존의 게르만 세력을 정복했다. 서로마를 멸망에 이르게 했으나 이후 동로마와는 평화롭게 지내며 기독교로 개종했다.

45_ 현재 루마니아 인근지역으로 도나우 강 북쪽에 해당한다.

46_ 452년 게르만족의 침입 직후 발생한 전염병은 로마를 완전히 황폐화시켜 100만이 넘던 인구는 30만 명으로 줄어들었다. 이들의 침입 전에도 로마는 높은 인구밀도와 인종교류로 전염병에 매우 취약한 구조를 안고 있었다.

47_ 로마에는 테베레 강이 흐르지만 수량이 많지 않고 지하수에는 다량의 석회분이 섞여 있어 물 사정은 그리 좋지 않았다. 이러한 환경 때문에 로마 수로는 기원전부터 발달하기 시작했으며 기원전 33년경에는 700여 개의 샘이 관리되었다. 이 샘으로부터 11개의 수로를 통해 공급된 물은 로마 시내 곳곳을 채울 수 있었다. 로마 전성기에는 500여 개의 분수와 1000여 개의 목욕탕이 있었다.

48_ 이후 만들어진 수로를 연대별로 보면 테프라 수로(기원전 125년), 율리아 수로(기원전 33년), 베르지네 수로(기원전 19년), 가르 수로(기원전 12년), 알시에티나 수로(기원전 2년), 클라우디아 수로(AD 47년), 아니오노우스 수로(AD 52년) 등이다.

49_ 일정한 깊이로 도랑을 판 다음 석재로 바닥과 측벽 덮개를 설치하고 흙을 되메워 물길을 만드는 개착식 터널.

50_ 40킬로미터 구간의 수로를 만들며 경사를 17미터 이내로 하려면 약 100미터에 4센티미터의 경사를 유지해야 한다.

51_ 수로교는 3층의 아치로 만들어져 있는데 위로 올라갈수록 6.4미터, 4.5미터, 3.0미터로 좁혀 구조가 안정되도록 했다. 각층의 높이 역시 22미터, 19미터, 4.8미터로 줄어든다.

52_ 이탈리아 중부지역을 중심으로 한 12개 도시국가 연합체로 기원전 650년경 강력한 세력을 유지했으며 로마의 도로나 배수로 등 도시 기반시설의 구축은 이때부터 이미 시작되고 있었다.

53_ 로마 광장지대에 남아 있는 레지아Regia(대사제청), 베스타Vesta(신전), 코미티움Comitium(민회) 등의 원형은 모두 기원전 7세기 말 무렵에 건축된 것이다.

54_ 예루살렘 하수터널은 2007년 발견되어 발굴 중에 있으며 총 800미터 중 현재 90미터 정도 모습을 드러낸 상태다. 터널 내부에서 그릇 조각이나 동전 등 생활필수품이 발견되는 것으로 보아 단순히 탈출로로 사용된 것이 아니라 이곳에서 상당 기간 숙식을 했던 것으로 보인다.

55_ 나폴리 남동쪽 8킬로미터 지점에 있던 도시로 약 5000명의 인구가 거주했다. 도시는 화산재에 완전히 묻혔지만 사람들은 대부분 빠져나와 희생자는 많지 않았다.

56_ 티크리스 강 유역에 메소포타미아의 니카토르(기원전 312~기원전 281 재위)가 세운 도시. 마케도니아 그리스 유대 시리아인 등 60만 명의 다민족으로 구성되었으며, 초기에는 그리스 로마와 호의적인 관

계를 유지했으나 후에 로마의 속주가 되었다.

57_ 처음 지하철이 건설된 1974년 이후 관계기관을 지하철 건설본부나 지하철공사로 불렸고 또 노선의 이름도 지하철 1호선으로 불렸지만 현재는 서울매트로나 도시철도공사 또는 도시철도 1호선으로 바꾸어 부르고 있다.

58_ 런던 도시철도는 원통 모양의 터널 형태 때문에 '튜브Tube'라는 애칭으로 불렸다.

59_ 런던과 영국의 각 지방을 연결하는 6개 노선의 종착역은 런던 외곽에 설치되어 있으며 이름은 각각 런던브리지, 유스턴, 패딩턴, 킹스크로스, 비숍스게이트, 워터루 정거장이다.

60_ 로켓을 이용한 독일의 런던 대공습이다.

61_ 런던 대심도 방공호는 도시철도 하부 암반을 굴착하여 만든 방공호로, 총 8개가 건설되었으며 개소당 8000명의 인원을 수용할 수 있을 정도로 규모가 크다.

62_ ATO, Automatic Train Operation. 열차의 위치 속도를 자동으로 제어하는 열차자동운전 시스템이다.

63_ ATC, Automatic Train Control. 열차 속도는 물론 정지·출발까지 일괄 관리하는 자동제어 시스템이다.

64_ 도시철도 연간 수송인원은 런던 13억 명 정도이나 서울은 이미 35억 명을 넘어섰다.

65_ 뉴욕의 인구와 면적은 2011년 기준 820만 명, 790제곱킬로미터이다. 서울은 1000만 명, 605제곱킬로미터.

66_ 케이프 궤간Cape gauge. 1076밀리미터의 협궤로 과거 수인선에 적용된 바 있으나 이후 1435밀리미터의 표준궤간을 적용했다. 동경 도시철도는 13개 노선 중 8개 노선이 케이프 궤간을 적용하고 있다.

67_ 서울 도시철도의 운행 속도는 시속 80킬로미터가 넘지만 동경 도시철도는 시속 50킬로미터 정도이며 그나마 평균적으로 운행되는 속도는 시속 30킬로미터 정도다.

68_ 스톡홀름에서 운영 중인 도시철도는 7개 노선이며 연장은 108킬로미터 정도다.

69_ 1919년 개통된 도시철도 1호선은 3.5킬로미터 구간에 8개 역사를 갖추고 있으며 2호선(오페라), 3호선(노르테)은 1936년에 개통되었다.

70_ 두바이 면적은 693제곱킬로미터, 인구는 226만 명 정도이지만 인구 대부분이 해안과 중심지역에 밀집되어 있어 혼잡도가 심하다.

71_ 2009년 9월 9일 개통되어 '999'라는 애칭으로 불린다.

72_ 레드-옐로우 노선의 길이는 52킬로미터며 그린 노선은 18킬로미터다. 블루 라인은 아직 계획 중이다.

73_ 현재의 도시철도 1호선. 1971~1974년간 330억 원을 들여 완성했다.

74_ 1898년 미국인 콜브란이 설립한 회사로, 전철은 도시 전기사업의 일환으로 놓여졌다. 당시 일본에도 교토와 나고야에 전차가 운행되긴 했지만 도쿄에는 마차철도가 운행되고 있었다.

75_ 1~9호선과 분당선 신분당선을 합쳐 11개 노선이 운영되고 있다.

76_ 2013년 현재 공사 또는 계획 중인 경전철 노선은 우이선, 신림선, 면목선, 동북선 등 4개 노선이다.

서울 도시철도 현황(2012)

노선명		연장(km)	구 간
1기	1	7.8	서울역-청량리
1기	2	60.2	강남북 순환선
1기	3	38.2	구파발-수서
1기	4	31.2	당고개-남태령

2기	5	52.3	방화–상일, 마천
2기	6	35.2	응암–봉화산
2기	7	46.9	장암–온수
2기	8	17.8	암사–모란
3기	9	27.0	개화–논현
3기	기타	14.0	분당, 신분당선
총연장		330	시외곽구간 제외

77_ '여행'은 '여성의 행복'의 줄임말이다. 서울시의 여성정책으로 추진되는 여행 프로젝트는 사회적 약자인 여성의 편리와 안전을 도모하기 위한 일련의 사업을 말한다.

78_ Centralized Traffic Control. 열차중앙제어장치. 중앙사령실에서 전 노선에 운행되는 열차와 정거장의 신호설비를 원격 제어하는 시스템이다.

79_ 솔라드림Solar Dream. 지하공간에 태양빛이 들어오도록 만든 자연채광 시스템. 지상에서 빛을 모으는 장치와 지하로 빛을 옮기는 광섬유 그리고 이를 다시 분광시키는 장치로 구성되어 있다.

80_ 지하철 5호선에 만들어진 두 개의 하저터널을 말한다(천호~광진, 마포~여의도).

81_ 노르웨이 Høgsfjord 수중부유 터널Submerged Floating Tunnel 계획(『터널과 지하공간』 제9권 제3호(통권 제28호), 지왕률, 1999년).

82_ 콘크리트 함체 하나의 무게는 4만5000톤이며 길이 180미터, 폭은 28.5미터다.

83_ 석유나 액화가스를 이용한 차량운행에서 가장 문제가 되는 것은 배기가스이지만 이외에도 차량에서 발생하는 열로 인해 터널 내 기온 상승 문제, 사고 발생 시 비상대책, 유해가스로 인한 터널의 부식 등 유지관리 문제가 있다.

84_ 일본 동경만을 횡단하는 4차선 도로 해저터널. 총연장은 15.1킬로미터(해저구간 9.5킬로미터)다.

85_ 「자켓 구조물을 응용한 수중터널연구」(김준모 외, 2010년도 한국철도학회 추계학술대회 논문집).

86_ 해저지반을 굴착하는 방법으로 노선을 설정할 경우 지반조건과 수심을 고려해 보길도–추자도–제주도까지 77킬로미터를 건설해야 하지만 수중부양방식으로 보길도에서 제주도로 직접 설치할 경우 68킬로미터로 줄어든다.

87_ 인천과 웨이하이 양측에서 출발하면 각각 170킬로미터를 굴진해야 한다. 하루 14미터, 월평균 20일(연간 240일) 작업한다고 보았을 때 걸리는 기간은 약 50년 정도다(170km÷(14m×240일)).

88_ Segment. 일정한 크기로 제작한 콘크리트 터널 부분. 공장이나 도크에서 제작한 후 현장으로 옮겨 이어 붙이면 터널이 만들어진다.

89_ 바위에 구멍을 뚫고 강선과 모르타르(시멘트액)를 넣어 고정시키는 방법으로 지반이 흙일 경우에는 땅속에 콘크리트 덩어리를 만든 다음 이곳에 강선을 묻는다.

90_ 태풍이 통과할 때 해수면은 일시적인 저압상태가 되어 위로 상승하게 되며 이때 부양체식 고정방법을 선택한 구조물은 심한 유동을 받게 된다.

91_ 자동터널위치제어장치ATPT, Automatic Tunnel Positioning Thruster. 쓰나미나 조류 해류 등 외부환경의 변화를 슈퍼컴퓨터로 분석하여 터널의 위치를 자동으로 조정하는 장치. 스러스터Thruster는 인공위성에서 궤도나 자세를 유지하기 위해 쓰이는 소형 엔진을 말한다.

92_ 태평양의 평균 수심은 4000미터이고 마리아나 해구 주변은 8000미터에 이른다.

93_ 자기부상열차의 최고기록은 일본의 시험선에서 기록한 시속 581킬로미터다.

94_ 진공터널을 질주하기 위해 고안된 자기부상열차. 음속의 8배에 해당하는 시속 1만 킬로미터로 운행된다.

95_ 1992년 한·중 수교 이후 한국과 중국의 무역량은 연평균 23퍼센트 이상 증가해왔으며, 2012년 현재 중국은 대외무역의 18퍼센트를 차지하고 있다. 특히 한국 전체 수출량의 21퍼센트가 중국으로 보내진다.

96_ 중국횡단철도TCR, Trans-China Railway. 중국 연운 항에서 카자흐스탄을 경유하여 모스크바에 이르는 8350킬로미터의 철도. 여기서부터 유로철도와 연결되어 유럽 각 지역으로 중국의 운송을 담당한다. 부산에서 연운 항까지는 780킬로미터다.

97_ 시베리아횡단철도TSR, Trans-Siberian Railway. 러시아 보스토치니 항에서 시베리아를 거쳐 모스크바에 이르는 9300킬로미터의 철도. 중국횡단철도와 함께 동북아와 유럽을 잇는 중요한 운송로다. 부산에서 보스토치니 항까지는 820킬로미터다.

98_ 한국의 철도가 북한을 경유해 TSR, TCR과 연결된다고 해도 인천~산둥반도 간 해저터널의 경제적 이점은 여전히 유효하다. 상하이, 타이완 등 남중국 유역과의 교역에서 거리적 이점이 있기 때문이다.

99_ 수중부상 터널. 지상에서 제작한 함체를 중력·부력을 조정하여 수중에 고정시키는 공법이다.

100_ 한·중 해저터널 국제세미나(2009. 10. 9). 한국의 경기개발연구원과 중국 산둥성 교통과학연구소 주관으로 열렸다. 터널의 사업효과, 구체적인 노선과 공법, 사업비에 대한 심도 있는 논의가 이루어졌다.

101_ 열차로 운송된 화물을 하역하지 않고 열차 자체를 고속으로 운행하는 선박에 싣는 방법. 현재 일본과 부산에 철도페리가 운영되고 있다.

102_ 당시의 8억 엔은 현재가치로 약 16조 원에 해당한다. 당시 금본위 교환가치로 1엔은 금 0.25그램이지만 당시 사용가치로는 약 2만 원 정도가 된다. 공사규모로 볼 때 현재 150조 원 정도로 예상되는 사업비와 비교할 때 16조원은 그리 큰 금액이 아니다. 이는 대부분 인력에 의존하던 당시 공사여건으로 볼 때 식민지 노동자를 무제한적으로 이용하는 조건을 적용했기 때문으로 보인다.

103_ 1983년 5월에 발족된 단체로 세이칸 터널에 참여했던 사사 야스오가 초대회장을 맡았다. 이후 10여 간년 지형지질 조사를 비롯하여 한·일터널에 필요한 자료를 수집했다. 처음에는 연구 목적의 순수 민간단체로 출발했으나 2004년 일본 정부로부터 공식 단체 인증을 받았다.

104_ 1990년 노태우 대통령의 제안을 전후하여 설립된 국내 연구 단체는 한일터널기술연구회, 한일해저널연구원, 한일터널연구회, 국제하이웨이연구회 등이 있으며 한국지반공학회와 한국터널공학회에서도 적극적으로 연구를 진행하고 있다.

105_ 최치국, 「한일터널 기본구상 및 향후 과제」, 2010.

106_ 사업비는 현재가치로 환산한 비용이며 순수한 시설비용이다. 열차운행이나 시설유지 관리를 위한 부대비용까지 포함하면 약 150조 원으로 늘어나게 된다.

107_ 주105번 보고서에서 예상하는 한국 부담분의 사업비는 현재가치로 19조8000억 원이다. 그러나 장기간에 걸쳐서 투자되는 점을 고려하면 금융비용에 의한 사업비 증가가 적지 않을 것이다.

108_ 공사 기간이 길어질 경우 금융비용의 증가로 손익분기점이 늦춰질 수밖에 없으며, 공사 중에 발생

하는 불확정요소로 인해 사업비와 공사 기간의 변동성은 매우 클 수밖에 없다.

109_ (A)안 연장은 209킬로미터로 가장 짧지만 터널은 145킬로미터로 길어진다.

110_ (B)안 연장은 217킬로미터로 터널의 길이는 141킬로미터다.

111_ (C)안 연장은 231킬로미터로 가장 길지만 터널은 128킬로미터로 줄일 수 있다.

제4부 씀, 다양한 용도의 지하공간

1_ 봉급생활자를 뜻하는 샐러리맨salary man은 라틴어 'salarium'에서 유래된 말로, 로마에서 병사들에게 봉급으로 소금을 지급했던 데서 유래한다.

2_ 궂은일에 소금을 뿌리는 민간신앙은 한국은 물론 세계 여러 나라의 보편적인 관습이다. 성서에도 소금을 쳐서 영원한 계약을 맺거나(민수기18:19) 제의에서 소금을 치는 기록(레위기 2:13)이 있다.

3_ 성서(열왕기하편14:7, 시편60:1)에는 다윗이 소금골짜기에서 에돔인 1만8000명을 죽이고 셀라를 취하였다는 기록이 나오는데, 여기서 '셀라'란 소금salt에서 비롯된 도시 이름이다.

4_ 중턱 소금 동굴까지 가기 위해서는 2100미터를 올라가야 한다. 지금은 경사철도가 부설되어 있어 쉽게 올라갈 수 있지만 과거에는 접근하기가 쉽지 않았을 것이다.

5_ 지하 100미터 내려간 지점에 있으며, 폭 18미터, 길이 55미터의 거대한 직사각형 공간에 높이도 12미터나 된다.

6_ 로마의 전성기라고 할 수 있는 101년에 원정은 실패로 끝났다. 그러나 105년 다시 침공하여 이곳을 차지하였다. 그러나 당시에는 겉으로 드러난 소금광맥을 따라 채굴하는 수준이었다.

7_ 루마니아에서 생산되는 소금은 연간 2400만 톤이다. 소금의 비중이 2.165이므로 이로 인해 매년 1100만 세제곱미터의 지하공간이 만들어지고 있는 셈이다.

8_ 사다리꼴로 만들어지는 지하공간은 바닥 폭 32미터, 천장 폭 10미터이며 높이는 45미터에 이른다. 이러한 동굴 14개소가 지하로 내려가면서 층별로 설치되는데 현재 지하 220미터까지 내려가 있다.

9_ 중동사태는 튀니지 부아지지 분신(2010. 12. 17), 튀니지 벤 알리 축출(2011. 1. 5), 이집트 무바라크 축출(2011. 2. 11), 나토 리비아 공습(2011. 3. 19), 카다피 축출(2011. 10. 20) 순으로 이어졌다.

10_ 경기도 연천군 임진강 근처에 남아 있는 삼국시대 목책木柵과 석축 유적(사적 제467호). 고구려(5세기말)와 신라(6세기중엽) 유물이 함께 출토된다.

11_ 창세기 41장 1~5절. 파라오의 신임을 얻은 요셉(기원전 1915~기원전 1805)은 이후 이집트의 총리가 된다.

12_ 시카고 대학교의 고고학자들은 이 유적이 기원전 1630~기원전 1520년경 만들어진 것으로 추정한다. 이 시기는 요셉보다 약 200년 뒤인 모세시대에 해당한다.

13_ 곳간은 원형으로 되어 있으며 지름은 5.5~6.5미터 깊이는 7.5미터. 7개 곳간의 용적을 합치면 1500세제곱미터에 이른다.

14_ 나일 강의 이집트 문명과 유프라테스 강의 바빌론 문명 사이에 있는 도시로, 주변의 세력에 따라 주인이 바뀌던 요충지였다.

15_ 이집트 제 18왕조 6대 파라오(기원전 1479~기원전 1425 재위). 히타이트, 아시리아, 메소포타미아, 가나안, 우가리트, 비블로스, 야흐베, 누비아를 점령하여 '이집트의 나폴레옹'으로 불린다. 므깃도를 차지한 뒤 '천 개의 도시와 같은 가치를 지닌 도시'라고 말했다.

16_ 경북 문경시 마성면 신현리 산 30-3번지, 해발 231미터 고무산에 있는 신라시대 산성이다.

17_ 내부 공간은 360세제곱미터 정도이며 가로·세로·깊이는 각각 12.3×6.6×4.5미터. 각층의 높이는 3층 1.4미터, 2층 1.0미터, 1층 2.1미터다.

18_ 자비왕慈悲王(458~479)~소지왕炤知王(479~500). 신라 역사에서 가장 활발하게 토목사업이 이루어진 시대. 이하성(468년), 모로성(471년) 등 10여 개의 산성과 임해진, 장령진 등이 만들어졌다.

19_ 각각 블록의 크기는 228×384미터의 직사각형으로 구획되었다.

20_ '푸에블로'는 스페인 사람들이 붙인 이름이다. 이들이 스스로를 일컫는 이름은 '아나사지Anasazi'다.

21_ 「국내 대규모 지하 비축시설 기술현황과 전망」(이정인, '곡물엘리베이터와 농수축산물 지하 암반 저장시설 국제 심포지움' 발표 자료, 1994).

22_ 생산자로부터 매집한 곡물을 건조·저장·유통시키는 대규모 저장시설이다.

23_ 청도저장고는 감으로 만든 와인을 숙성시키는 곳이다.

24_ 알코올과 수분 속의 산소가 반응하여 초산CH3COOH이 되는 과정(C2H5OH+H2O → CH3COOH+2H2↑)이다.

25_ 아미노산과 당이 결합하여 갈색의 고형물이 생기는 반응이다.

26_ 온도가 높아지면 알코올 농도가 떨어져 깊은 맛이 나지 않게 되며 변색과 침전물이 생긴다. 산소는 그 농도에 따라 산화 속도가 빨라지며 맛을 떨어트리는 원인이 된다. 자외선은 산화를 촉진시켜 향을 변질시킨다. 저장용기가 청색인 것도 이 때문이다. 포도주를 담은 용기가 흔들리면 화학반응이 빨라지고 가스가 발생된다.

27_ 석회암 채취로 만들어진 지하공간은 지하 40~80미터에 이르며 연장만 해도 250킬로미터가 넘는다.

28_ 모에샹동은 1743년부터 지하 30미터 깊이에 미로처럼 형성된 28킬로미터의 석회암 동굴을 포도주 저장고로 이용하였다.

29_ 세계작물다양성재단과 국제기구가 공조하여 2008년도에 완성했으며 비용은 노르웨이가 부담하였다. 저장고를 만든 것은 노르웨이 정부지만 씨앗의 소유는 이를 제공한 나라며 열쇠는 유엔과 국제기구가 관리한다.

30_ 내부 공간 규모는 270제곱미터(10×27미터)로 격자형 터널 3개소로 되어 있다. 구조물의 형태와 내부시설은 앞으로 200년간 일어날 수 있는 모든 지구환경 변화를 감안하여 배치했다.

31_ 스발바르 저장고 외에도 전 세계에는 약 1400개의 종자저장소가 있다. 스발바르에 저장되는 300만 종의 씨앗은 여기에서 제공받은 것이다. 벼 하나만 해도 약 10만 종의 씨앗이 보관되어 있으며 식량뿐 아니라 잡초 희귀식물까지 모두 보관되어 있다.

32_ 필요와 용도에 따라 중기보관(영하 4도, 10년), 장기보관(영하 18도, 100년), 극저온 특수보관(영하 86~196도)으로 구분하여 보관한다.

33_ 화력발전소는 한국 전기 생산량의 57퍼센트를 차지하며 원자력이 41퍼센트 수준이다. 기타 수력, 조력, 풍력 등의 친환경 에너지는 아직 2퍼센트 수준에 머물고 있다.

34_ 2011년 기준으로 석유수입은 9억 270만 배럴로 110조 원이 들었으나 그중 20퍼센트를 가공 수출하여 벌어들인 돈은 60조 원에 이른다. 꽤 수지가 맞는 장사를 한 셈이다.

35_ 1973년 중동전쟁으로 발생한 제1차 석유파동과 1978년 이란 정변으로 발생한 제2차 석유파동을 말한다. 1차 파동 시 불과 몇 개월 만에 석유는 배럴당 2달러에서 12달러로, 2차 석유파동 시는 39달러로 치솟았다.

36_ 석유비축기지는 총 3차에 걸쳐 건설되었으며 1차 울산 등 4개소, 2차 여수 등 6개소, 3차 거제 등 6개소가 건설되었다. 이 중 원유 비축기지는 서산, 여수, 거제, 울산 4개소다. 지하 암반을 굴착하여 석유저장고를 만든 곳은 여수, 거제, 울산 3개소이며 서산은 탱크 형식으로 지상에 설치되었다.

37_ 수입한 원유를 고도화 가공설비FCC를 이용하여 액화석유가스, 프로필렌, 휘발유 등으로 정제하는 2차 석유산업을 말한다.

38_ 저장고에 접근하기 위한 터널은 직경 10미터 연장 300미터 정도이며 이 끝에 펌프실 및 기계설비실이 있다. 원유 저장고는 펌프실 아래쪽 암반에 만들어져 있다.

39_ 액화천연가스LNG, Liquefied natural gas. 메탄을 주성분으로 하는 가스로 석유와 관계없이 생산되며 기화상태에서 공기보다 가벼워 누출에 대한 부담이 적다.

40_ 액화석유가스LPG, Liquified petroleum gas. 탄화수소를 주성분으로 하는 가스로 유전지대에서 생산되며 기화상태에서 공기보다 무거워 누출 시 사고위험이 크다.

41_ 굴착한 암반공동에 액화가스를 비축할 경우 극저온으로 인해 주변 일정한 범위까지 암반은 동결상태로 바뀌게 된다. 동결범위는 액화가스를 보관한 후 약 4년까지 조금씩 확장되는데 이때 동결로 인한 팽창이나 과도한 내압이 발생할 수도 있다.

42_ 대덕연구단지에 110세제곱미터의 시험용 저장소가 있으며 여기서 LNG의 온도가 주변암반과 내부시설에 미치는 영향이 연구되고 있다.

43_ William Ockham(1285~1349). 영국 프란체스코 수도회 철학자·논리학자. 종교적인 논문과 저서가 많으며 방대한 분량의 『90일간의 일Opus nonaginta dierum』을 남겼다. 지위나 성에 관계없이 종교적 평등과 자유를 주장하고 교황권 축소와 국왕 권리를 옹호하여 파문당했다.

44_ 중력 상수重力常數, gravitational constant란 두 물체 사이에 작용하는 중력의 세기를 나타내는 상수를 뜻함. 헨리 캐번디시가 처음 측정하였으며 현재 사용되는 중력상수(G)값은 다음과 같다.

$G = (6.6742 \pm 0.0010) \times 10^{-11} \text{m}^3/\text{kg} \cdot \text{s}^2$

45_ 낙하물의 무게와 높이 그리고 떨어지는 속도를 정밀하게 측정함으로써 지구 무게를 구할 수 있다. 주48번의 헨리 캐번디시 실험은 지구의 무게를 구하는 것이 목적이었다(아래 식에서 r은 낙하시키는 높이, m은 낙하물의 무게, F와 G는 각각 중력과 중력상수다).

$F = G \cdot \dfrac{M \cdot m}{r^2}$ 에서 지구의 무게 $M = F \cdot r^2/Gm$

46_ 유럽원자핵공동연구소CERN, Conseil Europeen pour la Recherche Nucleaire. 1954년 벨기에를 비롯한 유럽 12개국이 공동 투자하여 설립한 연구소로 이후 대부분의 유럽국가가 참여하여 지금은 20개의 회원국이 함께 운영하고 있으며 유럽 외에도 많은 국가와 국제조직이 사업에 참여하고 있다.

47_ 입자가속터널LHC, The Large Hadron Collider. 유럽 원자핵 공동연구소의 가장 중심적인 시설

로 정식 명칭은 '거대 강입자 충돌기'다. 1984년 3월 FCFA-CERN 워크숍에서 처음 제안되었으며 세계 각국의 공조로 2008년 완공되었다.

48_ 원형으로 만들어진 이 터널의 지름은 8.5킬로미터로 총 길이는 27킬로미터에 달한다.

49_ 입자가속기의 성능은 입자 에너지와 속도를 얼마나 가속시킬 수 있는가로 구분되며 터널의 크기 규모와 관계된다. SC 입자가속기는 양성자를 600메가전자볼트Gev까지 가속하여 당시 세계 최고의 성능을 자랑했지만, 이후 CERN에 설치된 PS 입자가속기는 47배(28Gev), SPS 입자가속기는 670배(400Gev)로 성능이 개선되었으며, 현재 터널에 설치된 LHC는 양성자를 574테라전자볼트Tev까지 가속시킬 수 있다.

50_ 양자역학의 표준모형이론을 입증하기 위한 대규모 입자가속기 건설 계획으로 1983~1988년 추진되었다.

51_ 초전도초입자가속기SSC, Super conducting Super Collider. 1980년대 말 미국 텍스스에 계획된 입자가속기로 원둘레를 80킬로미터로 계획하였으나 14억 달러(1조6000억 원)가 투입된 시점에서 1993년 10월 경제적인 이유로 중단되었다.

52_ 약칭 '페르미랩Fermilab'으로 불린다. 미국의 입자가속기연구소로 1967년 설립되었으며 현대물리학의 최첨단 이론을 실험으로 증명하기 위한 연구를 추진해왔다.

53_ 아인슈타인의 일반 상대성 이론에 의하면 어떤 물질이든 빛보다 빨리 달릴 수는 없다. 그러나 이는 인위적인 가속의 한계를 말하는 것이며 애초부터 빛의 속도 이상으로 움직이는 물질의 존재를 부정하는 것은 아니다.

54_ LBNE, Long Baseline Neutrino Experiment. 장거리 중성미자 검출시험이다.

55_ FDRC, Flexible Display R2R Research Center. 최근 핵심 IT 기술로 각광받고 있는 FD(유연성 액정소자) 개발을 위해 건국대학교 내에 설립된 KU-VTT 공동연구센터다.

56_ VTT. 헬싱키 외곽 에스포 시에 있으며 1942년 설립 이후 전국에 모두 45개의 연구센터를 거느린 거대 조직이다.

57_ 지하공간의 규모는 폭 19미터, 길이 90미터, 높이 15미터의 개별 공간이 중앙터널을 통해 서로 연결되어 있으며 전체공간은 1만5000제곱미터가 넘는다.

58_ IRCAM은 '음향 및 음악종합 연구소Institut de Peherche et de Coordination Acoustoque/Musique'의 약칭이다.

59_ 프랑스 파리 보부르 가와 마레 지구에 있는 프랑스 국립문화센터. 현대미술관을 비롯 공공도서관, 산업디자인센터, 영화박물관으로 구성되어 있으며 IRCAM도 퐁피두 센터를 구성하는 하나의 시설물이다.

60_ Pielle Boulez(1925~). 프랑스 작곡가로 영국 BBC 방송교향악단, 뉴욕 필의 음악감독을 지냈으며 1977~1991까지 IRCAM을 이끌었다.

61_ 1933년 스위스 천문학자 P. 프리츠가 은하의 질량계산 과정에서 존재 가능성을 주장한 물질로 전체 우주 질량의 80퍼센트 정도를 차지한다.

62_ 우주에서 나온 빛이 휘어서 지구에 도착하는 현상. 아인슈타인 이론에 따르면 빛은 중력에 의해 휘어진다. 그러나 은하가 없는데도 빛이 휘어서 도착하는 현상이 발견되자 이를 암흑물질에 의한 중력렌즈 효과라고 추정하였다.

63_ Andrew L. Webber.(1948~). 영국의 작곡가. 「오페라의 유령」 외에도 전 세계적으로 공연된 뮤지컬

「에비타」「캣츠」 등을 작곡했다.

64_ 귀족의 유희였던 오페라를 서민적으로 바꾼 19세기의 극형식. 연극과 음악이 합쳐졌다는 점에서 오페라와 유사하지만 화려한 춤과 구어체 대사를 사용한다는 점에서 차이가 있다.

65_ 1860년 나폴레옹 3세 당시에 건축된 오페라 극장으로 다양한 양식이 결합되어 있다. 건축가 샤를 가르니에Charles Garnier(1825~1898)는 어떤 양식이냐고 묻는 황후의 질문에 '나폴레옹 3세 양식'이라고 대답했다고 한다.

66_ 공간 규모는 길이 143×폭 65미터의 직사각형 형태로 만들어져 있다. 기둥의 높이는 9미터 정도인데 여기까지 물이 찬다고 가정하면 물경 8만 톤의 물 저장이 가능했다.

67_ 동로마 제국의 초대 황제(272~337)다.

68_ 예루살렘 남서쪽으로 약 85킬로미터 떨어져 있는 도시. 브엘Beer은 우물이라는 뜻이며 쉐바(노뇨)는 숫자 7을 의미한다. 이곳에 이삭이 우물을 팠다는 기록이 성서에 나온다(창 26장).

69_ 1976년부터 추진된 대심도 터널 및 지하 저류시설 구축사업. 이 사업의 핵심은 총 175킬로미터의 터널을 지하 48~110미터 깊이에 설치하는 것이다. 저류시설은 오하르Ohare(130만 톤), 토른톤 Thornton(2860만 톤), 맥쿡Mc Cook(790만 톤) 세 곳으로 나뉘어 있다.

70_ 지하 70미터 깊이에 만들어졌는데 폭 78미터, 높이 18미터의 수로가 6.3킬로미터나 뻗어 있다. 총 67만 톤의 물을 담아둘 수 있다.

71_ 지하 40미터에 직경 10미터의 쉴드 TBM 터널로 만들어졌으며 연장은 12.2킬로미터다.

72_ 토굴에 곡식이나 건어물 등을 보관한 흔적은 삼국시대 이전으로 거슬러 올라가지만, 새우젓을 숙성시키거나 포도주 저장고로 이용되는 광천지역의 토굴은 일제시대 군사용으로 만들어진 것이다. 이 일대에는 100~200미터 내외의 토굴 약 40개소가 있다.

73_ 1910년에 있었던 터널공사는 무주군청에서 발행한 『적성지赤城誌』에 기록되어 있다. 이 공사가 이전에 있었던 동굴을 확장한 것인지 새로 뚫은 것인지는 확실치 않다.

74_ 갑산의 동점령은 해발 1891미터로 매장량이 50만 톤이 넘는 북한 최대의 구리광산이다.

75_ 현재 구리광산은 대부분 창원, 고성, 일광 등 주로 동남부 지역에 밀집되어 있고, 고대 청동 유물이 다수 출토되기도 하지만 고려시대까지 국가적으로 관리한 구리광산은 갑산뿐이다.

76_ 19세기 초 이규경이 쓴 백과사전으로 역사, 종교, 지리, 천문 등 1400여 항목에 대해 설명되어 있다.

77_ 은광은 고려 때부터 조선에 이르기까지 국가정책에 따라 폐쇄와 채굴을 반복하게 되는데, 이는 은이 공물로 사용되거나 공업을 배척하는 유교적 배경이 복합적으로 작용한 때문으로 보인다.

78_ 1907년 일제에 의해 보수가 이루어진 뒤 누수현상이 있어 현재는 인위적으로 습도와 온도를 조절하고 있다.

79_ 11개의 얼굴 모습을 한 관세음보살. 본존불 뒤에 관세음보살, 앞에 문수·보현보살을 배치한 것은 영원한 힘과 역할의 질서를 표시한 것이다.

문명과 지하공간

ⓒ 김재성 2015

초판 인쇄	2014년 12월 31일
초판 발행	2015년 1월 7일

지은이	김재성
펴낸이	강성민
기획	김택규
편집	이승은 이은혜 박민수 이두루
편집보조	유지영 곽우정
마케팅	정민호 이연실 정현민 지문희 김주원
온라인 마케팅	김희숙 김상만 한수진 이천희

펴낸곳	(주)글항아리	출판등록 2009년 1월 19일 제406-2009-000002호
주소	413-120 경기도 파주시 회동길 210
전자우편	bookpot@hanmail.net
전화번호	031-955-8891(마케팅) 031-955-1903(편집부)
팩스	031-955-2557

ISBN	978-89-6735-171-7 03900

글항아리는 (주)문학동네의 계열사입니다.

이 도서의 국립중앙도서관 출판시도서목록(CIP)은 서지정보유통지원시스템 홈페이지
(http://seoji.nl.go.kr)와 국가자료공동목록시스템(http://www.nl.go.kr/kolisnet)에
서 이용하실 수 있습니다.
(CIP제어번호 : CIP2014035679)